VOYAGE

A CAYENNE.

TOME PREMIER.

Prison des Déportés sur la Frégate la Décade.
Moment du départ. On hisse les Vieillards et les Malades à bord.

L'entrepont à 30 p.ds de large : 37 de long : 4 ½ de haut : 193 personnes y sont logées avec leur sac de nuit. Deux rangs de hamacs les uns sur les autres sont soutenus de 3 p.ds en 3 p.ds par de petites colonnes (ou Épontilles) le tout est fermé par de grosses barres de bois, et par deux grosses portes de prison avec leurs verroux. Le jour ne pénètre qu'à regret dans ce manoir (Voyage à Cayenne tome 1.er page 65 et suivants)

VOYAGE A CAYENNE,

DANS LES DEUX AMÉRIQUES

ET

CHEZ LES ANTROPOPHAGES;

Ouvrage orné de gravures; contenant le tableau général des déportés, la vie et les causes de l'exil de l'auteur; des notions particulières sur Collot-d'Herbois et Billaud-de-Varennes, sur les îles Séchelles et les déportés de nivôse (an 8 et 9), sur la religion, le commerce et les mœurs des sauvages, des noirs, des créoles et des quakers.

SECONDE ÉDITION,

Augmentée de notions historiques sur les Antropophages, d'un remercîment et d'une réponse aux observations de MM. les journalistes.

Par L. A. PITOU, déporté à Cayenne en 1797, et rendu à la liberté, en 1803, par des lettres de grace de S. M. l'Empereur et Roi.

TOME PREMIER.

Prix, 7 *fr*. 50 *c*.

PARIS,

CHEZ L. A. PITOU, LIBRAIRE, rue Croix-des-Petits-Champs, n° 21, près celle du Bouloi.

Octobre 1807.

NOTICE DES LIVRES

DE L. A. PITOU.

Télémaque, 2 vol. in-8°.
Bossuet, 2 vol. in-8°.
La Fontaine, 2 vol. in-8°.
Jean Racine, 3 vol. in-8°.
Biblia sacra, 8 vol. in-8°.

Édition du Dauphin, de Didot aîné. Papier vélin, collection rare et précieuse, reliée en maroquin, dorée sur tranche.

Voltaire, 70 vol., in-8, papier à 6 fr. avec figures, relié racine, filets.

Rousseau de Poinçot, 38 vol. in-8, papier vélin, avec figures, relié en veau dentelle, filets, tranche dorée.

Histoire de Russie, par Pierre-Charles L'Évêque, 8 vol. in-8, reliés en veau, filet, avec un superbe atlas.

Voyage du jeune Anacharsis en Grèce, 4e édition, de l'imprimerie de Didot jeune. 7 volumes in-8, atlas in-fol.

On n'a tiré que cinquante exemplaires en papier d'Hollande. Celui-ci est le trente-sixième.

Rollin, in-4, complet. Histoire ancienne, romaine, traité des études, les empereurs, 22 vol.

Magnifique exemplaire de collection de voyages, in-folio.

1° Voyage en Grèce, par Choiseul-Gouffier,   1 vol.
2° Voyage de Naples et de Sicile, par Saint-Nom, 5 vol.
3° Tableau pittoresque de la Suisse,   4 vol.
  Table analytique,   1 vol.
  Reliure uniforme.
  On ne séparera aucun de ces voyages.

AVIS

SUR CETTE SECONDE ÉDITION.

Si l'on pouvait toujours juger de la bonté d'un ouvrage par le débit qu'il a eu, je me ferais illusion sur le mien ; mais il doit plutôt son succès à la bienveillance des journalistes, à l'indulgence du public, et à la célébrité des personnes dont j'ai partagé la destinée, qu'à moi qui n'ai rapporté en France que mes haillons, mon humeur enjouée, et une brillante santé, trésors inépuisables pour moi au milieu des plus grands revers.

Puisque la constance et la gaieté, en émoussant les traits du malheur, ont commandé l'intérêt et le prompt débit de ma première édition, elles m'encouragent à en faire une seconde. Combien je serai riche, si l'homme sensible, en me lisant, fait trêve à ses peines ; si je ranime dans son cœur le feu vivifiant de l'espérance ; si, dans mes tortures et dans ma gaieté, il retrouve des forces pour soulever ses chaînes ; si, loin de vouloir les user par ses larmes, il les allège par les divines chimères d'une imagination enflammée par la religion, l'innocence et l'honneur; s'il apprend dans mon ouvrage à se voir sans effroi couvert d'ulcères de la tête aux pieds, et à être enfermé pendant huit mois dans un cachot humide et infect; s'il apprend à lutter contre la faim et la soif, à rester calme pendant dix heures que ses juges délibèrent s'il portera sa tête à l'échafaud, ou s'il la verra blanchir dans les déserts de la ligne; s'il apprend enfin à entendre trois fois prononcer sa mort sans perdre le calme, le courage et l'espérance d'en sortir aussi heureusement que moi; alors je serai riche, puisque j'aurai partagé avec mon semblable le trésor de ma sécurité. C'est à ce trésor, autant qu'à mes malheurs, que je dois cette célébrité d'intérêt que le spectateur anglais définit si naturellement.

« J'ai observé, dit-il, qu'on lit rarement avec
« plaisir un ouvrage entier avant de savoir si
« son auteur est brun ou blond, d'un caractère
« sombre, gai, doux ou colère, marié ou garçon,
« et mille autres détails de la même nature qui
« contribuent beaucoup à l'intelligence de ce
« qu'il écrit. »

Que mon ouvrage soit écrit plus ou moins purement, il date du lieu où il fut fait; et ce sujet, qui intéresse tant d'honnêtes gens, m'a procuré l'honneur dont parle Addisson ; il m'a donné cette célébrité du malheur sans prétention, bien moins empoisonnée par la jalousie que celle de la gloire ou des talents. Comme personne ne porte envie au sort de Job, tant que la fortune ne l'élève point au-dessus de sa sphère, j'ai reçu des visites, des félicitations ; on s'est attendu au récit de mes peines ; on m'a aimé, parceque je n'ai pas cherché à rendre mes longs revers artisans de ma fortune ; on m'a fait cent questions. Mon Voyage m'a procuré la visite de mes anciens supérieurs de séminaire, de mes professeurs et de mes compagnons d'étude et de déportation ; chaque jour il me fait rencontrer des amis de malheur, de jeunesse et de collège; et beaucoup de lecteurs ont voulu tenir l'ouvrage de ma main. Chacun y reconnaît ma physionomie, mes passions, mon caractère et mon cœur ; et je puis me vanter que mes plus grands ennemis en révolution m'auraient couvert de leur corps s'ils m'eussent vu chez moi, car jamais personne n'en sortit avec la haine ou l'indifférence. Ma première édition m'en a fourni une preuve des plus complètes ; car la critique m'a éclairé sans me léser ; et je dois des remercîments au public, à mes amis, à mes censeurs, et une réponse à leurs observations.

Le Journal de Paris, en révoquant en doute ce que je dis de la grosseur des reptiles de la Guiane, avait oublié que *Buffon*, *La Harpe* et l'abbé *Prévot* parlent d'un énorme serpent, que des voyageurs prirent pour un tronc d'arbre, autour duquel ils voulurent faire du feu le soir pour enfumer les nuées de maringouins qui les obsédaient ; que cette énorme masse se réveilla par degrés et leur laissa le temps de fuir, parceque cette espèce de serpent n'est pas aussi venimeuse que le dragon, dont l'haleine empestée pompe le voyageur de la manière que chez nous la couleuvre attire le crapaud.

Il est tant de faits simples et naturels sur les lieux qui deviennent invraisemblables par l'éloignement et l'irréflexion, que le voyageur est forcé de rendre la vérité circonspecte pour qu'elle ne soit pas honnie. Aussi me suis-je bien gardé de dire que j'ai vu des sauvages dont les dents ont été limées en forme de mèche pour mieux percer et déchirer leur proie : on aurait dit que c'était un raffinement de coquetterie ; car on est ingénieux à trouver des expédients pour prouver le système qu'on invente, ou pour éloigner l'évidence à laquelle on se refuse. Mais quant à la grosseur des reptiles, on m'aurait adapté le proverbe, *a beau conter qui vient de loin*, si j'eusse dit que durant mon séjour à Kourou, l'épouse de M. de Givry, l'un de nos compagnons d'infortune, s'assit sur une couleuvre, croyant se reposer sur un tronc d'arbre ; que cet animal, assommé à coups de leviers, ayant été ouvert, on tira entiers de son estomac la tête et les cornes d'un chevreau qu'il venait d'avaler, et qu'enfin cette couleuvre fournit vingt-deux livres de graisse.

Comme mes témoins et la vérité eussent été baffoués si j'eusse consigné ce fait dans mon voyage ; puisque le Journal de l'Empire a plaisanté l'expérience que nous fimes de retirer de l'estomac d'un serpent chasseur les œufs de poule qu'il venait d'avaler sous nos yeux. Nous eûmes la curiosité d'en faire une omelette, et le courage de la manger : voilà la chose incroyable à Paris ! Faut-il s'en étonner ? puisque dans la Guiane, où l'on mange du tigre rouge, on ne pouvait croire que nous eussions mangé du tacheté sans devenir tachetés au bout de quinze jour. Tel est l'empire du préjugé sur la croyance ou l'incrédulité.

Le Publiciste, la Gazette de France et la Clef du Cabinet ont trouvé déplacées mes recherches sur les Indiens ; ma digression sur l'époque de la population de l'Amérique leur a paru un hors d'œuvre sous la plume d'un déporté dont le sort intéresse exclusivement à tout autre objet. Je leur répondrai, en les remerciant de cette remarque infiniment chère à mon cœur, que trois ans de séjour dans un pays épuisent la source des larmes ; que le sol qui nous nourrit fixe notre attention ; qu'il est naturel à l'homme policé d'y remarquer la nuance qui le différencie du sauvage, et de remonter à la cause de cette dissimilitude ; qu'il serait aussi étonnant que dans trente mois je n'eusse fait aucune recherche et aucune observation sur des personnes avec qui j'ai vécu ; qu'il serait invraisemblable que la tristesse empêchât un prisonnier de connaître son réduit. Le plaisir et la peine continus ressemblent à ces fleuves qui, dans leur cours, jaillissent et disparaissent tour à tour. Une conscience pure et une ame franche font toujours surnager l'esprit au-dessus de la peine et du plaisir. Que de chefs-d'œuvre de génie et de gaieté sont sortis du fond des cachots et du séjour des pleurs! Enfin, si je n'eusse parlé que de nos malheurs, on m'aurait accusé d'égoïsme. J'ai semé quelques traits de gaieté dans mon Voyage, afin de fixer l'attention de plus d'un lecteur; peut-être que si nos voyageurs étaient moins méthodiques et moins sombres, nos dames préféreraient le voyage au roman : enfin, si j'ai cousu quelques épisodes à mon ouvrage, c'est qu'au désert comme au village, où la nature est sans fard, on danse auprès du cimetière, et ces contrastes pourraient avoir un but louable qui les identifieraient au sujet.

Qu'on se reporte au moment où j'écrivais; la religion avilie ou calomniée passait pour une illusion ou pour un cerbère prêt à dévorer celui dont la franche gaieté faisait épanouir le front; c'était le moyen qu'on employait alors pour empêcher l'honnête homme de remonter à la foi par la morale. Si j'eusse sèchement invoqué le ciel, et pleuré sur mes malheurs, mon livre aurait eu le sort de tant d'autres; on m'eût traité de cafard sans vouloir me lire. Comme le sexe avait eu le plus d'influence dans la subversion des principes de l'ordre antique, j'ai profité de l'ascendant que la pitié me donnait dans son ame pour parler à son cœur, et le conduire à l'instruction par la voie du plaisir. Il est peu de circonstances où la morale eût plus de poids. Qu'un millionnaire rayonnant de joie remercie Dieu de la pluie d'or qui tombe chez lui, c'est un devoir dont on peut le louer sans l'admirer; mais qu'un innocent, réduit à manger des feuilles, sourie encore, et trouve l'abondance dans son cœur; que la religion soit son refuge; qu'en écrivant ses malheurs il égaye le tableau pour attirer l'œil, son but est louable et sa morale est persuasive. Enfin, ce qui me console, c'est qu'une partie de mes lecteurs a approuvé ce que l'autre a blâmé.

Un reproche mieux fondé m'a été fait par des amis judicieux, qui ont blâmé ce que j'avais écrit contre ma tutrice; si elle a semé des épines sur mes pas, le soin qu'elle a pris de mon éducation aurait dû mettre un cachet sur mes lèvres. Il serait possible que mes longs malheurs eussent été la punition de mon ingratitude. Personne ne posséda mieux qu'elle le précieux talent de former le cœur et l'esprit. Si elle eût été moins économe et moins butée à me traîner au sacerdoce, je l'aurais mieux jugée, et je n'aurais pas

resté dix-huit ans sans l'embrasser, car le moment où je passai par Châteaudun pour aller en exil fut trop court pour que je l'appelle une entrevue. La visite qu'elle me rendit en prison pouvant être notre dernier adieu, elle crut pleurer ma mort. Mais j'ai été la voir un an après la publication de mon Voyage; elle avait lu son article; elle me bouda pendant quinze jours. Des amis communs, au nombre desquels je dois compter des parents que j'ai peu ménagés, nous rapprochèrent : on convint de tout oublier; je fus convaincu que les obligations de ma tutrice à mon égard étaient moins importantes que je ne le croyais. La réconciliation a été pleine et entière; et je n'oublierai point son bonjour du lendemain de notre entrevue : « Mon ami, voilà
« ma première nuit de bonheur depuis dix-huit
« ans que tu m'as quittée; je t'aimais autant
« que tu as cru que je te haïssais; juge-moi
« sans prévention. Je me suis trompée, peut-
« être un peu par ambition, mais par zèle pour
« ton bonheur, plus que pour le mien, en te
« choisissant un état considéré avant la révo-
« lution. Je t'applaudis d'avoir contrarié mon
« goût, et je ne mourrai contente qu'en te
« voyant établi. Je touche à ma quatre-vingt-

Tome I 1*

« sixième année : donne-moi promptement cette
« satisfaction. »

J'ai profité de ses leçons : je suis marié, établi, et, dans ma paisible médiocrité, je travaille, je ris, je chante, et je vends des livres après avoir vendu des chansons.

A
MONSIEUR GARAT,

Membre du Sénat-Conservateur et de l'Institut impérial.

Monsieur,

Je suis payé de mes peines, et mes malheurs me sont précieux, quand vous en accueillez l'hommage ; en fixant votre attention, ils m'assurent l'intérêt du lecteur : je vous dois leur publicité ; et l'estime que vous accordez à l'auteur, est un garant de sa franchise et de son caractère.

Un philosophe dit que les hommes en place ont deux visages et deux existences : on vous croiroit simple particulier ; car personne ne peut desirer plus que vous, Monsieur, d'avoir une fenêtre à son cœur.

Votre vie privée (vos ouvrages à part) au milieu des dignités et des places éminentes où la confiance publique et votre intégrité vous ont appelé et maintenu depuis quinze ans, nous reporteroit aux siècles de ce Romain qui labouroit son champ de ses mains consulaires, et s'arrêtoit au bout du sillon pour manger son plat de légumes. Aujourd'hui même, vous pourriez encore dicter pour votre enfant, le testament d'Eudamidas de Corinthe. Monsieur, voilà vos droits à l'immortalité dans mon cœur, et dans celui des vrais amis de leur pays.

Au reste, les dignités et les talens, dons des hommes ou de la Providence, comme les rayons de l'astre du jour, sont des biens hors de nous, dont l'éclat éblouit, mais dont la propriété ne nous est acquise que par le bon usage que nous en faisons pour les autres. Que j'aime bien mieux retrouver l'homme privé, adoré dans sa famille, bon avec tous les hommes, sublime et profond dans son cabinet comme Montesquieu, naïf et franc dans la société comme Lafontaine ! Horace lui diroit avec vérité : *Domus non purior ulla est;* sa maison est le temple de la candeur, de l'amitié et de la bonne foi; le local est petit, mais c'est celui de Socrate.

Le Sénateur membre de l'Institut, donne de l'éclat à mes malheurs; mais l'estime de l'homme privé donne encore bien plus de mérite à l'auteur qui a l'honneur d'être,

Avec un très-profond respect,

Monsieur,

Votre très-humble et très-obéissant serviteur,

L. A. PITOU.

Paris, 30 pluviose an 13 (19 février 1805).

MA VIE
ET
LES CAUSES DE MON EXIL.

Voici le tableau de mes inconséquences, de mes persécutions et de mes malheurs. La Providence a tout fait pour me rendre sage et réfléchi ; j'ai bien résolu aujourd'hui de profiter de ses leçons, et tout lecteur, de quelque opinion qu'il ait été, en croira sans peine à ma parole, après avoir lu cet ouvrage : je le plaindrois bien s'il avoit besoin de faire une école aussi dure que la mienne pour rentrer dans la société.

Doué d'un cœur sensible et d'une ame confiante, j'ai été poussé dans une carrière célèbre, périlleuse et singulière, par la dureté de ma tutrice, qui me devoit et les soins et les comptes d'une dépositaire de ma fortune.

L'expérience l'a convaincue, à mon détriment et au sien, que les parens complaisans et les amis flagorneurs sont les moins désintéressés et les plus habiles à faire des dupes. La pauvre femme, qui se seroit fait pendre pour un liard, a donné sa confiance à une fine intrigante qui, pour des riens, lui a fait des emprunts hypothéqués sur un avenir trompeur. Ma tutrice a beaucoup pleuré comme le juif de *Maison à vendre;* et la confidente qui l'a abusée la haïssoit tant, que, croyant me faire plaisir, elle vint à Paris la décrier auprès de moi, et ne fut jamais si interdite que de ma réponse à ce sujet, quoique j'ignorasse encore ses projets et sa conduite.

Au reste, les premiers momens de ma jeunesse furent bien plus hérissés d'épines que semés de roses. Né d'une famille de laboureurs et de gens de robe, je perdis mon père à huit ans. Il mourut de chagrin de voir qu'un de mes oncles, mon parrain, célibataire, intendant d'un château de M. Delaborde, venoit de décéder après avoir substitué oralement sur ma tête, la part du bien qu'il me destinoit comme à son fils adoptif, et à l'un de ses plus proches parens. Ce bon père étoit loin de m'envier mon bonheur; mais il frémissoit de me laisser aux soins d'une épouse sans fortune et sans défense, ou bien de me voir sous la tutelle d'une légataire universelle, qui n'étoit engagée que sur parole, et dont il connoissoit l'avarice. Elle me devoit de l'éducation et un établissement à mon choix.

A l'âge de dix ans, ma mère me conduisit jusqu'à la porte de cette tutrice, où elle n'osa pas entrer de peur d'être éconduite. O nécessité! pourquoi contraignis-tu ma bonne mère à ce pénible sacrifice! Mon père avoit épousé une pauvre villageoise, riche en vertus, mais simple, honnête, bonne et trop peu fastueuse pour que ma tutrice daignât la regarder du haut de sa grandeur. Combien de fois ne fus-je pas forcé d'embrasser dans la rue cette tendre mère qui n'osoit mettre le pied sur le seuil de la maison, d'où j'étois souvent obligé de m'esquiver pour voir à la dérobée la meilleure et la plus tendre des mères ! Ma tutrice étoit pourtant sa sœur, et même elle étoit dévote : mais l'avare manichéen concilie pour lui seul le dieu de l'or avec celui de la pauvreté.

Que mon cœur auroit aimé cette tutrice, si elle l'eût voulu ! elle avoit de grandes qualités, des vertus, de la sensibilité, même plus que les êtres abâtardis par l'avarice n'en sont susceptibles ; mais je n'ai jamais pu oublier le mauvais exemple que sa conduite auroit pu m'inspirer contre ma mère.

Elle m'aimoit à sa mode, car elle poussa l'épargne jusqu'à me refuser les premiers besoins de la vie. Dans un âge aussi tendre, j'étois dévoré par la faim et réduit à demander du pain à mes camarades, et à ramasser ce que je trouvois dans les classes et ailleurs : au point que mon premier maître s'en étant aperçu, me gronda, l'en prévint, et fit un peu améliorer mon sort. Si dans la suite, elle n'osa plus me défendre de retourner deux fois au chanteau, quand j'y revenois elle me regardoit d'un air si dur, que si je n'avois pas eu l'ame honnête, elle m'auroit rendu aussi vil que certaine personne qui lui est parfaitement connue, et qui fit à certain âge le supplice de parens bien moins rigides qu'elle. Comme elle étoit commerçante et très à son aise, je trouvai dans des babioles le secret d'éviter sa mauvaise humeur : elle m'y avoit tellement réduit, qu'un de mes professeurs mérita que je lui en fisse la confidence, et qu'il en rit. Au bout d'un certain temps, elle s'aperçut de mes espiégleries.... Ce fut un crime irrémissible, et depuis ce moment elle ne m'a jamais pardonné mes vétilles, que je dois appeler ses propres erreurs.

A dix ans, elle me destina à l'étude des langues, et ne négligea rien pour me donner une bonne éducation; elle étoit dévote et mondaine, et me destinoit à la prêtrise. Je réussis à son gré; alors elle me traita comme son enfant: elle avoit même cette divine ambition des bons pères qui jouissent et renaissent dans leurs enfans qui se distinguent dans leurs classes. Rien ne lui coûtoit trop cher quand il s'agissoit de mon avancement; mais elle ne vouloit toujours pas voir ma mère, ce qui étoit un crève-cœur pour moi.

A quatorze ans, je lui demandai à étudier en droit; alors elle ne me laissa que l'alternative de prendre un métier pénible et contraire à mon goût, ou de me faire prêtre; et de ce moment elle aliéna, vendit et dénatura notre fortune, me disant que j'avois eu ma part, que je n'avois plus à choisir que le sacerdoce. De mon côté, je me promis de ne lui jamais ouvrir mon cœur; et je jurai en moi-même que je ne ferois rien contre ma conscience. J. J. Rousseau fut sensible à huit ans.... Quand mes camarades s'écrioient *à l'invraisemblance*, en lisant dans *ses Confessions* les premiers mouvemens de la nature dans l'enfance corrigée par mademoiselle Lambercier, je me disois tout bas : ils sont nés après moi. Cet instinct prématuré me rendit rêveur, jusqu'à l'âge de quatorze ans. Confié aux soins des femmes, j'éprouvois un charme inexprimable et une contrainte involontaire, douce et quelquefois gênante, dans les petits cercles d'enfans des deux sexes, avec qui le hasard et le voisinage nous faisoient souvent rencontrer. Dans le cours de mes études, les jours de congé de la semaine m'étoient indifférens.

Je ne comptois de momens d'existence que les dimanches soir, après les offices, où nos parens nous réunissoient à tour de rôle.... Alors, mon plaisir étoit toujours empoisonné par cette pensée terrible : je suis sensible, j'aime et j'aimerai toute ma vie, et on veut me faire prêtre : non, je ne le serai jamais.... mais que ferai-je?...

Quoique cette pensée me tourmentât quelquefois jour et nuit, jamais elle ne vint sur mes lèvres avec aucun de mes camarades les plus intimes, dans ces petits cercles où l'enfance, éloignée des regards paternels, énonce librement ses projets, ses inclinations et ses goûts. Moi, je serai avocat, moi notaire, moi marchand, moi prêtre, se disoit-on; et toi Pitou?... Je n'en sais rien. Les femmes plus fines et aussi discrètes que nous, n'ont pas eu plus d'empire contre mon secret. Si elles eussent pu, à cet âge, attacher le prix de l'amour à la solution de cette question, je ne l'aurois pas donnée. Plus j'étois réservé, plus elles me questionnoient. Quelle épreuve!... ô quelle épreuve! j'ai tellement résisté, que celle qui avoit le plus d'empire sur mon cœur, me croyant parti à Chartres, en 1789, pour me lier irrévocablement au sanctuaire, se brouilla avec moi, et finit par épouser un de mes écoliers. Que m'auroit servi de l'informer de mon projet ? ma tutrice venant à le savoir, j'étois exhérédé et sans état. Ne vaut-il pas mieux être malheureux seul, que de lier ceux qu'on aime à une destinée cruelle qu'ils ne peuvent adoucir ?

Au lieu de suivre la route de Chartres, je me décidai à aller à Paris. Quand ma résolution fut une fois prise, j'en fis part à deux voisines dignes de ma confiance. (En lisant ceci elles se souviendront et de leur discrétion, et de mon amitié, et des conseils qu'elles m'ont donnés.) Quoique cette résolution fût irrévocablement prise, je fus huit jours entiers sans dormir: un noir pressentiment me montroit dans le lointain, la terrible perspective de mon sort. J'avois beau me dire que la contrainte exercée envers moi étoit injuste; que les passions ardentes dont j'étois dévoré m'éloignoient du sanctuaire, que l'honnête homme ne doit prendre que l'état dont il peut remplir civilement et religieusement les obligations, tout cela ne me rassuroit pas de la crainte et de l'abandon où j'allois me trouver à mon âge, sans état, sans fortune, dans un moment aussi critique, au milieu d'une ville qui est un univers, où je ne connoissois personne, où l'on vend l'air qu'on respire; mais le sort en étoit jeté. Au lieu d'aller prendre les ordres, je partis de Châteaudun avec deux abbés de mes amis, le 17 octobre 1789, époque de la rentrée des classes.

En arrivant à Chartres, le 18 octobre, je dînai avec tous les camarades de mon cours, qui, ne soupçonnant rien de mon projet, me firent promettre de venir les reprendre à l'enseigne du Gros-Raisin, faubourg de la Grappe : nous nous embrassâmes au bout de la rue aux Changes. Ils cheminèrent vers Beaulieu, grand séminaire qui étoit à une lieue de la ville, et moi

moi vers Paris. La famine s'y faisoit déjà
sentir; tout étoit en rumeur; chaque jour
les rues étoient illuminées, tout le monde
étoit sous les armes, dans l'attente et dans
l'effroi d'une prétendue armée de brigands invisibles, qui, chaque nuit, marquoient les maisons, couroient les campagnes et affamoient les villes. Quinze jours
auparavant, Louis XVI et sa famille
avoient été traînés aux Tuileries par un
peuple affamé, qui avoit, disoit-il, conduit
promptement dans *sa ville*, *le boulanger,
la boulangère et le petit mitron*. Ainsi Paris, à cette époque, étoit le cratère d'un volcan prêt à faire éruption. Les gens riches
se sauvoient ou dans les campagnes, ou
dans les pays étrangers; et ceux que leurs
affaires ou leur commerce y retenoient,
restoient claquemurés et enfermés comme
s'ils fussent morts au monde. Un morne
silence rembrunissoit tous les fronts; la
famine et le trouble augmentoient chaque
jour; la police étoit désorganisée. Tous

ces détails étoient encore amplifiés dans les provinces.... Je les connoissois bien. N'importe, j'avois résolu de venir à Paris, et j'y arrivai le 20 octobre, à six heures du matin.

Il est difficile de peindre l'attitude d'un jeune provincial de dix-neuf ans, séquestré depuis six dans les séminaires, étourdi et embarrassé tout-à-coup de la grande liberté dont il jouit pour la première fois de sa vie, au milieu d'une cité qui ressemble à un univers. J'avançois, d'un air rêveur, dans les Champs-Elysées ; un groupe d'assassins traverse la place Louis XV, vient à ma rencontre, portant la tête du malheureux boulanger, dont l'enfant posthume, en mémoire de cet événement, a été tenu sur les fonts baptismaux par notre dernière reine. Quelle réception ! Je me persuadai que cette funeste rencontre me présageoit de grands malheurs. Ils ne me sont pas arrivés pour confirmer mon pressentiment, mais peut-être ai-je pu aider à la prophétie de mon imagination enflammée, par l'opinion que cet événement m'a donnée de la révolution. — Si ce château n'est pas le palais du roi, dis-je en voyant les Tuileries, le génie d'Armide est inférieur au nôtre. Sur les quais, vingt fois la foule ondulante me fait tourner comme un moulin à vent, pendant que je baye en l'air, tout ravi d'admiration et d'extase à l'angle de la belle colonnade du Louvre. J'ai mis deux heures à examiner le cours de l'eau, l'architecture de ce palais et la magnificence de la galerie. Le mouvement des ports, le concours des ouvriers, l'activité des artisans, le bruit de la lime et du marteau, l'ensemble mobile d'un peuple laborieux, qui, dans un chaos admirable, offre le tableau des arsenaux de Vulcain, du palais de Flore, des grottes de Bacchus, du temple de l'Abondance et de l'Industrie, émousse presque mes organes par l'attention qu'ils en exigent.

Je fus distrait de ma stupidité contemplative par un appétit dévorant, qui me rappela en un clin d'œil mon isolement, le peu de moyens pécuniaires que j'avois, la disgrace et l'exhérédation dont j'allois être puni. « Te voilà donc à Paris sans
» état, sans fortune, sans parens, sans
» connoissances ; la porte de ta tutrice
» est fermée pour toi ; vole de tes ai-
» les.... Fais ici le serment de ne jamais
» rien demander à personne, d'être fidèle
» à l'honneur, à la probité. Tu vois ces
» flots : qu'ils t'engloutissent, plutôt que
» la société, ta famille et ta conscience
» puissent te reprocher quelque chose...!
» Oui, je le promets...., je le promets et je
» le jure, ô mon Dieu !... » D'après ce soliloque, je perche mon chapeau au bout de ma canne ; je le fais tourner, attachant ma destinée à la direction de la corne droite, qui se fixe à l'E. S. E. Me voilà dans la rue Saint-Jacques, autrefois le Latium parisien.

Où loger? peu m'importe : mais quel état prendre sur le registre de police? Etudiant en théologie. Le hasard me conduit à l'hôtel de Henri IV.... Je loue un cabinet près des faubourgs du Paradis; une Chartraine est ma voisine : cette femme, d'un âge au-dessus de la critique, étoit chérie et connue avantageusement de toutes les personnes de la maison. Le soir, j'allai au Théâtre-Français, voir Molé et mademoiselle Contat, dans *le Glorieux* et *le Legs*. Des filous me firent léguer trois louis pour mon début. Cette perte étoit terrible; mais il m'en restoit encore cinq, et je me promis d'être plus circonspect.

Pendant huit jours, je rôdai dans Paris, sans être dupe. Mes affaires commençoient à s'améliorer : j'avois vendu mon frac violet pour acheter un habit de rencontre; car ma voisine m'avoit fait connoître à MM. Brune, aujourd'hui ambassadeur à la Porte-Ottomane, et à Fabre-d'Eglantine. Le premier me promit de l'emploi; l'autre m'encouragea à cultiver les lettres. Je lui montrai différens opuscules: il approuva mon ouvrage intitulé: *La Voix de la Nature*, et se borna là. Je ne l'ai jamais revu depuis.

Ces promesses me firent bâtir des châteaux en Espagne; je me crus placé sous trois jours. Dans un élan de reconnoissance, je cours vite au Palais-Royal acheter quelque chose à la bienfaitrice qui me délivroit de la férule de ma tutrice. Un petit mouvement d'orgueil dirigeoit ma démarche; j'avois déjà honte de la misère, et cette dette que je payois à l'ostentation, me faisoit passer pour un jeune homme libéral. D'ailleurs, pouvois-je trop payer le plaisir d'écrire dans mon pays à celle qui m'avoit tenu sous une verge de fer: *Je suis heureux sans vous, et malgré vous?* Une main invisible corrigea bientôt ce desir de vengeance. Il me restoit quatre louis ; car ma compatriote m'avoit offert sa table , et je lui redevois un louis sur les emplettes qu'elle avoit bien voulu faire pour moi, dans la persuasion que j'étois beaucoup plus riche.

En entrant dans la première cour du Palais, du côté de la rue Saint-Honoré, je vois un gros homme bien vêtu, qui grondoit une jeune dame dans une boutique de bijoutier. *Pourquoi l'as-tu laissé aller ? Falloit acheter, c'est pour rien,* disoit-il en me tournant le dos, et me suivant de l'œil sans que je m'en doutasse. J'arrive sous la galerie..... « Monsieur,
» Monsieur, rendez-moi un grand ser-
» vice.... Voici de l'argent.... » Il fouille à sa poche. « Voyez-vous cet homme qui
» s'en va devant nous ? Il a des boucles
» d'oreilles et de jarretières à diamans, et
» quatre superbes paires de bas de soie
» à vendre ; ça vaut huit ou dix louis
» comme un liard ; il veut en avoir cinq,
» mais il les donnéroit pour trois ou qua-

» tre. Il s'est adressé ici à mon épouse; elle
» n'entend rien aux coups de commerce;
» elle ne lui en a offert que trente-six livres.
» Ils se sont dit des injures; l'homme s'est
» fâché; il est intraitable avec moi....
» Voilà comme elle manque toutes les
» bonnes occasions. Tenez, Monsieur,
» voilà un louis; je vais derrière vous, et
» si l'homme s'arrange pour quatre louis
» au plus, celui-ci est à vous. » Je suis
l'homme à la piste; il s'arrête dans une
encoignure; il étoit remarquable. Un
petit chapeau, sorti de la fripe depuis
quinze ans, couvroit sa chevelure mastiquée de poudre, de sueur et de poussière, et ombrageoit sa figure blême et
veinée de barbillons longs comme le
doigt; une cravate brune, et autrefois
blanche, relevoit la richesse de son uniforme noir et fripé comme s'il fût sorti
de l'eau. *N'avez-vous rien à vendre*, lui
dis-je? Il verse des larmes, me regarde
d'un air contrit, et tire mystérieusement

de dessous sa mantille la boîte à Pandore. Nous entrons en négociation. Ces gens-là sont les meilleurs acteurs du monde. Le premier aventurier me suivoit réellement d'un air inquiet et avide; le prétendu infortuné lui tournoit encore le dos, comme par l'effet du hasard. Il me fait de longues jérémiades. Nous tombons d'accord à quatre louis. Le premier me félicitoit et du geste et de l'œil; l'autre se retourne, voit son prétendu antagoniste, feint de vouloir se rétracter par vengeance. Je le somme de sa parole; mon prometteur s'éloigne, comme pour lui laisser passer sa foucade; je paie.... Le vendeur et le marchand ont disparu....

Je retourne à la boutique; personne ne me connoît : ce ne sont plus les mêmes figures. J'en fus enchanté. Au bout d'une heure, j'arrive chez moi d'un air triomphant. Ma compatriote étoit avec d'autres voisines. Je lui offre galamment la fameuse boîte, dont j'avois provisoirement retiré les boucles de jarretière et une paire de bas.... On ouvre.... Des éclats de rire se prolongent d'un bout à l'autre du cercle, je rougis ; je suis dupe. On détaille l'emplette. Je m'enferme vîte dans mon cabinet pour mettre mes bas ; ils étoient gommés et resavetés ; le pied étoit de deux morceaux, et la jambe trouée comme un filet à prendre du goujon. Les boucles et les pendans d'oreille étoient de cuivre doré ; le diamant répondoit au métal, et le tout valoit six francs. Voilà soixante-six livres perdues pour moi de bien mauvaise grace.

Cette largesse diminua mon crédit dans l'esprit de mon hôtesse. Il ne me restoit que dix-huit francs, et j'en devois trente-six. De peur qu'à force d'être dupe je ne devinsse fripon, le soir, en me couchant, je trouvai mon petit mémoire annexé à ma chandelle. Toute la nuit, je baignai mon lit de larmes. Le lendemain, je descendis à la dérobée, avec un paquet de six chemises, que je portai vite à un commissionnaire du Mont-de-Piété, qui me donna 30 fr. Mes dettes payées, il me resta 4 fr..., deux cravates, une chemise et l'habit qui me couvroit.

Mais un malheur ne vient pas sans un autre. Le soir, je reçus une lettre de mon mentor de province. En voici la teneur : *Je suis donc débarrassée de vous ; ma maison vous est fermée pour toujours : j'ai fait mettre une double serrure à mes portes, de peur que vous n'arriviez à l'improviste. N'espérez pas m'attendrir ; vous n'avez plus rien à espérer de moi. Vous prétendiez que le pain que je vous donnois étoit celui de la douleur ; je vous verrois mourir à ma porte, que vous n'auriez pas un verre d'eau. Vous apprendrez ce qu'il en coûte pour me désobéir....* J'entrai en fureur contre moi, contre le sort... contre l'honneur, contre la vertu. « Vains fantômes, m'écriai-je ! » n'êtes-vous donc suivis que du déses-

» poir et des larmes ! Pourquoi tant vous
» chérir, si le malheur, la misère et la
» honte sont toujours le partage de vos
» prosélytes ? Pourquoi préférer l'avilis-
» sement à la gloire; la détresse à l'opu-
» lence ; la bonne foi à la duplicité,
» quand ces vertus ne sont que des mots
» dont la fortune et le crédit annullent la
» réalité....? » Je déchirai la lettre avec
mes dents, je m'étendis sur mon grabat;
et, pour la première fois de ma vie, je
perdis pendant trois heures l'usage de la
raison. Je m'étois enfermé chez moi sans
le savoir ; je ne pus jamais trouver la clef
qui étoit dans ma poche, et le lendemain
j'avois le visage d'un mort inhumé depuis
plusieurs jours.

Je retournai voir M. Brune. Il me remit à une quinzaine, sans me désigner
encore quelle place il me donneroit. Alors
je me crus perdu : la malle qui étoit à
mon séminaire ayant été renvoyée à mon
mentor, je restai avec le seul habit que

j'avois sur mon corps; il étoit d'une qualité assez bonne ; je passai aux Charniers des Innocens, le troquer pour un plus mauvais, moyennant du retour, et je changeai de quartier. Au bout de quinze jours, les audiences des tribunaux étant devenues publiques, je revis M. Brune, qui m'employa à prendre des notes au Châtelet, pour le journal de la Cour et de la Ville, dont il étoit co-propriétaire avec un Genevois assez connu. L'affaire du baron de Besenval et celle du marquis de Favras (dont par suite j'ai rédigé le mémoire en révision), furent entamées. Le premier, colonel - général des Suisses et Grisons, avoit blanchi et sous les myrtes de Vénus et sous les lauriers de Mars. Il étoit accusé d'avoir fourni des munitions au gouverneur de la Bastille, de Launai ; de lui avoir prêté main-forte pour tirer sur les assiégeans ; de l'avoir invité à tenir bon en cas d'attaque; d'avoir mis tout en œuvre pour cerner Paris et réduire les insurgés, et d'être, par ce, comptable du sang versé les 13 et 14 juillet 1789, aux Tuileries et sous les murs de la Bastille. Il avoit pris la fuite, avoit été arrêté à Brie-Comte-Robert, et enfermé nu dans un cachot, où on le montroit au peuple comme une bête rare et vorace. Les têtes étoient si échauffées contre lui que l'auditoire influençoit ouvertement les témoins et les juges. Le rapporteur, Boucher-d'Argis, étoit invectivé à chaque séance, ainsi que tous ceux qui se présentoient pour l'accusé, ou qui ne déposoient rien à sa charge.

Deux hommes sensibles et illustres, chacun dans leur genre, s'immortalisèrent dans cette cause. Le premier, est M. de Ségur, bras d'argent, qui n'abandonna jamais l'accusé, et s'identifia volontairement à lui dans sa prison, dans ce moment critique où les injures, les menaces et les persécutions pleuvoient sur tous les hommes titrés, qui, pour la plupart, ne trouvoient pas de retraite assez sombre pour se cacher. Le second est M. de Sèze, qui, par son éloquence, brisa les fers de l'accusé. Cette première cause célèbre de la révolution, où le talent de l'orateur animé par la stoïcité du tribunal et par cette ame grande qui le caractérise, fut développée avec des traits si mâles, qu'il auroit forcé les juges de mourir sur leur siége, s'il eût été nécessaire, pour ne prononcer que d'après leur conscience, lui mérita la confiance de Louis XVI, dont il prononça si éloquemment la défense à une époque que nous connoissons tous.

Le marquis de Favras, sans fortune, mais brave et plein d'intrigue, avoit été mis en avant par des personnages marquans, pour enlever le roi et se défaire, à force ouverte, du premier ministre, M. Necker; du maire, M. Bailly, et du commandant général, M. de la Fayette, si célèbre dans les Deux-Mondes, et toujours pour la même cause. Les dénonciateurs de l'accusé étoient ses premiers agens ; plusieurs témoins venoient à l'appui : mais l'arrestation de ce seul prévenu, sous les arcades de la place Louis XIII, le 25 décembre 1789, au moment où il étoit en embuscade avec deux autres qu'on ne put (dit-on) atteindre, prouve assez que le peuple, qui le plaignoit en le conduisant au supplice, a le jugement sain et le cœur droit quand on ne l'influence pas, et que sa sagacité naturelle lui indique souvent le vrai coupable.

Les débats de cette affaire présentèrent une scène unique. Le marquis de Favras, qui abhorroit le fameux comte de Mirabeau, avoit dit, en le comptant au nombre de ceux qu'il falloit acheter pour leurs talens : « Mirabeau est à moi pour « trois cents louis. » Un témoin irrécusable avoit consigné ces faits, et Mirabeau, à l'assemblée, étoit inviolable. Cependant
il

il fut mandé. Le sourire, les grands airs de cour et les civilités politiques du témoin et de l'accusé, dont les yeux également expressifs, marquoient autant de duplicité et de crainte que leurs dehors affectueux étaloient de loyauté, fixoient l'attention du plus petit génie, au point que chacun, en devinant et leur réserve et leurs transes, ne pouvoit ni accuser leur déposition de faux, ni s'imaginer qu'elle pût être vraie. Mirabeau atténua les faits par une éloquence si simple et si sublime, qu'on l'auroit prise malgré soi pour de l'ingénuité; et le marquis démentit avec le même art ce qu'il avoit dit, et qu'on devinoit bien qu'il répétoit encore dans son cœur, et cette discrétion fut sacrée pour lui, même au pied de la potence.

Au milieu de 1790, M. Brune ayant été exproprié de son journal, je me trouvai sans place. Déjà l'amour avoit semé de quelques roses les premiers mo-

mens de ma nouvelle existence. J'avois fait quelques ouvrages; l'imprimeur R. me les acheta à un crédit qui dure encore. Comme je ne rentrois que le soir chez moi, un beau jour je ne trouvai que les quatre murs : je connoissois bien le voleur, mais l'amitié, ou peut-être un sentiment plus tendre, m'ôta le droit de me plaindre. Il fallut être battu, volé, content, et le reste. Je mourois d'envie de savoir le domicile de mes effets et de leur dépositaire. Depuis six mois que je logeois dans la même maison, je ne connoissois pas un seul voisin : une vieille femme qui logeoit sur mon carré, fut la première personne qui me rendit visite, pour me consoler de ma disgrace. Elle avoit l'air et la réalité d'une magicienne : son début fut assez simple pour m'exempter de rougir du lit de planches sur lequel je couchois. — « Vous avez été volé hier à trois heures,
» dit-elle, et la personne qui vous a fait
» ce coup, vous est connue : vous n'avez pas

» besoin de faire des poursuites, dans un
» mois vos effets vous seront rendus..
» Ne vous offensez pas de ma proposi-
» tion : je vous offre les habits et le lit de
» mon fils, vous y resterez jusqu'à ce
» que vos meubles soient de retour ». —
Je la pris pour une folle, et je me mis
à rire de la bizarrerie du sort; car j'avois
fait des connoissances, et je me conso-
lois. On s'accoutume au mal comme au
bien. Je revins le soir, sans avoir mangé;
un génie maudit précédoit mes pas pour
mettre en fuite tous ceux dont j'avois
besoin. J'eus recours à ma vieille; elle
disoit la bonne aventure; un nombreux
auditoire féminin la consultoit, chaque
soir, comme un oracle : « Jeune homme,
» me dit-elle en entrant, voilà votre
» dîner, vous n'avez pas mangé de la
» journée; tous vos amis étoient absens;
» vous avez cru hier que j'étois une vieille
» folle amoureuse de vous.... Soyez
» rassuré, depuis trente ans je n'ai été

» dupée qu'une fois, et je ne le serai ja-
» mais. Les autres viennent ici à l'école,
» et je n'ai appris la chiromancie que
» pour apprendre à apprécier les hom-
» mes. » Je fus d'abord émerveillé, comme
le lecteur qui me suit ; mais la Bohé-
mienne n'étoit qu'une ancienne coquette,
dont les enfans naturels suivoient la conduite. La fille aînée, qui m'avoit démeu-
blé, étoit abandonnée à elle-même depuis
cinq à six ans : j'avois été sa dupe, comme
tant d'autres. Sa mère, qui craignoit que
je ne portasse plainte, avoit mis le frère à
ma poursuite. Durant ce mois de répit,
je trouvai à me placer chez le comte de
Mahé, qui me confia l'éducation de son
fils. Mes meubles revinrent, sans que
d'abord je pusse savoir comment ; ma prétendue bienfaitrice vouloit me lier à elle
par la reconnoissance, pour me donner
la main de sa seconde fille, qui, trouvant
en moi un mari commode, auroit suivi
paisiblement la conduite de la mère sous

l'aile bénévole de l'hymen. Cette double intrigue me fut certifiée par la demoiselle qui, certain jour, me croyant loin d'elle, s'entretenoit dans un cabinet avec une de ses compagnes, sur la bonhomie du provincial qu'elle alloit épouser pour la forme.

Je leur répétai ce colloque. La mère entra dans une si grande colère contre moi, qu'elle manqua d'en étouffer; elle me jura qu'elle s'en vengeroit. Elle n'y manqua pas. D'abord elle me calomnia auprès du comte de Mahé, qui me fit remercier et me rappela au bout d'un an. Dans cet intervalle, je me liai avec un nommé D...., aujourd'hui avoué dans les tribunaux. La différence de nos caractères et de nos humeurs, me prouve que la sympathie entre les hommes ne naît pas toujours de la conformité de leurs penchans. Il étoit aux expédiens comme moi. Quoique nous fussions toujours à nous quereller, nous ne pouvions pas nous passer l'un de l'autre.

Cette intimité cimentée par le malheur, me fait regretter encore aujourd'hui les momens de détresse où nous nous orientions le matin, pour savoir où nous pourrions dîner. Cette importante affaire nous occupoit jusqu'à midi; mais comme nous n'employions que des moyens avoués par l'honneur, je ne m'étonne pas de regretter ce temps d'épreuve.

Nous avons passé des crises bien terribles; mais jamais je n'ai songé à écrire à ma tutrice, pour rentrer en grace avec elle. Ma détresse lui fut connue, et elle m'offrit mon pardon, si je voulois me faire prêtre. La misère et la contrainte n'ont jamais servi qu'à me rendre plus intrépide dans mes résolutions; et si je n'ai pas gagné de fortune par cette tenacité, j'ai donné à mon caractère cette trempe d'acier qui émousse les traits du sort. Les incommodités et les privations des premiers besoins de la vie ont été pour moi des accidens si ordinaires, que mon humeur ne s'en altère jamais long-temps, et l'ami avec qui j'ai acquis ce trésor, doit m'être toujours cher. Que le lecteur qui criera à l'exagération, ne croie pas que cette fermeté s'acquière dans un clin d'œil, qu'elle soit le lot de tous les hommes probes ! Tel richard qui jouit du respect, de l'amour et de la considération de ses voisins et de ses amis, auroit-il été aussi courageux que moi ? Certain jour, je me trouvois à jeun depuis vingt-quatre heures; je n'avois absolument rien à vendre, et la faim me faisoit mordre les lèvres : mon ami étoit avec moi ; mais l'épreuve où nous étions étoit si cruelle, que nous ne nous envisagions plus sans pleurer. Nos yeux hagards se tournoient quelquefois vers le ciel ; ils étoient rouges et immobiles. Abandonnés de la nature entière, nous gémissions sans rien demander à personne ; nous nous promenions pour nous promener. Le hasard nous conduisit sur le Cours-la-Reine ; des marchands de comestibles bordoient le parapet; nous les côtoyons avidement. Un d'eux avoit étalé un morceau de pain et un petit cervelas de trois sous, dans un endroit d'où on pouvoit facilement les prendre. Je passai et repassai au moins cent fois; ma main s'alongeoit presque malgré moi; je frissonnois de tous mes membres : enfin, je m'éloignai avec mon ami, à qui je racontai ma tentation. Il me moralisa avec tant de douceur et d'éloquence, que je le reconnus pour mon maître, pour avoir eu le courage de me prêcher dans un moment comme celui-là. La Providence, que nous avions inculpée plus d'une fois, nous prouva bien ici qu'elle forme notre cœur et couronne nos projets quand nous avons rempli notre tâche. En entrant aux Champs-Elysées, je trouvai un billet de dix francs de la Maison de Secours; alors le propriétaire du Pérou ne fut pas plus riche que moi. Nous dînâmes à frais communs. Comme je n'avois ni linge ni vêtement, nous partageâmes également, et pour cinq livres je remontai ma garde-robe, depuis les pieds jusqu'à la tête. Sedaine a fait autrefois une épître à son habit : que j'aurois bien voulu l'avoir le soir en sortant de la friperie ! Je n'ai jamais ri de si bon cœur que ce jour-là. Le salon des Tableaux étoit ouvert ; j'avois mangé ma suffisance, à bien peu de frais et de bien bon appétit. Libre de ma vieille enveloppe, qui, avec toute ma philosophie, me concentroit dans moi-même plus que je ne voulois, je marchois lestement avec mon habit de dix-sept sous, une chemise de vingt, et le reste de la garde-robe à l'avenant, et j'admirois et je contrôlois tout. On me questionnoit, on me regardoit, on ne fuyoit plus à mon approche ; ou, pour parler plus vrai, je croyois qu'on s'occupoit de moi, parce que j'osois m'occuper de tout le monde. La fierté d'un villageois qui trouve un trésor, n'est qu'une image imparfaite de ma jouissance et de ma vanité.

Le soir, j'osai voir un ami, qui me gronda de ma pusillanimité, et le lendemain mon ami fut placé par le comte d'Angevilliers, et moi chez M. Dup... et au journal Historique et Politique. Oh ! que j'y passai un temps heureux ! mais il fut bien court. La révolution devint terrible. On retrouvera cette lacune dans le cours de l'ouvrage. Cette année est une des plus remarquables de ma vie. (Voyez page 155.) En 1794, après le 9 thermidor, je fis imprimer le *Tableau de Paris en Vaudevilles*. J'avois tout perdu ; je résolus de chanter moi-même (1). « Le chant réjouit l'ame, me

---

(1) Corneille, pour avoir fait la fameuse chanson, *l'Occasion perdue et retrouvée*, en quarante-un couplets, eut pour pénitence *l'Imitation de J. C.* à mettre en vers. J. B. Rousseau fut exilé et gracié pour quarante-un couplets. L'auteur a passé au tribunal révolu-

» dis-je ; le fripier se pare de l'adresse
» du tailleur ; le comédien joue le sei-
» gneur, et emprunte le génie du poète :
» pourquoi rougirois-je plus de vendre
» mes chansons qu'un libraire un volume
» qu'il n'a pas fait ? Cette propriété est
» le fruit de mon éducation. Mais si l'ou-
» vrage ne vaut rien ? je ne vendrai pas
» chat en poche. — Mais les convenances,
» les préjugés même ne s'opposent ils
» pas à cette résolution sage en elle-
» même, qui contraste pourtant avec
» l'opinion qu'on doit avoir de toi ? — le
» premier devoir est rempli, lorsque je
» gagne ma vie à la sueur de mon front.
» Je ne vis pas avec deux onces de pain. »
(Nous étions au mois de mai 1795 ;

---

tionnaire, pour vingt-un couplets ; il a été
exilé et gracié pour quarante-un couplets in-
titulés : *Le Miroir de la Raison, présenté par*
l'Amour aux aveugles de France, avec *la*
Glace cassée. Nombre fatal !

j'étois rédacteur de la séance aux Annales patriotiques et littéraires ; l'agiotage du papier faisoit monter mon traitement à un sou par jour.)

D'après ces réflexions, je me levai un jour à quatre heures du matin ; je venois de faire imprimer des couplets contre l'agiotage ; je vais les vendre ; j'étois confus, mais il falloit manger. Je me mets à chanter : des pleurs rouloient dans mes yeux, pendant que le sourire s'épanouissoit sur mes lèvres. A six heures j'eus gagné cent écus en papier, et je retournai à l'assemblée. Ceux qui travailloient à d'autres journaux, dans la même loge que moi, se trouvoient heureux de partager mon pain ; mais la manière dont je le gagnois, donnoit matière à un rire caustique qui me déplut. Au bout de quinze jours je cédai la place, et les laissai jeûner glorieusement. Au reste, la mauvaise honte et la crainte firent place à la tranquillité et à une vie pénible, mais moins austère. La multitude s'accoutuma à m'entendre; on me chercha une origine. Je m'étois prononcé contre les anarchistes : ceux-ci, pour me perdre, inventèrent sur mon compte cent fables plus honorables les unes que les autres. D'abord, ils me firent *prêtre*, pour avoir droit de *me faire proscrire* ; puis *attaché à la maison de Rohan* ; ensuite *évêque*, *confesseur de nonnes* (1), *gou*-

―――――

(1) Une femme, entre deux âges , m'accoste un jour, après m'avoir entendu chanter, et me dit, d'un air tout scandalisé : « Comment, monsieur, vous chanteur !... Faut-il qu'une de vos pénitentes vous moralise !... » Je souris... Elle insista... — Mais, madame, ne vous méprenez-vous point ? — Oh! certainement non. — Hé bien! *madame, si j'étois aussi indiscret que Santeuil ?..* — *Que voulez-vous dire ?* — Que je pourrois tout révéler à votre mari, sans divulguer la confession....

Un autre jour , un Prémontré vient chez moi de grand matin, me demander si je ne verneur de l'enfant d'un grand seigneur. J'ai donné l'énigme de toutes ces exagérations, en offrant l'analyse de ma conduite, imprimée, six mois avant mon exil, dans *le Chanteur ou le Préjugé vaincu.*

Je passe ici différentes anecdotes plaisantes, dont je me suis bien réjoui avec mes amis : car j'ai trouvé plus d'un homme

---

suis pas de son ordre, et dans quelle maison j'ai étudié. Il y a vingt-cinq ans qu'on voulut m'envoyer à Metz faire mon noviciat chez ces moines : mais comment avoit-il pu savoir cette particularité ?

Suivant les uns, je disois la messe tous les jours, et je trouvois même des personnes qui assuroient y avoir assisté. Oh ! comme le serment coûte peu à faire, quand il coïncide avec nos vues !....

Le lendemain on vouloit que je fusse maître de musique..... Enfin, j'ai été forcé de faire le médecin malgré moi. Et si je publiois mes scènes à tiroir du temps que j'ai chanté, on jugeroit que j'ai été plus ami de la société et de la joie, qu'ennemi du gouvernement.

sensible qui a secoué le préjugé, et m'a favorablement accueilli (1). J'oserai même dire que je n'ai bien connu le cœur humain que dans cet état que la sotte vanité appelle abject, et que j'ai su honorer par ma conduite. Durant mon exil, j'ai consacré mes loisirs à recueillir tous ces traits; ils tiennent à la révolution, dont j'ai fait l'analyse. Il est prudent de laisser refroidir la lave du volcan. J'atteins le rivage; mon cœur, ivre de reconnoissance, est disposé à prouver au gouvernement qu'il n'a point fait un ingrat.

―――――――

(1) Mesdames Boisset, Mercier, Cahouet, B...., Frery, sont des amies inappréciables. Mon exil de trois ans et ma nouvelle détention de dix-huit mois, m'ont convaincu que la sincère amitié a autant de force que l'amour. O ames sensibles, que je cesse d'exister quand je cesserai de vous aimer!

Cet ouvrage ayant été écrit dans les déserts d'une zône brûlante, peut bien n'avoir pas été dicté par une rigoureuse impartialité : les angoisses du malheur auront pu y laisser quelques traits acérés que j'aurois peut-être adoucis en France. J'ai pu, ne consultant que la position des déportés, peindre la conduite des agens sous des traits un peu sombres; je leur ai peut-être trouvé des torts et des délits qui ne seroient que des erreurs involontaires, si je les eusse approfondis en homme d'état, si je les eusse vus dans leur cabinet.

Le malheur des circonstances, la pénurie des moyens, la détresse de la colonie, l'insubordination des noirs et des blancs, l'affreux mélange et le chaos militeront beaucoup en leur faveur. Les chefs ont affaire à des êtres si indolens, si peu conséquens avec eux-mêmes, qu'il faut souvent être un ange ou un Frothée pour se faire tout à tous : cette versatilité continuelle, si nécessaire dans les colonies au moment où nous nous y trouvions, et si incohérente avec le caractère européen, leur a beaucoup nui à nos yeux.

Les déportés qu'on leur envoyoit étoient presque tous des hommes marquants et regardés comme dangereux. Il falloit plaire à la mère-patrie, aux colons aux noirs, aux exilés, ne point dévier de sa place, et se faire aimer en punissant. L'amour, la haine ou la crainte n'ont point eu de part à cet écrit; je leur en ai donné la preuve en leur présence, quand d'un seul mot ils pouvoient m'ôter la vie, au moment où je leur disois,

disois, avec le caractère que mes amis me connoissent, des vérités dures que le danger de la mort ne m'a jamais fait taire. Ici, je leur dois la vérité ; la voilà toute entière.

Si je consulte la vérité sur le 18 fructidor et sur ses causes, je conviendrai avec franchise que la déportation, nécessaire pour l'état et pour quelques individus, n'est devenue odieuse que par les proscriptions et les vengeances partiales des hommes exaspérés qui ont substitué leurs intérêts et leurs ennemis personnels à ceux du gouvernement. La France républicaine, à cette époque entre le couteau des royalistes et des anarchistes, fut forcée de mettre en vigueur les loix de Rome et d'Athènes, l'ostracisme, la déportation, le bannissement et l'exil.

Si je voulois, ou flatter les hommes ou pallier les torts des déportateurs, je rapporterois la belle parole d'un des chefs de l'état qui dit, le 19 fructidor, à un énergumène, prêchant la mort des vaincus : Nous ne voulons ni les perdre ni les rendre malheureux ; mais priver pour quelque temps de leur patrie les étourdis et les inconséquens qui méconnoissent la liberté et la mutilent, et l'interdire pour jamais à ceux qui l'assassinent.

Je sais bien que la chaleur et l'énergie que j'ai déployées à cette époque ont pu faire croire que j'étois influencé par un parti. Je m'étois mis trop en avant pour espérer éluder la loi : mon exil ne m'a point surpris ; je l'ai presque légitimé par ma hardiesse ; mais

d

voilà ma religion et le fond de mon âme : la liberté dans le cœur de l'homme est le feu sacré de l'autel de Vesta ; les gouvernemens ne peuvent ni l'allumer ni l'éteindre. Je ne suis libre que quand un seul chef commande dans ma famille ; je n'en veux pas plus dans un état. L'anarchie est l'ivresse de la liberté ; la république est un beau songe, et l'uniformité de l'ordre et l'unité sont l'aliment sacré du premier titre et du droit que l'on ne peut aliéner qu'en voulant l'étendre ou le partager..... Voilà mes principes..... mon erreur étoit bien pardonnable ; j'en appelle au témoignage des hommes probes. Aucune faction, aucun parti n'eut jamais de rapport avec moi ; je les défie tous sur ce point.

Du 21 fructidor an 11. — 8 septembre 1803.

TRIBUNAL CRIMINEL
DU DÉPARTEMENT DE LA SEINE.

Extrait des minutes du greffe du tribunal criminel du département de la Seine, séant au Palais de Justice, à Paris.

Au nom du peuple français.

BONAPARTE, premier consul de la République,

Aux membres composant le tribunal criminel du département de la Seine, séant à Paris.

Le grand juge et ministre de la justice nous ayant exposé que Louis-Ange Pitou, condamné à la déportation, pour avoir tenu des discours tendans au rétablissement de la royauté, par jugement du tribunal criminel du département de la Seine, en date du 9 brumaire an 6, s'est pourvu à fin d'obtenir grace; nous avons réuni en conseil privé, au palais du gouvernement, le 21 du mois de fructidor an 11, les citoyens Regnier, *grand Juge et ministre de la Justice;* Dejean, *ministre de l'administration de la guerre* ; Barbé-Marbois, *ministre du trésor public* ; Rœderer *et* Abrial , *sénateurs* ; Bigot - Preameneu *et* Treilhard, *conseillers d'état* ; Muraire , *président du tribunal de cassation* ; Viellard , *vice-président du même tribunal* ; *ce dernier convoqué, mais non présent.*

D'après l'examen qui a été fait, en notre présence, de toutes les pièces, et les circonstances du délit mûrement pesées, nous avons reconnu qu'il y avoit lieu à accorder la grace demandée.

En conséquence, nous avons déclaré et déclarons faire grace à Louis-Ange Pitou, condamné à la déportation, par jugement du tribunal criminel du département de la Seine, du 9 brumaire an 6, pour avoir tenu des discours tendans au rétablissement de la royauté, sans toutefois que le présent acte puisse en rien préjudicier aux droits de la partie civile.

Ordonnons que les présentes lettres de grace, scellées du sceau de l'état, vous seront présentées dans trois jours, à compter de leur réception, par le commissaire du gouvernement, en audience publique, où l'impétrant sera conduit pour en entendre la lecture, debout et la tête découverte ; que lesdites lettres seront de suite transcrites sur vos registres, sur la réquisition du même commissaire, avec annotation d'icelles en marge de la minute du jugement de condamnation.

Donné à Saint-Cloud, sous le sceau de l'état, le 21 fructidor an 11 de la République.

Signé BONAPARTE.

Par le premier consul, le secrétaire d'état,

Signé H. MARET.

Le grand juge et ministre de la Justice;

Signé REGNIER.

Délivré, pour copie conforme, par moi greffier, soussigné FREMIN.

TOME PREMIER.

ANALYSE SOMMAIRE
DE LA PREMIÈRE PARTIE.

Division de l'ouvrage, pages 1 *et* 2. — *Causes de déportation de l'auteur. Voyez préface*, 3. — *Son départ.* — *Des antiquités de Chartres.* — *Du séminaire, du collége où l'auteur a fait ses études.* — *Il y trouve deux compagnons de déportation*, 14, 15 *et* 16. — *Il passe à Châteaudun, son pays natal.* — *Il y voit sa famille*, 16, 23. — *Passe-temps comique de Sainte-Maure à Châtellerault*, 30, 31. — *Du commerce des couteaux*, 32. — *Singulier crime d'une jeune femme de Poitiers*, 33, 34. — *A Niort, ils logent dans la prison où naquit mad. de Maintenon*, 38. — *A Surgères ils se promènent librement sur leur parole; on veut les faire sauver; pourquoi ils refusent; ils vont visiter les tombeaux: réflexions sur l'immortalité de l'ame; anciennes prophéties sur la révolution*, 39, 44. — *Arrivée à Rochefort*, 46.

DEUXIÈME PARTIE.

Entrée à la municipalité, les trois déportés font danser le president, le commissaire se fâche, les fait serrer de près, 48, 49. — *Affreuse prison de Saint-Maurice*, 50. — *Evasion de Jardin et Richer-Sérisy, journalistes.* — *Comment le concierge les fait sauver par argent*, 53. — *Annonce d'embarquement*, 56. — *Un vieillard de soixante ans reçoit un coup de fusil au milieu de la prison.* — *Départ pour la rade.* — *Grand désordre dans la prison.* — *Arrivée sur la frégate* la Charente. — *Nombre des déportés embarqués*, 64. — *Description de la nouvelle prison de ce bâtiment*, 66, 67. — *Tableau de l'intérieur de cette prison*, 68. — *Ration du bord*, 70. — *Conduite de l'équipage à notre égard*, 71. — *Combien chacun a de lignes d'air pur à respirer* (ibid). — *Un déporté se jette à la mer, de désespoir*, 73. — *Les Anglais viennent bloquer le port.* — *La brume nous donne le moment de sortir.* — *Nous sommes poursuivis par trois bâtimens ennemis.* — *Terrible combat*, 74, 80, — *La frégate est jetée sur les rochers*, 82.

— *A la côte d'Arcasson nous manquons d'être assassinés par les écumeurs de mer des landes de Bordeaux*, 83. — *On nous rembarque sur* la Décade. — *On hisse les malades et les vieillards à bord*, 85. — *Portrait du capitaine et de l'état-major.* — *Ration de marine.* — *Coq ou cuisinier du bord*, 91, *jusqu'à* 97. — *Départ*, 98. — *Description des côtes d'Espagne.* — *Hymne du départ*, 103. — *Testament des exilés.* — *Leurs legs aux ames sensibles et aux directeurs*, 105. — *Passe-temps de l'entrepont durant la traversée.* — *Horrible histoire du capitaine Lalier*, 107 *et* 108. — *La peur des Anglais trouble la vue au capitaine Villeneau; il prend des souffleurs pour une escadre ennemie*, 110. — *Suite des passe-temps de l'entrepont.* — *Causes secrètes de la révolution.* — *Enigme du fameux collier-cardinal*, 111, *jusqu'à* 114. — *Causes de la haine de la reine contre le duc d'Orléans, de la vengeance du duc sur la famille de Louis XVI*, 115. — *Causes de la fertilité de l'île de Madère*, 116. — *Suite des passe-temps de l'entrepont.* — *Conte de l'amour suffoqué par la jouissance*, 117. —

— *Suite.* — *Résurrection de l'amour.* — *Sacrifice de l'innocence*, 118, *jusqu'à* 122. *Tempête*, 123. — *Passe-temps de l'entrepont.* — *On agite la question du divorce*, 124. — *Suite.* — *Histoire d'une femme dans le tombeau, exhumée, ressuscitée, épousée par son amant et retrouvée par son mari*, 125, *jusqu'à* 144. — *Passage et baptême du tropique*, 145. — *Température de la zone Torride.* — *Description des cinq zones*, 146, *jusqu'à* 151. — *Observation sur l'aérométrie*, 151. — *Passage entre les îles du cap Vert.* — *Ce qu'elles produisent.* — *Banc de poisson.* — *Description d'une belle nuit sur mer*, 154. — *Passe-temps de l'entrepont. Événemens les plus remarquables et les plus terribles de ma vie*, 155, *jusqu'à* 165. — *Pompe d'eau, ou trombe; ce que c'est*, 166. — *Résumé de la traversée*, 167, *jusqu'à* 169. — *On voit terre*, 170. — *Mouillage dans la rade de Cayenne.* — *Misère du pays. Mariage impromptu de la colonie de* 1763, 134. — *Nous apprenons l'évasion des huit premiers déportés.* — *Leurs noms*, 174, *jusqu'à* 177. — *Du port de Cayenne*, 178.

TROISIEME PARTIE.

Entrée à Cayenne. — Procès-verbaux de débarquement. — Réception faite aux déportés, 179. *— Un mot sur les habitans. — Description générale de l'Amérique. — Des Guianes, et particulièrement des possessions françaises*, 185. *— De la ville de Cayenne. — Température du pays. — Peinture des habitans*, 204. *— Des agens ou gouverneurs. — Leur autorité*, 218. *— Maladies du pays*, 224. *— Départ de l'auteur et de ses compagnons pour le canton de Kourou*, 248. *— De la colonie de* 1763, *en parallèle avec la déportation*, 258. *— Leur misère. — Ils luttent contre la famine. — Intérieur de leur case. — Anecdote curieuse sur Terdisien. — Quel personnage c'étoit*, 265 *et suiv. — Insectes des cases*, 272. *— Plantation, culture, commerce de la Colonie; coton, cannes à sucre, indigo*, 289. *— Animaux domestiques et reptiles, caïman*, 310.

Fin du premier volume.

TOME SECOND.

ANALYSE SOMMAIRE

DE LA SUITE DE LA TROISIÈME PARTIE.

Caméléon, phénomène, pag. 1 et 2. — Cancer guéri d'une manière étonnante, au Diogène du pays, 4. — Existence de Billaud et de Collot-d'Herbois; leurs caractères, leurs malheurs; mort terrible de Collot-d'Herbois, 16. — Nos malheurs à la case Saint-Jean; notre abandon; nos camarades meurent, 30. — Nous sommes sans vivres, sans connoissances. — Catastrophe terrible de Saint-Aubert, 33 et suivantes; comment nous sortons de cette crise, jusqu'à 56. — Départ de Jeannet.

QUATRIEME PARTIE.

Désert de Konanama. — Liste des morts dans ce lieu, 59. — Les déportés sont réunis à Synnamari. — Seconde liste des morts, 131. — Portrait et agence de Burnel; il est chassé de la colonie, 151. — Voyage chez les mangeurs d'hommes, où l'auteur court risque d'être dévoré, et ensuite empoisonné, 214, jusqu'à 278.

CINQUIEME PARTIE.

Notre rappel. — La corvette qui vient nous chercher est prise sous nos yeux par les Anglais, au moment où nous allions embarquer, 301. *— Départ de l'auteur par les Etats-Unis; il fait naufrage dans le port,* 305. *— Liste des déportés partis, restés et réfugiés à la Martinique. — Retour. — Nouveaux malheurs et leur fin,* 307, *et suivantes.*

F I N.

VOYAGE

A CAYENNE.

Forsan et hæc olim meninisse juvabit.
Virg. Æneid., lib. I.
L'innocent dans les fers, sème un doux avenir.

L͟ES causes de mon exil sont connues ; je le suis moi-même par mes malheurs ; ils ne m'ont pas été infructueux ; j'écris librement ce que je pense, non de mes ennemis, car je n'en connois plus ; mais des pays que j'ai vus, des compagnons d'exil dont j'ai partagé la destinée pendant trois ans, des déserts brûlans qui les ont dévorés. Je parlerai aussi des différentes classes d'hommes et de quelques animaux de la zone torride. J'ai obtenu la liberté de voyager dans ce vaste pays ; j'ai resté à *Synnamari* et à *Konanama* ; j'en ai tracé le plan sur les lieux, et il n'y a pas une famille de déportés; à qui je ne puisse donner des nouvelles certaines du genre de vie ou de mort des personnes qui les intéressent. Le lecteur saura comment je me suis procuré à ce sujet les pièces authentiques du gouvernement que je mettrai sous ses yeux. J'ai commencé ce manuscrit sur la *Décade*, il appartient plus à mes compagnons qu'à moi. J'ai été assez heureux pour découvrir dans la Guyane une excellente bibliothèque, un peu rongée de vers, mais bien meublée de manuscrits de voyageurs et d'historiens. MM. Gourgue (notaire), Jacquard, Colin, Gauron (médecin) et Terasson ne m'ont rien laissé désirer à cet égard; je leur dois aussi la meilleure partie de mes recherches sur les mœurs des Indiens, des noirs, des blancs, sur la culture du pays, sur les reptiles et autres animaux curieux dont je dirai un mot. Ce préambule est déjà trop long, nous avons du chemin à faire, mettons-nous en route.

Je fus arrêté le 13 *fructidor* an V (30 août 1797), pour avoir fait quelques couplets où les Jacobins et le Directoire crurent se reconnoître: traîné à la Force, jugé le 9 brumaire an VI (31 octobre) à la mort, puis à la déportation, j'en rappelai pour gagner du temps; je me persuadois, comme plusieurs, que la déportation seroit une noyade, sous un autre nom.

Le 2 *novembre*, on me conduit à Bicêtre, où, me voyant seul dans une cellule de huit pieds quarrés, j'esquisse quelques notes sur mes malheurs; j'avois le pressentiment d'une future inquisition. Chaque cahier étoit à peine fini que je le remettois aux personnes qui faisoient tous les jours une lieue pour venir me voir au travers d'une grille de fil-d'archal, aux deux bouts de laquelle étoient des gardes qui coupoient jusqu'au pain qu'on m'apportoit; heureusement que j'avois un porte-clefs qui m'étoit affidé.

Le 6 *janvier* 1798. je venois d'envoyer mon dernier cahier, je remonte à ma chambre sur les quatre heures après midi, pour me remettre à l'ouvrage; à six heures, la porte de la galerie s'ouvre avec grand bruit; deux porte-clefs entrent dans mon cabanon avec deux flambeaux et deux dogues; j'étois sur mon lit, ils m'en font descendre, me fouillent; mettent le scellé sur la porte de ma chambre, et m'annoncent qu'un gendarme à cheval vient d'apporter un ordre du commissaire de visiter mes papiers, et de me mettre provisoirement au cachot, au pain et à l'eau, sur une botte de paille. J'y descends, aussi-tôt me voilà à côté de deux condamnés à mort, l'un pour assassinat sur la route de Pantin, l'autre, (Dupré) pour avoir coupé les deux seins à sa maîtresse, par jalousie.

Le 12 *janvier*, on m'extrait de cette fosse pour lever le scellé de mon cabanon, toujours avec un ordre du commissaire.

Il ne se trouve que des pièces insignifiantes, que je paraphe toutes par numéros, et qui sont envoyées de suite à Paris.

Le 13 *janvier*, on me fit remonter dans mon cher cabanon qui devint un palais pour moi, depuis que j'étois descendu à quelques pieds sous terre; la porte en étoit fermée sur moi, mais je pouvois respirer l'air. Ma fenêtre donnoit sur la cour voisine; ce jour là même je vis mes amis à qui je ne pouvois parler que par signes, leur étendant la main au travers des barreaux. Je leur avois appris un langage muet que j'avois inventé en 1793, pour converser avec une voisine, qui demeuroit en face de la maison d'arrêt de la section de *Marat*. L'inflexion de mes doigts formoit toutes mes lettres. Ils avoient un mouchoir à la main; j'appris par leurs signes que mon jugement étoit confirmé.

J'attendois cette confirmation, que je n'ai jamais reçue.

Le 26 *janvier*, à dix heures du matin, deux gendarmes à cheval viennent me prendre, et pour que je sois absolument sans ressources, ils ont ordre de me dire que je suis mandé à Versailles, pour déposer dans une affaire. La ruse est trop grossière pour que je ne m'en méfie pas ; ils me mettent les menottes ; me voilà en route pour Rochefort, ou pour la déportation.

Je marchois à pied au milieu de mes deux archers à cheval, ayant les deux mains enferrées et cachées dans mon mouchoir ; je ne me souciois pas de traverser Paris dans cet accoutrement ; mes guides y consentirent, et nous prîmes par le boulevard d'Enfer. C'étoit l'hiver ; que ces lieux étoient déserts ! ils me rappeloient le plaisir que j'y avois goûté dans la belle saison dernière. En approchant de la maison de Maury (une des bastilles de Robespierre), je comparai les deux époques.

A dix heures, j'arrive à Vaugirard, guinguette fameuse autrefois, et qui ressembloit à un désert : c'étoit le point de ralliement des babouvistes au 23 fructidor an IV (4 septembre 1796). Le brigadier me fit traverser le village sans autres menottes que ma parole, me remit à ceux qui devoient me conduire à Versailles, et me força d'accepter du tabac pour ma route ; je lui remis deux lettres que j'adressois à M[rs]. B43ss2t et B2v2c265t, les invitant à ne pas m'abandonner dans le moment où je partois sans argent et sans linge. Plusieurs voisins et voisines se rendirent chez mon nouveau guide pour me voir. Un scélérat, un proscripteur, un proscrit, deviennent toujours des objets de curiosité ; on me plaint, on me fait cent questions pour m'engager à répondre : j'attends le moment de mon départ en silence. J'étois encore à jeûn ; l'épouse de mon nouveau guide me fait déjeûner ; l'officier me met sur ma route avec un seul guide à cheval, en exigeant ma parole d'honneur que je ne chercherai pas à m'évader : je la donnai, mais à regret, car je trouvai plus d'une occasion de prouver aux inconséquens que les honnêtes gens mettent l'honneur et le serment au-dessus de la vie.

Le brouillard venoit de se dissiper ; le soleil perçoit les nuages, je marchois tête baissée, rêvant à la sensibilité de cette jeune femme que je n'avois jamais vue.

Je foule une pelouse qui commence à poindre, des rigoles d'une eau argentine traversent par mille sinuosités une prairie déja tapissée de verdure. A ma gauche, une montagne escarpée n'offre encore que les désastres de l'hiver ; les côteaux de vignes qui la couvrent sont nuds ; les vieux pampres d'un noir grisâtre, amoncelés dans les ruisseaux, en arrêtent le cours et tamisent les eaux. Nous voilà à Issy ; j'y cherche en vain les ruines du fameux temple d'*Isis* ou Cérès. C'est à ce petit village que Paris doit son nom. Issy vient d'Isis, et Paris de *paratum ysi* ou *par isi*, temple dédié à Isis ou égal à celui d'Ysis. Le tems qui ronge les monumens et l'histoire, effacera de même ce moment de tristesse. Avec le tems, je me souviendrai d'avoir passé à Issy pour être déporté ; avec le tems, je reviendrai dans ce village, avec autant de plaisir que j'ai de peine à profité de l'ascendant que la pitié me donnait dans son ame pour parler à son cœur, et le conduire à l'instruction par la voie du plaisir. Il est peu de circonstances où la morale eût plus de poids. Qu'un millionnaire rayonnant de joie remercie Dieu de la pluie d'or qui tombe chez lui, c'est un devoir dont on peut le louer sans l'admirer; mais qu'un innocent, réduit à manger des feuilles, sourie encore, et trouve l'abondance dans son cœur; que la religion soit son refuge; qu'en écrivant ses malheurs il égaye le tableau pour attirer l'œil, son but est louable et sa morale est persuasive. Enfin, ce qui me console, c'est qu'une partie de mes lecteurs a approuvé ce que l'autre a blâmé.

Un reproche mieux fondé m'a été fait par des amis judicieux, qui ont blâmé ce que j'avais écrit contre ma tutrice; si elle a semé des épines sur mes pas, le soin qu'elle a pris de mon éducation aurait dû mettre un cachet sur mes lèvres. Il serait possible que mes longs malheurs eussent été la punition de mon ingratitude. Personne ne posséda mieux qu'elle le précieux talent de former le cœur et l'esprit. Si elle eût été moins économe et moins butée à me traîner au sacerdoce, je l'aurais mieux jugée, et je n'aurais pas grâce arrêtons-nous un moment, je suis fatigué. Je me repose sur une pointe de rocher et me retourne vers Paris, je découvre cette ville, le nuage de fumée qui s'élève au-dessus me sert à désigner les quartiers, je les nomme à mon guide, voilà *la place Louis XV, le boulevard, le faubourg Saint - Germain* : maintenant mon ami songe à m'apporter à dîner, il ne sait pas que je suis en route pour un autre monde.

Depuis un quart d'heure, le bois du parc de Bellevue m'a dérobé Paris, et je me surprends encore les mains jointes et les yeux fixes; en parcourant l'horison j'apperçois la prison d'où je sors, elle est à ma gauche sur une montagne parallèle à celle-ci, je la regrette parce qu'elle est près de Paris, parce que j'y voyois mes amis. Quand on perd tout, nos vues restreignent nos besoins au seul nécessaire; quand on éprouve des douleurs aiguës, on envie le moment où l'on pleuroit pour une égratignure.

En traversant Viroflay, je reconnois l'auberge où je descendis le 19 octobre 1789, en arrivant à Paris pour la première fois. Nous nous mettions à table, lorsqu'un courier entra en s'arrachant les cheveux : *Ils sont des scélérats !* crioit-il, *ils sont des scélérats !* — Eh ! qui donc ? est-il fou ? — Eh ! non, je ne suis pas fou : ce sont ces brigands qui viennent d'assassiner un boulanger, un des plus honnêtes hommes de la terre, et qui vont promener sa tête sur une pique.

Ces lieux me fournissent un conflit d'idées qui s'effaçent l'une par l'autre, comme les ondulations d'une mer orageuse. Ici tout parle à ma mémoire, là, tout parle à mon cœur : je vois dans la plaine de jeunes garçons avec de petites filles, abrités par une haie, auprès de laquelle ils font du feu, en gardant leurs vaches et leurs chèvres. J'ai eu le même bonheur qu'eux, ayant été élevé à la campagne jusqu'à neuf ans : ils me représentent les pâturages de Deury et de Valainville. On dit que cet âge est celui de l'innocence, soit, mais on passe bien son tems ; si j'y revenois je ne pourrois jamais mieux l'employer ; comme eux, nous faisions du feu près de la *grosse pierre* ; Mathurine et Nanette nous proposoient de danser autour. Le jupon de toile tomboit au milieu du bal, on s'asseyoit auprès du feu, une jambe en l'air. — Mais cache-toi donc,

Nanette! — Pourquoi me cacher ? — Maman t'a grondée, l'autre jour, pour avoir ôté ton cotillon. — .... Oh ! elle n'est pas là. Voilà l'instinct de la nature, qu'une lueur de raison éclaire quand l'enfant cherche à se cacher. Un beau jour la maman les surprend, leur donne le fouet, ils rougissent, se taisent, se cherchent, et veulent deviner un mystère qui ne devroit se développer qu'avec l'âge. Fait-on bien de les fouetter ? je ne le crois pas, il vaudroit mieux leur faire honte, ou les changer de village.

Nous voilà à Versailles : on me met en prison dans les Petites-Ecuries de la reine ; le concierge Bizet est là gardien de son épouse, prévenue d'émigration ; ils voient les déportés de bon œil. On me loge dans un grand chauffoir où sont douze ou quinze villageois, arrêtés pour avoir voulu soustraire leur curé à la déportation. A neuf heures on ouvre la porte de la grille, on m'appelle, ce sont mes amis à qui j'avois écrit le matin ; le lendemain, ils m'accompagnent jusqu'à Rambouillet ; nous descendons au Grand-Monarque, puis on me conduit en prison tandis que mes amis sont descendus payer le diner ; malheureux stratagême pour ménager leur sensibilité ! La prison est un cabaret ; le concierge me prie de faire mon signalement sur son registre, et de donner décharge de ma personne au deux gendarmes qui m'ont amené. Je prends la plume en riant.

Le soir, je faillis en montant dans ma chambre enfermer le concierge qui avoit passé devant moi, et m'enfuir avec les clefs de la prison, qu'il laissoit aux portes ; je n'avois qu'un pas à faire pour gagner la rue ; mais je ne voulus pas tromper sa confiance.

28 *janvier.* Je devois faire route avec une jeune femme ; au mot *déporté*, elle a reculé d'effroi : c'étoit la sœur du dernier président de la société populaire. Un soldat qui vient d'obtenir sa retraite, n'est pas si scrupuleux. A sept heures, nous avons traversé le parc ; on parle *du 18 fructidor ;* il n'a pas connoissance des causes de cette journée ; mais *Pichegru* est un conspirateur, ainsi que tous ceux qui pensent comme lui. Je lui demande, en riant, la preuve de ce qu'il vient d'avancer. — On l'a imprimée dans tous les journaux, par ordre du directoire ; donc que cela est vrai. — Vous avez servi sous *Pichegru*, étoit-il royaliste ? — Non, mais il l'est devenu depuis. — Pour

quels motifs ? — Je n'en sais rien, mais les bons journaux le disoient bien avant le 18 fructidor. — Quels sont les bons journaux ? — *L'Ami du Peuple, l'Ami des Loix, les Hommes Libres, le Batave, le Révélateur, l'Ami de la Patrie, le Pacificateur.* — Pourquoi ceux-là valent-ils mieux que les autres ? — Parce que le directoire les achetoit pour nous en recommander la lecture ; ceux-là sont ennemis jurés des rois, des richards et des propriétaires insolens ; ils veulent l'égalité parfaite dans toutes les fortunes.—*Marat* la demandoit aussi. — C'est bien comme lui que nous la voulons ; puis je n'entends rien à toutes vos raisons ; tout le monde est pour le directoire ; il me paie bien, et je n'ai qu'à m'en louer. Nous descendîmes à *Epernon* pour dîner ; il fit bande à part, crainte, dit-il, d'être empoisonné par un royaliste. Nous le plaisantâmes ; il se mit en grande colère, et nous donna la comédie, jusqu'à une lieue avant d'arriver à Chartres.

Voilà le Bois-de-la-Chambre, maison de campagne où nous allions promener souvent, quand je faisois mon séminaire dans cette ville. Je ne m'en rapportois pas à ceux qui me disoient alors que ce tems étoit le plus heureux de ma vie.... Voilà le parc, la petite montagne du Permesse, où Phébus a entendu tant de sottises...., la cabane de la jolie vigneronne qui faisoit mordre à la grappe...., la charmille où nous nous enfoncions, tandis que le supérieur faisoit une partie de *trictrac*. Le nouveau propriétaire a réparé la brèche faite au mur de l'enclos. Nous entrons dans les faubourgs de Chartres.

Voilà les prés de Reculée, ainsi nommés par *Henri IV*, qui en fit reculer les ligueurs le 12 avril 1591. En face, sur la rive gauche de l'Eure, est le jardin du fameux Nicole.... Je ne vois plus que les ruines de l'église de Saint-Maurice. Nous avons passé sous la porte Drouard, pour arriver dans la ville par la rue du Muret. Voilà la maison de M. l'abbé Ch1728, à côté de celle de la belle marchande de modes aux pâles couleurs. M. le professeur de rhétorique, si riche en vermillon, ne put jamais lui donner des roses pour des rubans. Plus haut, est le collège de Poquet, qui sert aujourd'hui de caserne. On fait la soupe dans le cabinet de physique; des fusils sont rangés à la place de l'électricité; cependant les anciens hôtes de la rue sont encore tranquilles propriétaires. Notre petit séminaire n'est pas démoli !.... Il sert de corps de garde et de tribunal de police correctionnelle. Voilà ma chambre en 1784. Quel sentiment de plaisir et de peine j'éprouve à l'aspect de ces lieux que je regarde comme mon berceau ! Nous traversons la cathédrale ; on chante vêpres ; je reconnois la *Vierge noire* de bout sur son pilier usé par les lèvres des pélerins et pélerines de toute la Beauce. A ma droite, est la chaire où l'abbé Ch17hs avoit prêché avec tant de succès en 1783, *le triomphe de la religion*, où il monta en 1793 pour apostasier cette même religion. Il étoit professeur de rhétorique et puriste en 1783; il étoit montagnard en 1792. S'il n'avoit eu que la douce ambition de cultiver les lettres avec honneur, il auroit autant illustré Chartres que le fameux Regnier, un des maîtres de Despréaux, que M. Guillard, notre Quinault moderne, et Colind'Harleville, dont *l'optimiste*, *l'inconstant* font autant de plaisir à la scène, que d'honneur au cœur du poète.

Le brigadier me recommande au concierge Frein, parfait honnête homme : j'aurai deux compagnons de voyage et de malheur; un jeune officier, nommé Givry, et un ancien bénédictin de Vendôme, nommé *Cormier*.

31 *janvier*. Nous voilà en route pour Châteaudun, mon pays; je vais embrasser ma tante, ma mère nourrice, ma meilleure amie, celle à qui je dois mon éducation! Nous avons dépassé Thivart; que ne puis-je allonger ma route! Je serai isolé, quand j'aurai laissé mon pays derrière moi. Nous arrêtons à Bonneval; le capitaine de gendarmerie de cette petite ville a épousé une dunoise qui me reconnoît; nous avons soupé ensemble, il y a dix ans, chez une dame Hazard.... Souvenir délicieux! Heureux tems! Si vous lisez ce passage, aimables convives, vous regretterez comme moi ces beaux jours. Si les roses tombent de nos joues, que l'amour ramène l'amitié; nous nous en contenterons peut-être: dinons vite pour faire les trois lieues jusqu'à Châteaudun. Nous voilà à Marboué; le Loir reçoit ici le tribut d'une petite rivière où j'ai failli me noyer à l'âge de six ans.

Cette rivière, nommée *la Cony*, ou la Resserrée, coule de l'est à l'ouest, et ne tarit jamais. Au milieu de la canicule, tandis que

les

les autres fleuves se dessèchent, son lit est souvent trop étroit pour la contenir; elle présente le phénomène du Tigre dans les montagnes d'Arménie. Comme lui elle disparoît à deux lieues au-dessus de la paroisse à qui elle donne son nom. Si les habitans se hasardent d'ensemencer le vallon qu'elle semble abandonner, au milieu du printems, elle se gonfle, emporte les moissons et recule sa source d'une lieue. Ses bords sont couverts d'aunes qui ceintrent d'un berceau l'eau tranquille et noire. Les bestiaux qui pacagent à deux portées de fusil de son lit, disparoissent souvent dans les goufres innombrables qui sont dans la prairie.

Il y a quinze ans, je me transportois en idée dans la chaumière de mon père à Cony ou à Valainville où je suis né; nous expliquions alors la *Descente d'Enée aux Enfers;* du grenier de notre cabane, je croyois voir dans les sinuosités de la Cony le Styx ou l'Achéron se replier sept fois sur lui-même. Heureux tems que celui-là! Je n'avois vu que notre hameau, le clocher de notre paroisse et la prairie où nos vaches pâturoient; le château de Prunelay et le comté de Dunois me tenoient lieu des quatre parties du

Tome I. B

monde. A neuf ans, ma mère me mena à la ville pour y rester chez ma tante : je me tenois des heures entières sur le seuil de la porte, fixant la campagne avec le même serrement de cœur que j'éprouve aujourd'hui ; Valainville, Cony me sembloient à deux mille lieues.

De nouveaux obstacles m'empêchent de remonter à la source de cette rivière. Hélas! qu'y trouverois-je ? La chaumière où je suis né est passée à d'autres maîtres; depuis vingt-cinq ans mon père repose dans le tombeau; il y a dix ans que j'ai versé des larmes sur sa fosse ; j'étois fixé à Paris depuis la révolution, et je passe dans mon pays, déporté dans un autre monde. O mon père! que ton ombre voltige dans ma prison, qu'elle me console dans mes revers: je l'entends, cette ombre chère à mon cœur, me tracer la voie de l'honneur et de la constance :
« Tu n'as plus que ma sœur qui t'a tenu lieu
» de mère, dit-elle; cette révolution qui t'en-
» gloutit, a fait mourir ta mère de chagrin, et
» j'ai été assez heureux pour la devancer de
» vingt ans : sois toujours honnête homme et
» invariable dans tes principes; cette bouras-
» que révolutionnaire n'aura qu'un tems ; tu as
» le sort des hommes probes, et tu trouveras

» des âmes sensibles dans la *France équi-*
» *noxiale.* »

>Humble cabane de mon père,
>Témoin de mes premiers plaisirs,
>Du fond d'une terre étrangère,
>C'est vers toi qu'iront mes soupirs.

Nous approchons de la montagne dont la cîme me montre Châteaudun; voilà mon pays, voilà mon cher pays ; depuis si long-tems que j'en suis sorti, reconnoîtrai-je encore mes amis ? Les Dunois ne sont pas changeans, on les accuse même de trop de probité en révolution, car en 1793 on eut toutes les peines du monde à trouver douze membres de comité révolutionnaire.

Le tems du Messie revient sans doute; les montagnes s'applanissent et les vallons se comblent : une roche escarpée servoit d'escabelle pour grimper à cette ville, aujourd'hui la pente est douce et imperceptible. Nous voilà au haut du rocher qui a fourni les pierres de la nouvelle Albe assise sur la platte-forme de ces grottes blanchâtres. En 1400, avant la naissance de Thibault, comte de Dunois, surnommé le *Beau Bâtard* du premier duc d'Orléans, Châteaudun étoit nommé la *Ville-Blanche;* elle fut brûlée en 1736 par de petits enfans qui faisoient du feu auprès d'une meule de Chaume. Louis XV en fit relever les premières façades, et exempta les habitans de taille pendant vingt ans. Châteaudun, par cet incendie, est devenu une des villes les plus régulières : ses rues tirées au cordeau, aboutissent à une grande place parfaitement carrée, du milieu de laquelle on voit toute la ville.

Les plus habiles peintres épuisent leurs palettes pour copier sur la toile ou l'ivoire les coteaux parallèles à la cité, vus du côté du nord.

Deux chaînes de montagnes frugifères à droite et à gauche de la rivière, laissent au milieu une vallée fertile, d'une demi-lieue de largeur; la ville s'élève à près de quatre cents pieds en l'air; le Loir, qui coule au pied, se divise en deux bras, et roule paisiblement dans son lit étroit une eau argentine qui semble quitter à regret la montagne d'où elle filtre par cent crevasses invisibles. Le printems sur ces bords est le valon de Tempé. Des jardins d'un côté; de l'autre, de riches prairies laissent le spectateur immobile promener ses regards sur un tapis de verdure liseré de fleurs : quand Pomone a succédé à Flore, il grimpe dans des vignes rampantes vers la cîme des rochers à pic, plantés de bois qui ombragent çà et là des réservoirs d'une eau pure; bois, prés, vallons, montagnes, gazons, jardins, vergers, se trouvent mêlés et confondus dans un magnifique désordre... Horison enchanteur, tu me laisses appercevoir les chênes touffus de *Macheclou*, où nous vendangeâmes avec l'Amour en 1785... Retrouverai-je cette jolie vendangeuse? *Des simples jeux de notre enfance* se souviendra-t-elle encore? Entrons à Châteaudun... Je ne désirerois qu'une de ces huttes sous le rocher d'où s'élève un nuage de fumée. Autrefois je dédaignois le sort de ces malheureux blotis dans les fentes de la montatagne, comme les Lapons dans leurs souterrains. Nous voilà sur la route de la prison. Au Point-du-Jour restoit un de mes amis, qui a tant aboli de préjugés depuis la liberté, qu'il ne croit plus à rien; son flegmatique cousin est plus sage et moins brillant.. O ma bonne tante Durand, il y a dix ans que j'ai donné des larmes à vos cendres; vous revivez dans vos enfans qui emporteront comme vous les regrets des amis de la vertu!

Le tems a flétri les roses de cette jolie femme qui nous offroit en 1785 le couple de Mars et de Vénus; petite brune agaçante, consultez votre miroir, l'Amour n'a qu'un tems pour vendanger. La liqueur que vous versiez en 1783, étoit du nectar; vous avez encore le bocal, c'est un souvenir qui nous plaît. Non loin de la maison du notaire, dont le fils m'apprit à décliner *musa*, je vois celle qui me fit décliner *amor*... Nous sommes près de la rue de Luynes, cette belle église de Saint-André est une grange d'où Jérémie s'écrieroit :

Comment, en un plomb vil, l'or pur s'est-il changé ?

Voilà le collége où j'ai commencé mes études; un savetier remplace M. Bucher, proscrit avec son frère, pour avoir été fidèles à Dieu; leur père est mort de chagrin de l'exil de ses deux enfans si chers à toute la jeunesse dunoise pour laquelle ils se sont sacrifiés : M. Doru, qui les avoit précédés dans la place de principal du collége, quoiqu'il ait soixante-sept ans, nous suivra dans le Nouveau Monde, pour avoir voulu remettre dans la voie de l'honneur un prêtre qui avoit abjuré sa religion et son Dieu pour sauver sa vie.

La prison de Châteaudun, aussi affreuse que la bastille, sera bien moins désagréable pour nous. Le commissaire du pouvoir exécutif,

Dazard, est mon ami ; nous avons étudié et vécu ensemble à Paris pendant deux ans; il descend derrière nous; la place qu'il occupe me le rend suspect. Il m'échappe quelques vérités sur nos persécuteurs dont il prend la défense; le tout se dit en riant du bout des lévres. — Trêve de révolution, dit-il, je ne veux voir en toi qu'un ancien ami, et ta prison sera ouverte à toutes tes connoissances. Mes amis entrent un moment, et nous laissent bientôt la liberté de souper. Dazard m'amène mon cousin avec une de nos voisines et un jeune homme que j'aurois bien dû reconnoître; c'étoit le frère de celle que je n'ai jamais oubliée; en ce moment, il me faisoit fête pour sa sœur. Mon cousin, en me remettant une petite somme de la part de ma tante, que la révolution a ruinée, me dit, avec sa gravité ordinaire, qu'elle ne viendra pas me voir, parce que ma position la désole; il veut ensuite me moraliser ; je réplique par un grand salut qu'il comprend fort bien. Nous étions seuls, livrés à nos réflexions, transis de froid auprès d'un grand feu. Les planchers ont vingt ou trente pieds de haut, et la grandeur de la chambre répond à son élévation. Mes compagnons se couchèrent tristement, pour moi, je renouvelai connoissance avec M^rs. Desbordes, Courgibet, Thierry, qui étoient nos gardiens pendant cette nuit. Que de nouvelles à apprendre! Voilà la plus marquante. Ma première amie est mariée avec un ancien abbé qui avoit été mon écolier; il est plus heureux que son maître; ces pertes sont fréquentes pour moi, depuis la révolution.

Il étoit trois heures du matin avant que le sommeil me fit quitter la société. Au point du jour, une foule d'amis nous réveillèrent; je revis ce jeune homme d'hier, avec Feulard que j'avois quittés à l'âge de huit ans. Tous deux ont gâgné en grandissant, et du côté des traits et du côté du cœur. *Gillement* et son épouse nous donnent des preuves de sincère amitié. Parler des *Allaire*, des *Bourdin*, des *Feulard*, des *Rousseau*, des *Dimier* des *Lumière*; c'est nommer la probité et la franchise du vieux tems. Si ces momens pouvoient durer; nous ferions ici volontiers trois tentes. Pour nous voir, des sexagénaires descendent en prison, pour la première fois de leur vie. M^r. B. Desbordes, vous m'avez vu naître, et déjà vous touchiez à votre quarantaine; vous avez été à mon âge ; si j'atteins le vôtre, je vous donnerai pour modèle à mes enfans.... Des dames viennent aussi nous consoler; et qui peut mieux y réussir que les Grâces? C'est ma première amie, avec sa mère et sa belle-sœur; ses traits sont charmans, mais un autre la possède; elle fait son bonheur, et moi, je suis déporté... Voilà, dit-elle en me présentant un jeune enfant que sa belle-sœur tenoit, voilà le gage de notre hymen. Je l'embrassai en fixant la mère qui se mit à sourire en baissant les yeux. *Voilà le gage de notre hymen!* Un sentiment involontaire le repoussoit de mes bras, le souvenir de sa mère le concentroit dans mon cœur.... *Voilà le gage de notre hymen!...,.* Tu ne m'appartiendras donc jamais. Un autre Dunois monsieur Drouin, que je n'attendois guères, me tire à l'écart (je puis l'appeler mauvaise tête et bon cœur) pour m'offrir des moyens d'évasion.

—Je vous remercie, lui dis-je, on inquiéteroit ma tante; je ne veux pas causer sa mort; je violerois ma parole; je suivrai ma destinée.. Des amis en crédit m'avoient peut-être fait faire cette proposition.

Nous dinons avec de nouveaux hôtes; la

prison qui étoit si grande hier, est trop petite maintenant; enfin je revois ma tante, j'essuie par des baisers les pleurs qu'elle répand. O ma bonne tante, vous méritez un article bien long dans cet écrit! Que je vous ai donné de chagrins! J'étois ingrat en partant de chez vous; l'expérience et le malheur me font rentrer reconnoisant. Elle me serre les mains, me donne des leçons pour l'avenir, en blâmant mon étourderie.

Vivier, Gasnier, Marcault, Thibault, Leveau, Prudhomme, mes camarades de collège, reviennent passer l'après midi à la prison; on récapitule les fredaines d'école. Le soir nous surprend à table; on boit, on rit, on chante, on épuise tous les sentimens; dans une heure, on vit pour vingt ans.

Le 2 *février*, à six heures, nous sommes sur la route de Vendôme. Je dis adieu en pleurant à Châteaudun.. Quand le reverrai-je?.. Mlle. Lebrun, belle-sœur du capitaine des gendarmes, fait route avec nous jusqu'à Tours. Le concierge de Vendôme, espèce de Vulcain, qui ne sait ni lire ni écrire, nous fouille comme des forçats, et nous conduit en grondant à l'abbaye, dans les chambres de Babœuf et Buanorotti. Cormier, notre troisième compagnon de voyage, bénédictin de cette maison, est prisonnier dans son ancienne cellule changée en cachot.

La ville que nous allons quitter, n'étoit remarquable que par une riche abbaye de bénédictins, qui a servi en 1797 de tribunal et de prison à la haute-cour nationale. C'est la patrie de Ronsard. (1)

---

(1) Pierre Ronsard ou Roussard naquit au château de la Poissonnière, le 11 septembre 1525. Homère, Virgile et le Tasse ont moins reçu d'éloges, dit Bayle, que Ronsard n'en reçut de son tems. On l'annonça comme le plus grand poëte de la nation : Marguerite, duchesse de Savoie le fit connoître à Henri II son frère qui l'honora des bontés les plus particulières; François II et Henri III eurent pour lui les mêmes sentimens : Charles IX, amateur passionné de la poésie, monarque le plus instruit de son royaume, voulut qu'il fût toujours logé auprès de lui; il lui écrivoit en vers qui valent mieux que ceux du poëte Vendomois. Tels sont ceux-ci :

> L'art de faire des vers, dût-on s'en indigner,
> Doit être à plus haut prix que celui de régner;
> Tous deux également nous portons des couronnes,
> Mais roi, je les reçois, poëte tu les donnes.

La société populaire nous fait escorter par un bon nombre de chasseurs à nos gages ; et pour ne pas effaroucher la sensibilité des habitans, le brigadier ne nous met les menottes qu'au sortir de la ville. (Nous ne les eûmes que deux lieues, grâce aux sollicitations de mademoiselle *Lebrun*. A cela près, nous n'avons point fait une route aussi désagréable que plusieurs de nos confrères, qui ont été enchaînés et confondus avec les voleurs et les assassins qui alloient subir leur jugement.) Nous fûmes donc libres à deux lieues de Vendôme, à condition que nous irions loger chez la cousine du brigadier, que nous paierions sa dépense et celle de toute sa garde.

La nouvelle brigade de Châteaurenaut fut plus honnête; le capitaine, nous dit le lieutenant de Vendôme, devoit être destitué, parce qu'il traitoit les déportés avec trop de ménagement :

Ton esprit enflammé d'une céleste ardeur,
Eclate par soi-même et moi par ma grandeur ;
Si, du côté des Dieux, je cherche l'avantage,
Ronsard est leur mignon, et je suis leur ouvrage;
Ta lyre qui ravit par de si doux accords,
T'asservit les esprits dont je n'ai que le corps ;
Elle t'en rend le maître et te sait introduire,
Où le plus fier tyran ne peut avoir d'Empire.

il étoit de l'opinion de tous les châteaurenaudins. Nous passons au pied d'une tour antique à moitié démolie; c'étoit l'ancien château de la famille du comte d'Estaing. Nous voilà à Tours.

Les environs de cette ville sont enchanteurs. Nos rois de la troisième race jusqu'à Henry II, ont choisi la Touraine pour leur jardin de plaisance; les muses et les grâces y faisoient leur séjour sous François Ier., l'un des plus aimables rois de France. Grecourt, dont les dévotes ne lisent les contes que dans leurs cellules, étoit tourangeau ; je ne le mettrai point en paralèle avec le savant Grégoire de Tours; l'un honoroit le sanctuaire et donnoit des matériaux à l'histoire, l'autre souilloit l'autel et les grâces par des obscénités; mais cet air de volupté est un vent du terroir; et si l'amour n'étoit pas éternel, il seroit né à Tours. Je ne recherche point les antiquités de cette ville si attrayante par son site et l'amabilité de ses habitans, que tous les voyageurs sont tentés de s'y fixer. Quel beau coup-d'œil présentent ces quais et cette Loire qui coupent la ville en deux!.... La Seine n'offre rien qui approche du majestueux de ce pont entouré çà et là d'îlots et de monceaux de pierres, de parapets et de promenades superbes. A droite et à gauche, une forêt de mats s'élève d'une infinité de bateaux semblables à une flotille prête à appareiller. Mais le lieutenant nous invite au silence. Les jacobins plus fouettés ici qu'ailleurs, sont plus vindicatifs et plus furieux depuis le 18 fructidor. MM. Barthélemy, Marbois, ont failli devenir leurs victimes. M. Perlet a couru le même danger, pour avoir inséré dans son journal la justification d'un jeune homme que la commission militaire avoit fait fusiller, comme émigré, et dont la famille a obtenu la réhabilitation.

Je n'ai pas trouvé de guides plus disposés à nous laisser évader, que ceux qui nous ont accompagnés de Tours à Sainte-Maur. Le capitaine de la brigade, homme fort instruit, est venu le soir nous faire un long sermon sur la grandeur et la solemnité du 18 fructidor. Il a bu et parlé à son aise, tandis que nous dormions.

Nous coucherons ce soir à Châtellerault; nous sommes en route de bonne heure, pour ne pas nous trouver à la fête patriotique qu'on chomme aux Ormes. On y plante l'arbre de la liberté; nous en voyons seulement les apprêts; des tonnes de vin sont aux pieds de longues tables rangées autour de ce grand peuplier ceintré d'épines. Le hasard nous dédommage de cette privation; nous avons derrière notre voiture un petit cheval qui appartient à l'entrepreneur de Châtellerault ; il a trois pieds de haut; on compte ses côtes; il ne mange qu'une fois dans vingt-quatre heures; mes deux compagnons m'affourchent dessus ; j'étends les bras comme un oiseau qui a les ailes cassées; je représente Sancho au naturel; on pique la rossinante ; nous arrivons à Dangé; les enfans nous suivent avec leur musique ordinaire; enfin, il s'agit de sauter un fossé ; ils viennent à bout de me faire passer par-desssus les oreilles du cheval ; les enfans sont au comble de la joie; je ne sais s'ils rioient de meilleur cœur que moi. Plus loin, nous trouvions des bourbiers, car c'est une route d'enfer; mes deux compagnons portoient le cheval et le cavalier, et nous figurions presque comme le meunier, l'âne, et son fils allant au marché. A Châtellerault, nous descendons au Faisan-Couronné.

Nous ne sommes pas assis, que trois jeunes demoiselles viennent civilement nous présenter leur magasin de couteaux. Il faut en acheter malgré soi ; elles nous suivent par-tout, nous promettent leurs faveurs pour un couteau. Tout se vend, se troque et s'achète ici pour un couteau ; l'amour s'y trafique pour un rasoir ou pour un couteau. Ne croyez pas qu'on y voie plus d'Abailard que dans nos cloîtres; on n'y voit même pas de Fulbert. Ce commerce est du goût des petites filles ; les parens les envoient à tous les étrangers. Sont-elles jolies, le père y trouve son compte, l'étranger le sien, et la vendeuse est la mieux servie. C'est à la galanterie des jolies châtelleraudaines que nous devons ce proverbe d'amour, *je te donnerai de petits couteaux pour les perdre.* Les châtelleraudains sont actifs, polis, spirituels et industrieux; ils ne devroient pas borner leur commerce à la coutellerie, qu'ils ne perfectionnent point, et qu'ils livrent à très-bon compte : les marchands ne s'y portent point envie comme dans les autres villes. Notre aubergiste, qui est coutellier, laisse monter les autres voisines. Jusqu'à huit heures, les marchandes sont à la queue les unes des autres. En passant ici, le général Dutertre, qui escortoit les seize premiers déportés, s'est donné

la

la comédie de s'acheter à bon compte, car il est économe, et il avoit *carte blanche*, pour mille écus de couteaux.

Le 13 *février*, une mauvaise charette, un voiturier escloppé sont à la porte à six heures du matin, pour nous mener à Poitiers. Nous sommes à quatre-vingts lieues de Paris.

Notre abbé prend le fouet du charetier, jure comme un diable dans un seau d'eau bénite ; sans cette précaution, nous serions encore en route.

Poitiers est bâti sur un rocher; ses maisons sont sans art et sans goût. Charles-Quint l'appeloit *le village de France*; les rues sont obstruées par d'énormes bœufs qui servent de chevaux ; ses alentours sont agréables : c'est le berceau de la belle Brézé, si fameuse sous le nom de Diane de Poitiers. Nous montons en prison dans le couvent des Visitandines.

Le concierge nous traite avec tant d'égards, que nous ne croyons pas être détenus. Une jolie prisonnière vient faire nos lits pour se délasser de l'oisiveté; elle a l'air d'une *Agnès*, mais c'est une Agnès *Sorel*, ou une princesse Jeanne, accusée d'avoir étranglé son mari parce qu'il n'étoit pas vigoureux. L'idée de ce

Tome I. C

crime nous la fait envisager avec cette attention qu'on donne aux traits des grands personnages et des grands coupables. Le *ho !* qu'elle est jolie ! quel dommage qu'elle soit aussi méchante ! est dans notre cœur bien avant de venir à nos lèvres.

Jusqu'ici nous avions ouvert nos chaînes avec la clef d'or. Ce soir nous sommes tout tristes de voir le fond de la bourse. On s'en prend aux bijoux. Il me reste une montre d'or à répétition avec sa chaîne. Je l'engage à regret ; mais un exilé doit-il encore songer aux biens de ce monde ? Où allons-nous ?.... Ne nous noiera-t-on point ? La montre est engagée pour quatre louis entre les mains de mademoiselle Pélisson, sœur du citoyen Beauregard déporté.

A quatre heures, nous arrivons à Lusignan, petite ville bâtie sur les ruines d'une ancienne forteresse des comtes de Lusignan. Les greniers de certaines maisons sont au niveau des forteresses ; les ruisseaux de l'ancienne ville s'écoulent par le faîte de la nouvelle. Nous rentrons sur les six heures, après avoir vu la ville, qui n'offre rien de curieux. Nous soupons avec le professeur de mathématiques de Niort, et la conversation tombe sur l'éducation actuelle; elle est presque nulle, et infiniment plus vicieuse que l'ancienne ; les enfans font ce qu'ils veulent depuis que la liberté n'a laissé aux instituteurs d'autre férule que les tendres réprimandes du *langage* de la raison.

Jusqu'ici les gendarmes nous avoient supportés pour notre argent ; ceux qui vont nous conduire nous chérissent pour nos principes. Pendant que nous traversions la ville, une aubergiste, à l'enseigne de la Montagne, rassemble ses amis pour nous voir passer. Cette bande, parée de bonnets rouges, forme des ronds de danse en chantant la *Marseilloise*. Nos guides nous expliquent cette pantomime. « Ils insultent à votre malheur. Vous n'iriez
» pas si loin, si vous étiez à leur discrétion. Cette
» femme qui vous faisoit signe en riant, est
» une des commères du général D***. Les rela-
» tions du directoire disoient que les seize
» premiers n'avoient pas été gênés, que D***.
» avoit pourvu splendidement à leurs besoins;
» ils étoient entassés dans des chariots rouges
» grillés et fermés à cadenats.

» Dut***. en passant à Orléans, y recruta
» une femme sans pudeur qu'il traînoit avec
» lui dans un char découvert. A Châtellerault,

» il fit une bruyante orgie; le bal se prolongea
» bien avant dans la nuit; les jacobins dan-
» sèrent autour des charettes, en flairant la
» prison des déportés. Plusieurs *toasts* furent
» portés aux cendres de la société-mère : la
» même fête étoit commandée à Lusignan et
» à Saint-Mexan. Ceux qui vous fixoient ce
» matin étoient du repas; ils étoient déjà en-
» luminés. Arrive un courier extraordinaire,
» porteur d'ordres très-presssés..... Devinez
» quels ordres....? D'arrêter et de faire con-
» duire sur-le-champ à Paris, sous bonne et
» sûre garde, le général Dutertre.... Notre
» brigadier, à la tête d'un détachement,
» monte lui signifier l'ordre. Ses compagnons
» confus, s'échappent en baissant l'oreille; le
» général se dégrise, et sa maîtresse se jette
» à nos genoux pour faire les comptes de son
» amant. Il partit sur-le-champ, en jurant
» après ses victimes, qui étoient cause, disoit-
» il, de son rappel. Quoique son compte fût
» chargé, il en fut quitte pour une légère ré-
» primande, car il avoit de puissans protec-
» teurs. »

Nous voilà à Saint-Mexan; nous dînons en
ville, et n'arrivons que le soir en prison. Le

concierge est un cardeur de laine, qui ne sait ni lire ni écrire; nous le dérangeons d'une commande de bonnets rouges; il est de très-mauvaise humeur; il prend les clefs pour nous mener au cachot. D'une joie bruyante, nous passons à un morne silence.

Il se déride un peu en trinquant avec nous; il étoit fâché que nous eussions mangé notre argent ailleurs. On nous avoit assuré que nous ne trouverions rien chez lui. (A l'intérêt près, les trois quarts des hommes sont les plus honnêtes gens du monde.) Il avoit des provisions pour des centaines de déportés attendus depuis six mois. Tout les concierges nous ont tenu le même langage jusqu'à Rochefort. Nous couchons sur la rue, dans une grande chambre sans serrure, sans gardes et sans clef : ainsi tout s'appaise par une fraternité pécuniaire. O! Danaé! ta fable est une réalité!

Nous voilà à Niort : cette petite ville assez commerçante, est peuplée de braves gens. C'est dans ses environs que le ministre *Cochon* s'étoit réfugié, pour se soustraire à la déportation qu'il avoit encourue pour avoir déposé le terrorisme en 1797.

Nous descendons dans la prison où naquit

mademoiselle d'Aubigné, depuis marquise et dame de Maintenon : son père avoit été persécuté pour ses opinions religieuses, comme nous pour la révolution.

Le concierge est humain pourvu que les prisonniers aient de l'argent; il chante, boit, ne s'enivre jamais à ses dépens, et invite tous ses amis à souper aux frais des nouveaux venus; il est patriote et aristocrate au gré de la fortune de ses hôtes. Nous dinerons avec lui parce qu'il ne voit pas le fond de notre bourse.

17 *février*. Nous voilà en chemin pour Surgères; nous avons engagé le reste de nos bijoux et il ne nous reste pas deux louis entre trois; ne comptons plus avec nous-mêmes, la prodigalité, dans ce moment-ci, est la plus sage économie; trop heureux de ressembler au cygne, chantons encore sur le bord de notre fosse. Nous avons dépassé *Niort ;* sur le penchant d'une colline, la route se divise en deux branches, à droite, je lis un écriteau qui me confirme que nous ne sommes pas loin de Rochefort. Un secret pressentiment sèche en nos cœurs cette hilarité que l'innocence verse dans le plaisir; le nuage de tristesse se dissipe à mesure que nous nous éloi-

gnons de la fatale légende ; pendant la journée nous sommes assez occupés à nous tirer des bourbiers , car c'est une route d'enfer ; la nuit nous surprend, nous n'aurons pas le bonheur d'être acostés par les voleurs qui rodent toujours ici ; nous n'avons plus d'argent, il faut aller en prison. Nous passons le pont-levis du château de la Rochefoucault , nous voilà rendus ; le concierge est le boulanger de la petite ville , il aime à boire et le vin est pour rien , il nous céde son lit et nous donne pleine liberté d'aller où nous voudrons avec promesse de ne pas nous évader.

18 février. Ce matin on nous annonce que nous ne partirons que dans cinq jours. Le père Robin nous laisse seuls ; nous visitons l'église qui ressemble plus à une écurie qu'à la maison de Dieu ; comme la richesse du pays consiste en vin , des vignerons ont fait une cuverie du sanctuaire ; nous appercevons sous l'autel un caveau , vénéré jadis par ceux qui avoient quelque religion ou quelque morale ; le soleil n'entre qu'à regret dans ce lugubre séjour , qui servoit de dépôt aux cendres des comtes de la Rochefoucault. En 1794, le comité révolutionnaire força le père Robin et d'autres ouvriers d'enlever ces tombes pour en dérober le plomb ; les corps étoient scellés si hermétiquement, que la dent du tems n'avoit pas encore pu les morceler, ils exaloient une odeur si méphitique que les ouvriers tombèrent à la renverse. Les membres du comité mirent la main à l'œuvre, éprouvèrent la même syncope, firent une libation à Bacchus et reprirent l'ouvrage ; les cercueils arrachés à force de bras, n'étoient encore qu'entr'ouverts ; un *Mucius Scævola* saisit un ciseau, les fendit et les foula aux pieds ; alors la putréfaction les força tous d'abandonner l'entreprise pour ce jour-là ; ils y revinrent le lendemain, parachevèrent l'ouvrage au risque de leur vie, après avoir jetté çà et là dans des coins, les membres encore charnus des morts, dont ils violoient l'asyle en triomphateurs (1).

---

(1) Nitocris, reine de Babylone, après avoir embelli cette maîtresse du monde, avoit placé son tombeau sur une des principales portes de cette ville, avec une inscription à ses successeurs, de ne point toucher aux richesses enfermées dans ce tombeau, sans une absolue nécessité ; il demeura intact jusqu'au règne de Darius Octius (ou le marchand). Ce roi, au lieu de trésors immenses qu'il s'attendoit d'y trouver, y lut ces mots : *Si tu n'étois insatiable d'argent, et dévoré par une*

Ils abandonnèrent ce lieu à la hâte, sans se donner le tems d'effacer les inscriptions et les armoiries. Cette chapelle ressembloit à un antre de bêtes féroces, dont les ronces et les morceaux de rochers défendent l'accès aux voyageurs ; plus elle étoit horrible, plus elle piquoit notre curiosité : nous prîmes une torche.... nous voilà comme Young et Hervey au milieu des tombeaux, plongés dans une religieuse mélancolie ; nous lisons les inscriptions : Cy

basse avarice, tu n'aurois pas ouvert les tombeaux des morts. (HÉRODOTE, liv. I*er*., chap. 183.)

Saint-Césaire, d'Arles, nous prédit mot pour mot ce qui vient d'arriver depuis dix ans : « Que nous sommes
» heureux, dit-il, de ne pas voir ces siècles impies où
» les autels de Dieu serviront aux femmes de débau-
» che ; ces deux lustres écoulés, les français ressus-
» cités de dessous les hécatombes, verront un nouveau
» chef relever le sanctuaire. »

Le père de Neuville, dans son sermon *sur le respect dû aux temples*, prêché en 1770, après avoir puisé à la même source, ajoute : « Il viendra un tems, et ce
» tems n'est pas éloigné, où le sanctuaire de Dieu
» sera foulé aux pieds, les autels renversés, les tom-
» beaux profanés, les cendres des rois jettées au vent ;
» ce siècle fera craindre au monde le dernier jour qui
» doit l'éclairer ; ces persécutions seront aussi cruelles
» que celles de Néron.

GÎT TRÈS-HAUT ET TRÈS-PUISSANT SEIGNEUR, etc.... Toute grandeur disparoît ici, nos persécuteurss y viendront comme nous.... ceux-ci ont été riches, fameux dans l'histoire, chéris de leurs rois, nous nous occupons d'eux, nous touchons leurs ossemens ; en fixant ces restes, nos cœurs émus, sentent qu'il existe un autre être en nous. *Voltaire* et *Lamétrie* ne voient dans les tombeaux que la preuve du néant ; et moi que celle d'une autre vie. Il est impossible que l'homme pense, agisse, veuille le bien, évite le mal à son détriment, pour finir d'une manière aussi opposée à son être ; la réalité d'une autre vie, est un contrat que l'éternel signe dans nos cœurs, en nous en donnant la pensée ; la certitude s'en suit pour moi, quand je suis proscrit et honnête homme.

Nous ne pouvions nous arracher de ce lieu infect, où la vapeur ne laissoit presque pas d'air atmosphérique à notre torche. On y voyoit des cheveux, des crânes encore couverts de chair, des bras dégoûtans de sanie, noirs et brisés, des cadavres à demi réduits enterre. Les chauves-souris et les autres animaux nocturnes en faisoient leur nourriture depuis trois ans, d'où nous jugeâmes que les comités révolutionnaires avoient trouvé des cadavres entiers, qu'ils avoient laissés sans sépulture, afin que la putréfaction scellât l'entrée du temple aux fidèles qui voudroient s'y réunir dans des tems plus heureux.

Un bon déjeûner nous attendoit, nous suivîmes la messagère et connûmes la bienfaitrice ; c'étoit une aimable veuve nommée madame le G13. A peine fûmes-nous assis, qu'après les complimens d'usage, nous vîmes se former un cercle nombreux d'honnêtes gens, ravis de nous voir libres et sans gardes, et surpris de notre constance à courir notre sort. — Vous êtes libres, messieurs, et vous ne songez pas à en profiter. — Notre parole est plus sûre que la garde du prétoire. — Vous serez dupes d'une générosité aussi gratuite, nous dit M. de la T45ch2, sauvez-vous. MM. de Crainé et de Craisse nous donnèrent le même conseil, nous offrirent de l'argent ; les dames du lieu où nous passâmes la soirée chez M. H29v2, voulurent nous mettre sur la route ; le concierge, à qui M. de Crainé avoit remis une dette pour qu'il fermât les yeux, s'étoit enivré et dormoit profondément quand nous revînmes à minuit le faire lever, en lui apportant un verre de liqueur pour avoir droit d'être détenus (1).

Le jeudi, 24 *février*, un seul gendarme nous accompagna, en nous disant que nous ne devions pas songer à nous évader, que nos camarades étoient libres à Rochefort, qu'ils avoient la ville pour prison. Malgré ces belles promesses, nos cœurs étoient comprimés en quittant ce paradis terrestre : c'étoit le déclin d'un beau jour qui ne luira pas demain pour nous. La brigade nombreuse, qui vient nous prendre au milieu de la route, est armée jusqu'aux dents, peu s'en faut qu'elle ne nous mette les menottes.

Terminons cette route par une analyse prophétique des événemens qui vont se succéder.

On devine bien que nous ne serons pas libres, comme on nous le promettoit. Trouverons-nous l'argent qui doit nous avoir devancés ? Nos deux louis sont bien échan-

―――――――――――――――――――――

(1) On croit que *Surgères* étoit autrefois sous l'eau. Des étymologistes prétendent que son nom lui vient de *Surges* ou *Surgeres*, tu t'éleveras au gré de Neptune. Quoique cette petite ville, à cent vingt quatre lieues de Paris, soit aujourd'hui à trente milles de la mer, on trouve dans la campagne des ancres qui accrochent la houe du vigneron, et font rebrousser le soc de la charue. Ce phénomène est commun sur les bords de l'Océan, toujours en tourmente.

crés. Si nous allions être embarqués tout-à-coup sans argent, ce ne seroit là encore qu'un petit malheur : nos paquets seront pillés, le secret de nos lettres violé, notre argent volé, nos effets resteront aux messageries, le peu que nous emportons sera jeté à la mer pour délester la frégate que nous monterons; après trois heures d'un combat opiniâtre, nous échouerons sur les ruines d'une ville ensevelie sous les eaux; nos ennemis nous croyant morts, se partageront nos dépouilles; quand ils sauront que nous survivons à tant de malheurs, ils nous laisseront un mois entier en rade, sans nous permettre de recevoir de secours de nos familles, afin que nous périssions de misère, et qu'aucun ne publie ces atrocités. Ils n'oseront nous noyer, et nous feront monter une autre frégate, dont le capitaine sera un Cerbère; nous serons ballotés dans la traversée, exposés à perdre la vie sur les rochers des îles du cap Vert. A Cayenne, nous serons emprisonnés, escortés de soldats noirs, puis répartis sur les habitations et dans les affreux déserts de la Guyane; nous serons exilés de la ville et de l'île de Cayenne, l'hospice nous sera interdit; ceux qui ne seront pas placés à certaine époque, seront envoyés à Konanama et à Synna-Mary, où les deux tiers mourront de désespoir, de peste et de soif...... La nuit approche, nous voilà à Rochefort.

Fin de la première partie.

SECONDE PARTIE.

Première Soirée.

Les habitans de Cayenne et de la Guyane seront curieux d'entendre parler de la France. J'y trouverai peut-être des amis, qui me demanderont la cause de mon voyage; heureux si après mon récit, je m'applaudis de l'avoir fait!

J'écris ces lignes, tranquille au milieu du tumulte, à l'écart sur les porte-haut-bancs de la maison flottante, qui nous fait voguer dans un autre monde. La proue fend l'onde amoncelée; un nuage de neige, sur une plaine verdâtre, borde la frégate. La mobilité des flots, dont l'un engloutit l'autre, est l'image des générations; elle est encore pour moi celle de la peine et du plaisir. Jadis je fus heureux, aujourd'hui mon bonheur n'est qu'un songe.

Ma vie s'écoulera de même, et l'onde que je vois à regret s'abaisser pour nous déporter dans une terre étrangère, blanchira peut-être un jour sous nos voiles, pour nous rendre à nos familles désolées. Reprenons la série des événemens.

Nous voilà à Rochefort, entrons à la municipalité; les plaisirs de Surgères nous troublent encore un peu la tête; nous voulons que tout le monde soit dans la joie. Quatre ou cinq secrétaires ont les yeux emprisonnés de lunettes magiques, et nous regardent en bâillant. Je m'approche d'un vieillard à cheveux blancs dont le front rayonnoit de gaîté. Voilà un aimable homme, dis-je en lui serrant les mains, et le faisant danser en rond, malgré sa rotondité... Vous êtes de bons enfans, laissez-nous cette salle pour prison, nous nous y trouverons bien. Quelques-uns prennent cette gaîté en bonne part, d'autres froncent le sourcil; je riposte aux deux partis en battant quelques entrechats. Aussi-tôt entre un grand homme noir, à figure inexplicable comme son âme. C'est le commissaire du pouvoir exécutif, nommé B...... Ma gaîté lâche, déjà il balbutie un réquisitoire. Le président,

président, dont j'avois serré la main, dit en riant : C'est moi qui suis le plus malade, et je lui pardonne de bon cœur. On signe notre obédience, pour aller à St. Maurice, parce que nous sommes des grivois, qui pourrions prendre notre congé sans permission.

Nos guides frappent à la porte d'un grand bâtiment. Un petit homme, frisé comme le dieu des Enfers, nous lance un regard sinistre, et leur dit d'un ton aigre... *Ils sont à moi... Venez par ici.* Nous traversons une grande cuisine, où cuit un bon souper qui ne sera pas pour nous; et de peur que nous ne le mangions des yeux, le petit Pluton prend son gros paquet de clefs, nous conduit dans une grande salle, nommée chapelle de Saint-Maurice. Nous passons avec efforts par une porte extrêmement étroite, et haute de deux pieds. Les verroux se referment sur-le-champ, nous voilà au milieu de soixante-dix prêtres, destinés comme nous au voyage d'outre-mer. Nous attendions au moins une botte de paille pour nous coucher, mais ces messieurs qui connoissent l'humanité de Poupaud, nous font un lit avec des valises et des serpillières.

Tome I.   **D**

Le 26 *février*, le soleil a à peine dissipé les nuages du matin, quand nous ouvrons nos yeux rouges et mouillés de larmes brûlantes. Nos funestes pressentimens se réalisent; au midi, le spectacle de la campagne aggrave nos peines; l'horison est bordé de hautes montagnes dont le pied resserre et fait grossir la *Charente*; un nuage varié des plus belles couleurs, couvre l'herbe naissante d'une grande prairie marécageuse, à moitié desséchée par les premiers beaux jours du printemps. Des troupeaux paissent çà et là, gardés par de jeunes filles, qui fredonnent librement des airs champêtres. L'herbe est plus abondante et plus touffue sur les bords des rigoles, gonflées pendant l'hiver des pluies et des sucs de la plaine. Dans les jardins, les arbres sont chargés de boutons; les amandiers et les abricotiers, courriers de Flore, exhalent une odeur suave; les bords du fleuve sont couverts d'oiseaux qui cachent déjà leurs nids dans la verdure prête à fleurir, tout nous dit nous respirons la liberté, et vous êtes prisonniers....

Au nord, quelques arbres secs, des masures, de grandes rues semblables à des déserts, quelques filles errantes avec des militaires en uniforme ; des tombereaux, traînés par des coupables enchaînés et attelés comme des chevaux, nous reflétent la réalité de notre misère.

Le malheur nous rend plus sages, toutes les fois qu'il ne nous réduit point au désespoir. Nous nous conformons à la régle de nos prédécesseurs d'infortune, qui, en ouvrant les yeux, offrent leurs maux à l'Eternel, et lui demandent la patience et l'amélioration de leur sort.

A huit heures, on nous sert un pain noir, dans lequel nous trouvons du gravier qui nous brise les dents, des pailles, des cheveux, et cinquante immondices ; on croiroit que le boulanger l'a pétri dans le panier aux balayures. On apporte en même temps une tête de bœuf, quelques fressures et un gigot de vache, qui paroit tuée depuis quinze jours, et arrachée de la gueule des chiens voraces, qui se la disputoient à la voirie. Pour dessécher nos lèvres noires de méphitisme, on nous donne pour deux liards de liqueur appelée eau-de-vie, mais tellement noyée d'eau, qu'il n'y en a pas pour un denier.

Poupaud jure comme un comité révolutionnaire, quand nous ne sommes pas assez lestes pour emporter un très-petit broc de vin très-aigre, dont la nation nous fait cadeau pour la journée. Six détenus, accompagnés de la garde, profitent de ce moment pour emporter les baquets, où chacun a vaqué à ses besoins, depuis vingt-quatre heures. Ces bailles sont découvertes, et plusieurs couchent au pied des immondices. Ce spectacle nous révolte, mais les plus anciens nous invitent au silence. Quand ils font ces représentations à Poupaud, il leur répond avec un rire sardonique...... *Oh! Oh! vous n'y êtes pas! et quand vous serez ici trois ou quatre cents, comme en 1794, faudra bien que vous appreniez à vivre; une partie se couchera, et l'autre restera debout.*

Depuis huit heures du matin jusqu'à dix, une partie désignée nominativement va respirer le frais dans le jardin, et cède la place à l'autre qui remonte à midi, pour ne plus sortir de la journée. Nous devons cette grâce à quelques membres de la municipalité qui s'intéressent à nous. Poupaud est si fâché de cet acte de clémence, qu'il ouvre la porte du vestibule quand il fait beau, et la ferme quand il pleut, en nous jettant dans le jardin comme des forçats.

Voici le tableau de notre local et de notre existence : La salle a 42 pieds de long et 60 de large pour 80 personnes, qui n'en sortent que deux heures par jour, comme vous l'avez vu : elle est entourée d'un marais pestilentiel. Dans l'intérieur, ne se trouvent point de lieux d'aisance; on est forcé d'y vaquer à ses besoins : jour et nuit, un nuage rougeâtre s'élève des sentines ; il gêne la respiration, nous occasionne des lassitudes et des sueurs; il rend le sommeil accablant et nuisible. Nous sommes ensevelis à demi-vivans dans l'ombre de la mort. Notre salle, le soir, ressemble à un champ de bataille jonché de morts, et pourtant nous chantons (1) encore au milieu des tourmens. Les sœurs

---

(1) Voici notre réveil et notre coucher :
Air : *de l'Enfant trouvé.*

LE SOLEIL SE PLONGEOIT DANS L'ONDE.

Maurice jadis eut un temple
Dans cet asyle des soupirs :
Et ces voûtes que je contemple
Enserrent de nouveaux martyrs ;
J'apperçois ici cent victimes
Sous le même fer des traitans,
Mes amis, quels sont donc vos crimes?
C'est d'être tous honnêtes gens.

de l'hospice font faire notre cuisine et blanchir notre linge. Tous les cœurs sensibles compatissent à nos maux, et les victimes de la révocation de l'édit de Nantes, très-nombreuses dans ce département, ne sont pas les dernières à secourir les apôtres de Rome. Notre dîner arrive à midi ; la moitié mange tour-à-tour sur

---

Si cette lampe sépulcrale
Eclaire ici toute l'horreur
D'une longue nuit infernale,
C'est par une insigne faveur....
De leur *humanité* barbare
Nous demandons vengeance aux Dieux.
Non, non, le séjour du Ténare,
N'offriroit rien de plus affreux.

 Quel nuage épais et rougeâtre
Borde l'horison de la nuit !
La mort livide au teint grisâtre
Voltige dans notre réduit ;
Et la peste, sa fille aînée,
Sort de notre enfer infecté,
Aidant sa mère décharnée
Qui frappe avec *humanité !*....

 Grand Dieu, quel lugubre silence !
Reposons donc quelques instans ;
Oui, mes amis, car l'innocence
Repose au milieu des tourmens.
Aux premiers rayons de l'aurore,
Chacun se dit en s'éveillant :
Ah ! si nous respirons encore,
L'Eternel lui seul sait comment.

ses genoux et sur de longues tables ; le repas est très-frugal et très-prompt ; la digestion ne nous empêche pas d'exécuter l'ordre du docteur Viv..., qui nous visite lestement : il paroît à Saint-Maurice tous les jours, et ne se montre dans notre prison que deux fois par décade. Aujourd'hui, par extraordinaire, il vient à deux heures après-midi, fait un tour dans la salle sans saluer personne; et se souvenant tout-à-coup de sa mission, se frotte les mains et dit : « Il n'y a point de malades.... Adieu. — Fixez-nous, lui répond Soursac qui étoit sur son passage. — Qu'avez-vous ? Vous ne guérirez que dans les pays chauds. — A un autre. — Votre imagination travaille trop ; ce ne sera rien que cela... A la diète... — Mais, citoyen, j'ai la fièvre depuis cinq jours. — Contes que tout cela; adieu.... »

Une heure après, un jeune homme à qui il n'avoit voulu trouver ni fièvre ni symptômes de maladie, jetté dans un coin depuis huit jours, tomba évanoui ; un autre médecin fut appelé; Viv... eut tort, et le malheureux gagna l'hôpital. Comme on le transféroit, Poupaud entama l'éloge de l'empirique. Vous avez raison, M. Poupaud, reprit un auditeur; M. Viv...

est expéditif. Il y a dix jours qu'en faisant sa visite à l'hospice, il dit, en tâtant le pouls d'un homme dont la figure étoit couverte de son drap, *à la portion*.... Ça fait le malade, et ça n'a pas de fièvre. Le malheureux étoit délivré de tous maux.....

Qu'il me passe ma rhubarbe, je lui passerai son séné, disoit le médecin Tard... à ce collègue; ils se relayoient tour-à-tour à l'hôpital et aux prisons: si l'un étoit forcé d'y envoyer un déporté malade, au bout de quelques jours, le collègue expédioit un *exeat illicò*.

3 mars. A deux heures du matin, un vieillard de soixante-quinze ans, prêtre de Toulouse, amené en place de son frère qui s'étoit évadé, obtient sa liberté, après trois mois d'incarcération, et à la suite d'une route de soixante-quinze lieues, durant lesquelles il avoit été enchaîné par les quatre membres.

Le soir, son lit est pris par quatre nouveaux venus, MM. *Dozier*, grand-vicaire de Chartres; *Margarita*, curé de Saint-Laurent de Paris; *Kéricuf*, chanoine de Saint-Denis, et *Bremont*. Le substitut du commissaire du pouvoir exécutif vient nous voir. Nous nous étendons sur nos grabats, afin de parler à ses yeux. « Si nous en croyons les apparences, » lui dit-on, la terreur n'a fait que changer » de nom. Ici, chacun n'a pas deux pieds » d'espace pour loger sa malle et son matelas. » On dit pourtant que nous renaissons au » siècle de Rhée. Rochefort est un marais in- » fect, et nous y sommes plus entassés que » dans aucune prison de France. » Ce substitut, qui étoit un honnête homme, fit un rapport favorable. « Ils me demandent plus » d'espace, dit B*** ; je les mettrai au large »

Le 4 mars, Jardin, rédacteur du *Tableau de Paris*, s'évade de l'hospice ; Boischot en prend de l'humeur, et Poupaud, qui nous donne cette nouvelle, s'en réjouit et n'a jamais été si poli. Nous sommes ses amis ; il nous ouvrira la porte tant que nous voudrons ; il est tout à notre service.

Dans la nuit du 6 mars, grand bal dans la prison et dans le corps-de-garde sous nous ; Poupaud donne la fête. A minuit, Langlois et Richer-Serisi ouvrent la porte de la prison avec la clef d'or, et s'évadent. Langlois, qui crachoit le sang, avoit joué son rôle en fin renard. Le lendemain, Poupaud attache des draps à la croisée, pour faire croire qu'il y avoit fracture. (Voyez à ce sujet la déportation de M. Aimé, page 63. On peut en croire ce témoin oculaire, qui a refusé de s'enfuir, ainsi que M. Gibert-Desmolières.)

11 *mars*. On double la garde ; on nous embarque demain, les figures s'allongent, on écrit, on prépare ses paquets, on doute encore de cette nouvelle ; Parisot, qui a péri si tragiquement sur les côtes d'Ecosse, nous lit une lettre d'Auxerre, où on lui dit qu'il ne partira pas ; nous demandions exemption pour nos vieillards de soixante-dix ans, chacun rédigeoit pour eux un mode de pétition. Le soir, la prison étoit un peu bruyante ; une sentinelle, prise de vin, tire un coup de fusil, dont la balle frappe la voûte de notre salle et rebondit sur la tête d'un vieillard de soixante ans, nommé Saoul ; on ne nous envoya personne pour le panser, quoiqu'il fût plein de sang. L'officier de garde, avec un planton, vint seulement voir si nous ne songions point à nous évader ; nous ne pouvions pas y songer, car la prison, depuis le matin, étoit entourée de vingt-deux factionnaires.

Au jour, Poupaud nous fait vider les bailles,

et nous ordonne de nous préparer à partir dans deux heures.

La prison offre le tableau d'un camp cerné par l'ennemi : l'un se hâte d'emballer ses effets, celui-ci cherche une issue, cet autre pleure, tout est pêle-mêle, on travaille beaucoup sans avancer à rien, tout se trouve et s'échappe de nos mains. Au bout de deux heures, nous voilà comme les Israëlites, la ceinture aux reins, le bâton à la main, les sandales aux pieds, pour le voyage de la mer Rouge et du désert.

Au nord, du côté des promenades, une haie de baïonnetes borde le cours et les avenues de la prison ; des servantes, des enfans, une populace assez nombreuse se disputent le plaisir de nous voir passer.

B****. va, vient, retourne, passe les soldats en revue, commande aux voituriers d'emporter nos malles, est entouré de flots de pétitionnaires, rebute les uns, parle à l'oreille des autres, reçoit des billets de toutes espèces.

Nous délibérons aussi entre nous : l'amitié, les regrets, les malheurs, la disproportion des fortunes, l'égalité du sort, les chances que nous allons courir, dilatent nos cœurs, confondent nos intérêts, réunissent toutes nos opinions, amortissent toutes les haines, des larmes coulent, le pressentiment d'un avenir malheureux leur donnent ce touchant qu'on éprouve rarement dans le cours de la vie. Le prélude du départ est celui d'une réconciliation parfaite; chacun se promet assistance réciproque, celui qui n'a rien partagera la fortune de son voisin ; nous renaissons aux premiers âges du monde ; nos patriarches seront nos pères, ils garderont nos cases, pendant que nous pourvoirons à leurs besoins: déjà chacun a formé sa société; nous ne sommes plus européens, nous voilà colons, cultivateurs, propriétaires, négocians, navigateurs.... L'homme agité d'une crise violente, détourne les yeux de dessus l'abîme, pour y jetter quelques fleurs avant de s'y précipiter; le sage; pour n'être pas accablé sous le poids de l'infortune, allège son fardeau par l'illusion d'une perspective enchanteresse.

B****. arrive, et nous dit d'un air riant : *Allons, messieurs, je vous mets au large.* Il déroule un beau cahier, noué de deux faveurs, où chaque nom est inscrit en gros caractère, et entouré de notices particulières, qui sont les motifs de déportation ; les trois quarts (comme nous l'avons vu dans la suite en recopiant la liste après le combat) sont déportés sur ce protocole :

Loi du 19 fructidor.

{ BONS À DÉPORTER. } Doru, mal vu des patriotes. *Suspects.*
Douzan, pour avoir déplu au Directoire.
Clavier, dénoncé.

{ Lapotre. Poirsin. Grandmanche. etc., etc. } *Département des Insoumis. Vosges.* { BONS À DÉPORTER. }

Ce seul titre de la loi est la base de condamnation du plus grand nombre, qui n'auroit pas de peine à se justifier, si on lui appliquoit explicativement tel ou tel article de la loi ; car il en est déporté comme prêtres, qui sont laïcs, comme on le verra dans la liste. Tous les individus du même département ou pris dans le même arrondissement, sont rassemblés dans la même parenthèse, dont vous voyez le modèle.

Chaque dénommé se met en rang pour aller en procession funèbre : *Nous ne serons peut-être pas fusillés en rade comme ici*, dit le dernier ; Bois.... rit et donne le signal ; le tambour bat aux champs pas redoublé. L'un est infirme et ne peut avancer, l'autre est sexagénaire ; on leur crie de doubler le pas ; le commissaire fait fonctions de lieutenant-colonel.

Ce prêtre proscrit, habillé en voyageur, paroît émigrer pour l'autre monde, ce prélat respectable est chargé comme un homme de journée ; jadis il étoit le patriarche de sa paroisse ou de sa ville, on le prendroit dans ce moment pour un criminel échappé du bagne. Les honnêtes gens ferment leurs croisées, pour pleurer en liberté. Nous faisons halte dans la cour de la prison de l'ancien hôpital, pour recruter d'autres déportés. La loi qui exempte les sexagénaires est nulle quand ces victimes n'ont pas de quoi se rédimer.

A deux heures, nous traversons les chantiers où s'élèvent les vaisseaux, la *Princesse-Royale* et le *Duguay-Trouin ou le Mendiant.* De ces deux carcasses, sortent deux ou trois cents ouvriers qui travaillent pour l'amirauté, et deux longs attelages de galériens, commandés par des négres, retournent au bagne. Ils sont décorés d'un bonnet rouge, d'un surtout de bure grise, d'un large pantalon, et tiennent toujours en main une chaîne assez pesante, attachée à la jambe de chacun un camarade de malheur, ou de crime et de supplice. Quand nous arrivons à la nacelle, on parle à l'oreille du commissaire. Après différens gestes, il expédie un ordre de retour au citoyen Tacherau de Tours, qui venoit à côté de moi.

La Charente, dans ses sinuosités, regrette le moment où elle va nous confier à l'Océan. Enfin elle rentre dans son lit, et nous laisse voguer vers le soir, dans le vaste sein des mers. Le soleil sur son déclin couvre l'horison d'incarnat ; nos yeux n'apperçoivent déjà plus que quelques langues de terre au milieu des ondes qui blanchissent sous nos frêles nacelles. Nous promenons nos regards étonnés sur ce spectacle majestueux et terrible... Mer immense, nous voilà sur ton sein ! Quelle idée sublime tu nous donnes de ton auteur ! Que ces vagues inspirent de respect ! L'astre du jour descend dans les abymes; l'Océan, imprégné des derniers rayons de lumière, paroît s'enflammer. Un léger brouillard nous dérobe ces objets ravissans; nous voilà au pied des deux frégates qui nous porteront tour-à-tour.

Notre nacelle est aussi petite auprès d'elles, qu'un enfant au berceau, à côté d'un grand et vigoureux Hercule. Nous nous élançons dans l'escalier du bâtiment ; après avoir monté vingt marches, nous voyons sous nos pieds les voiles et les mâtures de nos goëlettes. On nous reçoit pour nous faire décliner nos noms, et nous mener à notre dortoir. Je vous en ferai demain la description. Nous sommes 193, si pressés ce soir, que nous allons nous coucher sans souper.

Seconde soirée.

13 *mars* 1798. Nous n'avons encore vu que des roses, voici les épines. La frégate que nous montons s'appeloit jadis la Capricieuse, et se nomme aujourd'hui la *Charente*. Je ne décrirai que les parties du bâtiment nécessaires pour l'intelligence de ces soirées.

Le pont est la première surface de bois d'où s'élèvent les mâts et les cordages. La queue ou le derrière se nomme le gaillard de derrière ; c'est là que sont la boussole, le gouvernail, le pilote, la chambre de l'état-major, la salle du conseil, le logement des officiers, la sainte-
barbe

barbe ou magasin à poudre, et l'arsenal. Les deux extrémités d'un vaisseau se nomment la proue et la poupe. La proue est la partie qui avance; ce mot vient de *procedere*, avancer; cette extrémité est terminée par une pointe où aboutissent tous les bois du coffre, qui se terminent en dessous par un tranchant nommé *quille*. Cette quille est la partie qui plonge dans l'eau; elle ressemble à un dos d'âne renversé, dont l'intérieur prend le nom de fond de cale. Entre la poupe et la proue, est le milieu du coffre; c'est dans ce local que nous logeons.

Je vous ai dit hier que nous avions monté quinze ou vingt marches pour arriver sur la frégate; personne ne loge sur le pont, de peur de gêner la manœuvre. Un vaisseau est distribué comme un hôtel, sinon que dans l'un on monte à sa chambre, et que dans l'autre, on y descend. Nous sommes donc entrés par le grenier. Les officiers, les matelots et les soldats occupent le second étage; les extrémités sont pour les cuisines, la fosse aux lions, les cables et les autres ouvriers employés au service du bâtiment, qui logent en grande partie à la proue. Le milieu, nommé passe-avant sur le pont, est l'endroit le plus large de la maison flottante. Le côté qui répond à la droite de celui qui regarde la proue, se nomme *stribord* et l'autre, *bas-bord*. Quand un bâtiment a trois ponts ou trois batteries, on distingue les ponts par les noms des batteries. La première est la plus près de la mer, et porte du 36 ; la seconde, du 24, et la troisième, du 12. Cette dernière se trouve sur le pont. Un vaisseau de cette force est plus élevé qu'un second étage, et se nomme bâtiment de ligne du premier rang. Les intermédiaires sont les frégates, qui n'ont que deux batteries, du 12 et du 6. Elles sont beaucoup plus grandes que les bâtimens marchands, plus lestes que les vaisseaux de ligne, et capables de couler à fond les corsaires les plus forts. Au milieu, entre la poupe et la proue, sont placés le grand, le petit canot, et la chaloupe. Ces trois nacelles, longues de vingt-huit ou trente pieds, sont engrènées l'une dans l'autre, et servent pour les vivres, les embarcations, et le cas de naufrage sur les côtes. Quand la frégate ne peut approcher d'une plage, on jette l'ancre, et les canots servent à débarquer. Il n'y a rien d'inutile dans un vaisseau ; ces nacelles servent de parc aux moutons ; voilà donc le pont et le second étage entièrement occupés. Le troisième étage se nomme *entrepont* ; on y descend par deux escaliers à droite et à gauche, et, pour parler techniquement, de *stribord* et *bas-bord*. Nous n'avons dans cette partie que le local qui s'étend depuis les cuisines jusqu'au grand mât, au pied duquel est le four du boulanger. Ce local est de trente pieds de large, sur trente-sept de long, sur quatre et demi de haut. Pour dispenser le lecteur d'un calcul ennuyeux, il ne nous reste que cinq pieds en longueur, sur deux en hauteur. Figurez-vous une vaste hécatombe dans une grande ville, où la famine et la peste moissonnent chaque jour des milliers de victimes qu'on est obligé d'inhumer dans le même journal de terre ; les cadavres, pressés les uns contre les autres, sont cousus dans des serpillières, et séparés les uns des autres par un lit de chaux-vive. L'espace qu'occupe la chaux, est le vide qui se trouve au-dessus et au-dessous de nous.

Dans cette hauteur de quatre pieds et demi sont deux rangs de hamacs les uns sur les autres, soutenus de trois pieds en trois pieds par de petites colonnes nommées épontilles.

Sur ces colonnes sont de petites solives de traverse, percées à dix-huit pouces de distance l'une de l'autre, où l'on a passé des cordes appellées rabans, qui suspendent par les quatre coins un morceau de grosse toile à bords froncés, dont le dedans ressemble à un tombeau.

Chacun ne doit avoir qu'un sac de nuit ou une valise ; ces paquets occupent encore plus du tiers de l'espace ; ainsi sur cinq pieds cubes, nous n'en avons pas trois.

Le jour ne pénètre jamais dans cet antre entouré de tous côtés de barricades de la largeur de trois pouces et de deux fortes portes fermées par de gros verroux. Au milieu et aux extrémités, sont des baquets où nous sommes forcés de vaquer à nos besoins depuis six heures du soir jusqu'à sept du matin.

La vue de ce gouffre vous feroit invoquer la mort ; aujourd'hui même que je suis accoutumé au malheur, sans qu'il endurcisse mon âme, je ne puis réfléchir à notre position, sans que mes idées se confondent. Quelle nuit ! Grand Dieu, quelle nuit ! Ce sexagénaire replet ne peut grimper au milieu des poutres, dans le sac suspendu pour le recevoir : il s'écrie d'une voix mourante : Mon Dieu, j'étouffe, mon Dieu, que je respire un peu. . . . Une sueur brûlante mêlée de sang découle de tous ses membres. Il est tout habillé, car le local est trop étroit, pour qu'il puisse étendre les bras pour tirer son habit; voilà mon tombeau, dit-il, voilà mon tombeau ! . . Puis soulevant un peu la tête, il aspire une ligne d'air qui prolonge sa malheureuse existence. Un officier de marine de l'ancien régime, qui partage notre destinée, s'écrie que nous sommes aussi entassés que les cargaisons du Levant qui apportent la peste. Ce fléau nous paroît inévitable, et nous n'espérons voir notre sort amélioré que par la mort de la moitié de nos camarades. . . . L'échafaud est un trône auprès de ce genre de supplice, l'homme, en y marchant, jouit encore à son déclin, du plaisir de respirer l'air; mais ici, il doit succomber dans des convulsions effrayantes sur le cadavre de celui qui le tue, même après sa mort, par la place qu'il occupe encore. Plus nous sommes gênés, plus nous nous agitons pour trouver une position moins critique. Nos hamacs mal suspendus se lâchent, et plusieurs tombent sur l'estomac de leurs camarades : des soupirs, des cris étouffés redoublent nos malheurs, la mort est moins

E 3

affreuse que cette torture. Pourquoi n'avons-nous pas le courage d'y recourir? Pourquoi vouloir exister malgré ses ennemis et soi-même?

Dieu ne nous suscite point de tribulations au-delà de nos forces; du sein de l'abîme, un rayon d'espérance nous luit avec l'aurore. *Jeudi*, 15 *mars* 1798 (24 *ventose an* 6), la cloche nous appelle à déjeûner; nous avons plus besoin d'air que de nourriture... nous allons respirer... nous avons autant de peine à nous arracher de nos tombeaux qu'à y pénétrer, nous ne pouvons retrouver nos vêtemens...: l'un réclame ses bas, ses souliers, son habit. Et comment se sont-ils égarés dans un espace de dix-huit pouces? On sacrifie tout pour respirer l'air, on se déchire, on s'arrache les cheveux épars et dégouttans de sueur; celui-ci heurte et culbute son voisin qui s'élance dans un escalier à pic de la largeur d'un pied et demi; cet autre entraîne ses vêtemens au milieu de la foule, s'habille sur le pont, étend ses membres, et renaît à la vie, comme cet oiseau qui bat des ailes, au sortir d'une cage éternellement enveloppée d'un crêpe noir.

On nous sert une ration d'eau-de-vie double de celle que nous avions à Rochefort. Le pain est noir, mais excellent. Nous saluons le capitaine M. Bruillac, qui s'attendrit sur notre sort, et nous promet de l'améliorer aussitôt qu'il le pourra. Aujourd'hui nous prenons la précaution de nous déshabiller avant que de descendre.........Calculons les lignes d'air qui circulent chez nous. La moitié qui se trouve entre les autres, aux deux extrémités de la prison, ne respire que le souffle brûlant qui vient d'enfler le poumon de ses voisins. Le plancher n'est pas à un pied au-dessus de la tête de ceux qui couchent sur les autres; il étouffe tellement la voix, qu'il faut crier comme des sourds pour se faire entendre de ses plus proches voisins.

Les deux escaliers (1) renvoient un huitième

---

(1) La résistance que l'air atmosphérique éprouve pour se renouveler dans notre dortoir, est en raison directe de la pesanteur du méphytisme et du peu d'espace qu'il y trouve. Ce fluide ressemble à l'eau : si un verre étoit à moitié plein de liqueur vaseuse, l'eau claire laisseroit la vase au fond, qui occuperoit une place fixe, d'où je conclus que ceux qui sont au milieu ne respirent pas même une ligne d'air atmosphérique. Sur 193, le tiers qui couche auprès des écoutilles a suffisamment d'air à respirer; le second tiers qui se trouve entre deux, respire un air à moitié corrompu,

de l'air qui n'entre dans nos caves que par la pression. Ces deux ouvertures n'ont pas quatre pieds quarrés, ce qui donneroit à chacun un pouce et demi d'air pur, en y joignant celui que nous recevons très-obliquement au travers des canots par l'ouverture du fond de cale, pratiquée à côté du poste des aide-majors. Cet air est méphytisé d'avance par les moutons qui couchent au-dessus de nous, et obstrué par les chaloupes fichées dans le vide.

16 mars. Nous restons toute la journée sur le pont ; faire quelques pas de plus est une consolation inexprimable. Hier, nous invoquions la mort ; ce matin, nous donnerions tout pour survivre à cette crise. La justice tombant goutte à goutte, commence à cicatriser nos plaies.

Nous éprouvons trop de privations, pour n'être pas indifférens sur la vie animale ; elle est frugale et suffisante. Nous sommes tous munis d'un gobelet de fer-blanc, d'une cuiller et d'une fourchette, qui restent toujours pendues à notre boutonnière. On dîne à midi.

---

et l'autre qui se trouve au milieu, nage dans le méphytisme.

Toutes les tables sont composées de sept personnes, chacune a sa *cuisinière* ; c'est une brochette de bois qui traverse les morceaux de viande des sept convives ; la ration est emmaillottée avec du fil, afin que rien ne se perde dans l'immensité de la chaudière ; un petit baquet sert de plat à la société qui mange à la gamelle. Chaque convive est marmiton à son tour et lave l'auge dans l'eau de mer. L'appétit faisant les frais du repas, on s'apperçoit sans dégoût que la soupe grasse du soir sent la merluge du matin. Nous mangeons debout comme les Israélites dans le désert ; en dix minutes le repas est fini. Le marmiton de jour reporte l'auge et le bidon à la cambuse ou magasin de comestibles, et chacun se disperse dans les chaloupes et sur les gaillards pour charmer son homicide loisir par l'aspect des ondes où se balancent les goëlans ou gobeurs en volans, que les poètes nomment alcions chéris de Thétis, parce qu'ils sont précurseurs du calme. Plus loin, des marsouins ou cochons de mer, révolutionnent quelques petits poissons..... Un cri nous perce le cœur ; *un déporté* vient de se jeter à la mer du côté de *bas-bord* ; vingt matelots s'y plongent à l'instant : à peine a-t il touché les flots, qu'il est saisi et remis dans une chaloupe.

Ce malheureux, nommé Jacob, lieutenant de la légion de Mirabeau, étoit détenu depuis deux ans, et reconnu pour fou; il fut renvoyé à Rochefort avec sept autres infirmes, et remplacé par six sexagénaires et trois scorbutiques. Le commissaire de marine, Martin, vient nous compter sur la liste de Bois....; elle a été rédigée si à la hâte, que Martin passe les noms de ceux qui y sont, et nomme ceux qui n'y sont point.

18 *mars*. Trois bâtimens anglais viennent croiser jusqu'à l'entrée du port.

19 *mars*. Le capitaine de la frégate mouillée à côté de nous, nous signale à l'ennemi; M. Bruillac se rend à son bord; ils se donnent parole au retour du voyage. Depuis dix jours, nous avons vu trois fois l'anglais, ce qui nous fait croire que nous ne partirons pas; mais nos ennemis n'ont rien à ménager pour se satisfaire.

21 *mars* 1798 (1er. *germinal an* 6). Tems nébuleux; bon vent; nous levons l'ancre; nous luttons toute la journée contre les bancs de roches. Sur le soir, nous entrons en pleine mer. Entre minuit et une heure, on sonne

l'alarme : nous sommes poursuivis par trois bâtimens anglais, au milieu desquels nous donnions, sans la fracture d'une de nos vergues qui a ralenti notre marche.

A six heures du matin, les matelots descendent précipitamment dans notre dortoir briser la prison et les rambardes, couper les rabans de nos hamacs, pour donner plus de jeu à la frégate. Les uns, à moitié endormis, tombent sur les autres; tout est pêle-mêle. Ce désordre ne dure qu'un moment; officiers, soldats, déportés forment un même peuple; tous ont les mêmes sentimens et les mêmes ennemis à combattre : les uns commandent de sang froid, les autres exécutent de même; ceux-ci préparent les canons, ceux-là se précipitent dans le fond de cale pour passer aux autres, qui jettent à la mer le *leste volant* et le bois à brûler. On ensevelit dans les flots jusqu'à nos effets.

A huit heures, nous découvrons la terre; ce sont les sables d'Arcasson, canton de Médoc, à douze lieues de la rade de Bordeaux. L'ennemi qui nous poursuit avec acharnement, avoit fort bien compris les signaux du capitaine de *la Décade*. Sa feinte retraite n'est plus un mystère pour nous; ses forces sont quintuples des nôtres. Le vent nous pousse au large, et nous voulons gagner la côte. L'anglais qui voit nos manœuvres, songe à nous couper la route.

Le conseil s'assemble pour prendre un parti, car l'ennemi n'est pas à trois lieues ; il nous gagne ; on se décide à échouer : ce moyen violent nous donneroit peut-être la liberté. Une partie de l'équipage s'en réjouit d'avance, dans l'espoir du pillage; l'autre craint que la frégate ne se brise sur des rochers en cherchant un fond de vase. Depuis le point du jour, nous flottons entre la crainte, l'espérance, le naufrage, la mort, la prison et la liberté.

Le soir, la côte n'est plus pratiquable pour échouer ; le vaisseau rasé (*le Vieux Canada*) et les deux frégates (*la Pomone et la Flore*), ne sont pas à six milles de nous ; tout est prêt pour le combat; nous soupons avant le coucher du soleil ; on brise les cuisines, la cloison de l'arsenal, et l'on nous fait descendre dans l'entrepont. Quelle horrible nuit va succéder à ce jour d'alarmes !....

Une prison, dont les plafonds s'écroulent subitement, offre un tableau moins horrible que notre dortoir ; des planches brisées, des caisses vides, des épontilles, des hamacs déchirés, des bréviaires, des souliers, des chemises, des peignes, des bouteilles cassées, sont confondus dans ce local de quatre pieds et demi de haut. On se heurte; on se blesse; on se renverse les uns sur les autres ; on parvient enfin à nous faire passer une lanterne qui nous donne une lumière sépulcrale : l'un est couché sur les jambes de l'autre ; celui-ci replié en double, sert de marche-pied ou de siège à trois ou quatre autres. Le plancher dégoutte de sueur, comme si les soupiraux du pont et de la batterie étoient ouverts pour arroser le fond de cale.

La nuit est close; notre frégate vogue à l'aventure. Quand on peut voir le danger, la recherche des moyens de s'y soustraire distrait la réflexion et émousse les aiguillons de la crainte. Nous sommes sur des écueils; les nouvelles changent à chaque minute ; tantôt nous allons échouer, un moment après nous allons entrer dans la rivière de Bordeaux ; le vent mollit, et nous sommes en panne ; nous allons toucher ; il faut encore décharger le bâtiment. On déblaie l'entrepont; tout le bois de chauffage est jetté à la mer. On défonce les pièces de vin et d'eau-de-vie. Les bidons, les marmites, les malles, les ferrailles et le Jeste volant sont à l'eau. Il est neuf heures, et nous sommes à trois lieues de la rade du Verdon. L'ennemi nous a perdu de vue, mais la lune le guide; il nous suit peut-être à la piste.

Le feu d'une tour fameuse, nommée Cordouan, nous indique que nous sommes près de la côte. Ce phare est redouté des navigateurs; l'onde mugit et couvre la surface d'une île qui a donné son nom à la tour. Notre pilote qui ne reconnoît pas ces attérages, conseille au capitaine de faire mettre le canot à la mer, pour aller reconnoître la côte, nous faire débarquer de suite et brûler la frégate à la barbe de l'ennemi, qui ne manquera pas de venir nous attaquer au point du jour. Ce conseil est sage, mais un peu tardif; cependant on s'en occupe; on jette l'ancre, et les canotiers partent et rament à force de bras vers le phare Cordouan, qu'on a pris pour une anse abordable : ils reviennent, et nous reconnoissons trop tard notre méprise. Nous sommes à plus de neuf milles de cette côte. La lumière semble fuir devant les canotiers.

Le phare qui la donne est à moitié ténébreux, et réellement cette lanterne tourne et partage la lumière avec les ténèbres, pour défendre aux navigateurs d'approcher. Les brisans ont failli submerger nos canotiers.... Il est minuit, nous levons l'ancre pour filer quelques nœuds et échouer en sûreté au premier crépuscule. Aurons-nous le sort de Robinson Crusoé ? Ce navigateur trouva une île hospitalière, et nous serons jettés dans le sein de nos ennemis.

Tout l'équipage harassé de fatigues, profite de ce moment de fausse sécurité pour se livrer à un profond sommeil. Le capitaine, l'état-major et les hommes de quart sont les seuls qui veillent sur le gaillard de derrière.

A minuit et demi, M. Dupé, chirurgien-major, vient au poste de ses aides, leur ordonne de se préparer à panser les blessés.

On s'éveille en sursaut; on crie aux armes; on coupe le cable de l'ancre : l'anglais nous a débusqués par la lumière de nos canotiers; il n'est qu'à deux portées de fusil de notre bord; le combat va commencer.

Une de ses frégates, meilleure voilière que les deux autres, nous atteint et nous salue d'une décharge de 16 et de 9.

A notre bord, on s'éveille en tombant les uns sur les autres ; les officiers courent, crient de tous côtés. *Canonniers, à vos postes, feu de stribord, feu de bas-bord* ; la frégate tremble et retentit du bruit des foudres : d'horribles sifflemens se prolongent, et semblent, en passant sur nos têtes, mettre le bâtiment en pièces. L'ennemi qui sait que la partie est inégale, nous crie d'amener ; sa proposition est accueillie par une salve qui met le feu à son bord. Il s'éloigne pour faire place au vaisseau rasé et à l'autre frégate. Nous ripostons en gagnant la côte. D'épaisses ténèbres couvrent l'horison, et la lune n'a achevé son cours que pour rendre notre destinée plus affreuse.

Comment vous peindre la situation des pauvres déportés ? Les trois quarts sont d'anciens curés de campagne, qui n'ont jamais entendu que le bruit des cloches de leur paroisse ; tandis que ceux-ci pleurent, que ceux-là se confessent et s'absolvent, une bordée démonte notre gouvernail ; le feu redouble des deux côtés ; l'alarme est générale à notre bord ; on balance sur le parti qu'on doit prendre. Notre frégate ne fait plus que rouler. La *Pomone* a éteint le feu qui avoit pris à son bord ;

elle

elle revient à la charge ; nous sommes entre trois assaillans : nous longeons la côte au gré du vent, faute de pouvoir gouverner. L'ennemi partage ses forces pour nous prendre en flanc et en queue ; il vient de nous tirer une bordée en plein bois : nous pirouettons depuis deux heures...., Nous touchons.... Un horrible craquement fait trembler l'énorme machine. Grand Dieu ! nous périssons, s'écrie l'équipage d'une voix perçante. La frégate paroît se partager et abandonner aux flots nos cadavres mutilés. La mer commence à monter; nous pirouettons un peu moins; le feu diminue, mais l'ennemi s'acharne à nous poursuivre; nous approchons du rivage. Comme il est moins délesté que nous, il craint de s'engager; il s'éloigne de peur de toucher sur nos attérages.

Pouvons-nous respirer un moment? quel plaisir de survivre à de si grands dangers! Il n'est que quatre heures, nous nous battons depuis minuit et demi; depuis une heure la quille de notre bàtiment est aux prises avec les rochers et les bancs de sable : chaque flot relève ou accroche la lourde masse qui vacille et nous renverse en asseyant son poids sur les

Tome I.   F

pierres ou dans les cavités des montagnes ensevelies sous les ondes. Nous voilà à l'embouchure de la rivière de Bordeaux, l'anglais ne peut plus nous atteindre, notre frégate est criblée, son artillerie démontée, il n'y a eu, dit-on, personne de tué.

Le capitaine songe à nous plutôt qu'à lui, il nous envoie un officier pour nous tranquilliser et nous faire rafraîchir.

A la pointe du jour, une partie de nos matelots réceleurs va à terre sous prétexte d'avertir un pilote-côtier, pour vendre les effets qui nous ont été volés pendant le combat par les fripons qu'on déporte avec nous pour nous avilir. En déjeûnant on s'étourdit pour oublier le malheur, et chacun fait à sa mode l'historique de l'action. Le bâtiment est une maison au pillage.

A neuf heures, un pilote-côtier nous aborde en joignant les mains : « Que vous êtes heureux,
» mes bons messieurs, d'avoir la vie sauve!
» cette côte dont l'anse est bordée de sables,
» cache des rochers affreux ; dans les petites
» marées je les touche souvent avec ma rame ;
» il n'y a pas long-tems que je remarquois en-
» core les ruines d'une ancienne ville nommée
» *les Olives*, submergée comme l'île de Cor-
» duan dont vous ne voyez plus que la tour.

» Quand vous auriez gagné cette plage, les
» écumeurs de mer, qui l'habitent, vous
» auroient assommés pour vous voler. » — Il
nous fit remarquer un groupe de sans-culottes
montés sur des échasses, qui, comme des harpies, ramassoient avec des crocs les vivres et les effets que la mer jettoit sur ses bords. Nous mouillons dans la rade du Verdon, dans l'espoir de débarquer le lendemain.

24 *Mars*. La frégate fait dix-huit pouces d'eau par heure ; nous pompons pour laisser reposer l'équipage.

Les matelots receleurs reviennent ; tous les vols ont disparu, excepté la houpelande du capitaine qu'on retrouve dans un tramail et qui est encore toute couverte de sable et de boue; l'état-major a été également pillé. On fait une visite qui n'intimide personne ; les objets de moindre valeur vont se loger où les propriétaires ne les avoient jamais mis ; et le dieu Mercure dépêche deux commissaires de Bordeaux pour distraire de cette recherche par l'inspection de la frégate. Ils passent entre deux haies de déportés qui obstruent involontairement leur passage : *Retirez-vous*, disent-ils, *citoyens, ou plutôt messieurs, car des monstres comme vous ne sont pas citoyens.* Ils ont trouvé fort mauvais que les officiers communiquassent avec les déportés, ce n'étoit pas là leur mission; aussi ont-ils prononcé sans examen que nous devions retourner à Rochefort, de suite, quoique nous n'ayons pas de gouvernail. Notre équipage est décidé de son côté à ne pas marcher sans garder pour otages les commissaires qui viendront lui en réitérer l'ordre; on les jettera à la mer au premier danger. Cette résolution leur parvient, *la frégate est hors d'état de mettre à la voile.*

5 *avril* (6 germinal). Nous recevons deux lettres contradictoires ; l'une, d'un détenu de St. Maurice; l'autre, d'un citoyen de Rochefort. La première nous assure que nous serons déposé à Blayes, sous trois jours; l'autre, que nos lettres et paquets seront remis au capitaine de la *Décade*, qui va venir nous prendre au Verdon.

20 *avril* (1 floréal). A cinq heures et demie, nous appercevons un bâtiment, on le signale; c'est la *Décade;* elle mouille à la chute du jour.

TROISIÈME SOIRÉE.

22 *avril* 1798 (3 floréal an 6). Depuis

quarante jours que nous sommes en mer, nous n'avons pas eu un moment de repos ; après un combat opiniâtre, où nous sommes spoliés de tout, quand nous demandons à descendre à terre, pour reprendre quelques effets, on nous leurre, afin que nous ne sachions où donner nos adresses, et que nous consommions le peu qui nous reste, sans pouvoir le remplacer. On nous fait enfin rembarquer tout nus.

A huit heures, la première embarcation part. Nos vieillards (1) commencent à croire qu'ils iront dans le Nouveau-Monde. Le dénuement où ils se trouvent, le changement d'équipage, les infirmités qui les accablent, leur rendent ce moment plus cruel ; des larmes mouillent leurs cheveux blancs, ils invoquent la mort. Quoique nos malades n'aient plus qu'un souffle de vie, on les hisse à bord,

---

(1) La surveille de notre départ, notre major reçut avis de constater l'âge et les infirmités de chacun ; je lui présentai M. Doru qui avoit alors soixante-sept ans. Hélas, nous dit-il, cette injonction est pour la forme, j'ai des ordres précis de ne reconnoître ni infirmes ni sexagénaires, mon billet ne vous exempteroit pas, et je serois destitué en vous le donnant.

comme des bêtes de somme. Nous voilà sur *la Décade*. L'officier de quart prend son porte-voix, et nous donne la consigne: « Mes-
» sieurs les déportés, il vous est expressé-
» ment défendu de communiquer avec qui
» que ce soit de l'équipage, vous reprendrez
» les mêmes places que vous aviez sur la
» Charente; vous remplirez les articles du rè-
» glement, dans les pancartes qui sont à la
» porte des rambardes de votre dortoir. Les
» voici :

Article premier.

Les déportés seront détenus dans le lieu qui leur est destiné (l'entrepont. Voyez plus haut la description de ce local.), depuis six heures du soir jusqu'à sept heures et demie du matin, et plus tard si les circonstances retardent le nettoyage du pont, ou tout autre motif.

Art. II.

Lorsque les détenus auront des besoins pendant la nuit, ils auront pour y satisfaire des bailles divisées dans leur local, lesquelles bailles seront vidées de quatre heures en quatre heures par les gens de l'équipage; pendant le jour, quand ils seront sur les ponts, ils iront à la poulaine (lieux-d'aisance à gauche et à droite de la proue du bâtiment), à moins de mauvais tems, et dans ce dernier cas, les bailles seront mises dans la batterie.

Exécuté ponctuellement.

Art. III.

Les déportés seront *applatés* par plats de sept : les heures de leurs repas seront celles de l'équipage, c'est-à-dire des matelots, devant vivre comme eux et de la même chaudière : ils mangeront toujours dans la batterie, depuis le grand mât jusqu'au panneau de l'avant ; ils auront pour leur service, pendant le repas, quatre novices (ou mousses), qui iront à la chaudière et à la cambuse prendre leur manger.

Art. IV.

Entre les repas et aux heures indiquées, lorsque les circonstances le permettront, les déportés pourront se tenir sur les passe-avants et dans la batterie; mais jamais, sous aucun prétexte que ce puisse être, ils ne passeront au-delà du grand mât, ni n'iront sous les cuisines, sous peine d'être punis comme infracteurs de l'ordre.

Ce dernier article a été de rigueur.

ART. V.

Il leur est expressément défendu de lier aucune conversation avec les gens de l'équipage et d'insulter personne, sous les peines portées par le précédent article.

La première partie de cet article n'a pas été observée à la lettre ; elle a été faite pour que les voleurs déportés avec nous ne trouvassent point de réceleurs dans les matelots ; la seconde a prévenu les rixes et produit un fort bon effet.

ART. VI.

Si quelqu'un de l'équipage les insultoit de quelque manière que ce soit, ils en porteront plainte à l'officier de service, et justice leur sera rendue.

Exécuté à la lettre.

ART. VII.

Il leur est expressément défendu d'adresser au capitaine aucun écrit, à moins que ce ne fût des lettres pour terre, qui seront toutes remises sous cachet volant : ils porteront toutes leurs réclamations verbalement aux officiers de service.

Bonne précaution contre les flatteurs et délateurs, mais champ vaste à l'arbitraire des commis aux vivres, qui donneront ce que bon leur semblera, de l'aveu même du capitaine, qui n'en pourra jamais rien savoir, puisqu'il ne communiquera point avec nous, et qu'il nous défend de lui écrire....

Exécuté à la lettre.

Art. VIII.

Toutes les fois que la générale battra, les déportés se retireront avec précipitation dans le lieu de leur détention, à moins qu'il n'en fût autrement ordonné.

La rédaction de cet article marque la verge d'un capitaine négrier. — Exécuté selon sa forme et teneur.

Art. IX.

S'il s'élevoit quelque rixe entre les déportés, ils laisseront leur dispute au premier ordre qui leur en sera donné, sous peine aux délinquans d'être arrêtés et mis aux fers au lieu de leur détention, jusqu'à ce qu'il en soit autrement ordonné par le capitaine.

Cet article a été inutile.

Art. X.

Dans tous les cas de manœuvre ou toute

autre circonstance, dès que l'officier de service ordonnera aux déportés de laisser les passe-avants pour descendre, soit dans la batterie, soit dans le lieu de leur destination, ils en exécuteront l'ordre avec exactitude.

Suivi à la lettre.

Art. XI.

Les déportés n'auront dans le lieu de leur détention que le hamac qui leur est destiné, les couvertures qu'ils se seront procurées, et un porte-manteau ou sac de nuit pour leur traversée, la petitesse du lieu qu'ils occupent, la salubrité qu'il est urgent d'entretenir ne permettant pas de leur accorder d'autres effets. Le surplus sera déposé dans les autres parties de la frégate, pour leur être remis à l'arrivée.

Cet article très-sage a été ponctuellement suivi.

Art. XII.

Lorsque le branle-bas de propreté sera ordonné au lieu de détention, chaque déporté ira prendre ses effets qu'il mettra dans son hamac, ou les portera où il lui sera indiqué, les gardera près de lui pour les descendre, dès que l'ordre s'en donnera.

Art. XIII.

Il est enjoint à tous les déportés de se conformer à tout ce qui est prescrit par la présente consigne, sous peine d'être punis conformément à la loi.

A bord de la frégate *la Décade*, sixième année de la république française.

Le commandant de la frégate, VILLENEAU.

23 *avril* (*4 floréal*). Voici notre traitement. Après une grande confusion, nous avons repris nos places; nous sommes plus entassés que dans la Charente; la prison est plus étroite et plus noire; nos malades sont provisoirement au bas des écoutilles.

On se lève à six heures; on déjeûne à sept et demie. Un petit mousse va à la cambuse prendre pour chaque société composée de sept, un bidon contenant sept boujearons d'eau-de-vie (une chopine moins un huitième, mesure de Paris), et trois biscuits pesant au total quatorze onces. Ces biscuits mis trois ou quatre fois dans le four, sont piqués ronds de l'épaisseur d'une galette de pain d'épice, et si durs que le moins édenté est réduit à les briser sur deux boulets ramés, dont l'un lui sert d'enclume, et l'autre de marteau. Dans huit jours, nous trouverons ces biscuits dentelés par des vers longs comme le doigt; en voilà pour jusqu'à midi.

Chacun va se coucher, ou dans l'entrepont, ou dans les batteries, ou dans les porte-haut--bancs, pour faire une visite domiciliaire dans ses habits, où il trouve des milliers de buveurs de sang et de comités révolutionnaires. En vain changeroit-on de linge à toute heure, le nombre des indigens est si grand, que la mal-propreté est inévitable. Les lépreries juives étoient des palais en comparaison de notre dortoir; le bois est imprégné d'une odeur cadavereuse, capable de donner la peste; les alimens se corrompent aussi-tôt qu'on les met à l'embouchure de ce gouffre.

Le pilote vient de retourner le sablier pour la douzième fois; on sonne le dîner. (Voyez l'ordre pour notre table dans l'article III du réglement ci-dessus.)

Notre cuisine est à stribord, celle de l'état-major à bas-bord; de ce côté, les poulets tournent à toutes les heures du jour. Quatre ou cinq mousses élégans aident le cuisinier des officiers, et vendent à la dérobée jusqu'aux miettes qui tombent de cette table; il nous est défendu d'en marchander, et même de parler à leur chef qui est séparé de nous par une toile. Tout ce qui approche Villeneau (1), jusqu'au mousse qui tourne la broche, regarde le déporté le moins déguenillé comme une être infiniment au-dessous de lui; à peine nous est-il permis de manger notre morceau de biscuit à la fumée du rôt. Pendant que nous attendons notre sale dîner, l'oíficier de service fait scrupuleusement sa ronde, et pose une sentinelle à sa cuisine. Passons dans la nôtre.

Pour peindre un coq, ou cuisinier de bord,

───────────────

(1) Villeneau, aussi détesté de son équipage que de nous, ordonnoit cette rigidité sous peine de destitution, à ce que nous ont dit ses officiers qui nous parloient en son absence. L'équipage s'y prêtoit avec répugnance. M. Jagot, lieutenant, a beaucoup modéré son despotisme. Je dois particulièrement de la reconnoissance aux sous-lieutenans, MM. Bourra et Pranpin, qui ont souvent partagé leur souper avec moi. Ils ont humanisé le capitaine d'armes Chotard, et j'ai eu seul la liberté de rester le soir sur le pont, autant de tems que je voulois : on m'a même assuré que M. Villeneau, en montant un jour sur son gaillard, tandis que je chantois en ronde près du grand cabestan, écouta de loin, et dit : « Je plains vraiment » celui-là, il n'est déporté que pour des chansons. »

« il faut tout le génie de Calot dans *la Tentation* de Saint-Antoine ; un coq est un animal extraordinaire par sa bêtise et sa mal-propreté : figurez-vous un être plus sec qu'une éclanche, dont le teint olive enfumé est huileux de graisse et de sueur, des yeux rouges et pleureurs, un nez large comme une chaudière, des mains calleuses, des durillons d'une crasse noire, de ses alvéoles gonflés de deux monticules de Tabago, coulent deux sources brunes qui filtrent amoureusement sur les racines sanguinolentes de ses clous de gérofle découronnés ; sa main essuie souvent les rigoles nazales qui vont se perdre jusqu'à son menton ; sa chemise n'est ni noire, ni blanche, ni brune ; mais couverte de deux lignes d'épais d'une liqueur agglutinée par le feu et encore un peu moite ; ses cheveux dégouttent d'huile ; ses oreilles sont percées, deux poires de plomb descendent galamment sur le col de sa chemise, assez ouvert pour qu'on voie à nu presque tout son corps. Un mauvais cheval mené à l'écarisseur est plus gras que lui, ce squélette dans un amphithéâtre exempteroit les anatomistes d'user leur scapel ; les insectes ne piquent point cet être plastroné de crasse ; sa sale carcasse ressemble à une vieille peau tannée où l'on ne voit aucune monticule de veines.

Je n'aurois pas de spectacle plus amusant que de suivre, sur les boulevards de Paris, cet animal singulier, pris sur le bord au moment qu'il va distribuer sa chaudière. Je voudrois qu'une femme des plus coquettes lui donnât le bras, qu'il pût s'oublier au point de vouloir être galant ; quelle suite accompagneroit ce couple original ! quel divertissement pour les spectateurs, au moment où la main du coq, contrastant avec celle de la nymphe, s'approcheroit de ses lèvres en lui chatouillant le menton ! quelle grimace feroit celle-ci s'il devenoit téméraire !....... Ne sortons pas de la frégate au moment de prendre un dîner aussi appétissant.

Le coq ouvre sa vaste chaudière et vide trois cuillerées de bouillon dans chaque baquet : on nous fait faire gras et maigre tout ensemble; nos légumes sont des fèves de marais, grosses comme des rognons de mouton, enveloppées d'un sac dur comme une corne de cheval : si ce grainage étoit commun en Asie, on devroit bien s'en munir pour les chameaux qui mangent pour plusieurs jours quand les voyageurs traversent les déserts de l'Arabie-Pétrée. Ces fèves sont à bord depuis deux ou trois ans, on y trouve souvent de petits insectes qui y font leur case, et de petites pilules de rats et de souris.

Demain nous aurons quatre onces de bœuf salé ou les trois seizièmes d'une livre de porc; le troisième jour, de la merluche couleur citron émiettée, à l'huile rance, que le coq retournera avec ses mains pour la jetter dans nos baquets. Le jour de la décade, un breuvage de riz aussi clair que celui du renard à la cicogne; tous les cinq jours, une fois du pain et pas à discrétion; tous les jours un demi-septier de vin à dîner et à souper.

Les mousses nous servent comme le matin. Voici l'espace que nous occupons : nous sommes sur deux haies d'un côté et de l'autre, depuis l'escalier des cuisines jusqu'à une toise en-deçà du grand mât; cet espace est de trente-deux pieds de long sur onze de large, dont il faut retrancher l'emplacement de quatre pièces de canon montées sur leurs affûts : l'affût a quatre pieds et demi de long sur quatre de large, à partir du bout des essieux : il faut encore laisser un chemin pour aller de la cuisine

sine à l'arsenal; nous sommes cent quatre-vingt-treize, ce qui fait quatre-vingt-seize personnes dans l'espace de trente-deux pieds de long sur six de large, évaluation faite de l'emplacement des canons. On nous sert dans une gamelle qui est lavée quatre ou cinq fois par an.

Il ne tiendroit pourtant qu'au capitaine de nous entasser un peu moins, car la batterie a cent pieds de long, et la frégate cent vingt-huit sur trente-huit de large à son grand mât. Nous sommes enveloppés dans le tourbillon de fumée des cuisines; si nous montons sur le pont, le soleil nous rôtit ; nous ne sommes bien nulle part; vingt ou trente sont attaqués du scorbut, et les salaisons contribuent beaucoup à cette branche de peste, mais on ne peut pas faire autrement, et nous ne nous plaindrions pas, si le commissaire aux vivres, qui s'entend avec Villeneau, échancroit moins notre ration. (D'abord il a écouté nos plaintes, puis elles ont été vaines; nous pourrions rester longt-tems en mer, subterfuge pour cacher les rapines.) A six heures, on soupe aussi frugalement qu'on a dîné, puis on descend au cachot. (Voyez-en la description à notre entrée sur la Charente.)

Tome I.   G

25 *avril* (6 *floréal.*) A trois heures du matin, le vent souffle du nord-est ; on lève l'ancre, le silence de la nuit est interrompu par les cris et les chants barbares des matelots, qui saluent le père du jour par des juremens ou des discours orduriers, répétés avec d'autant plus d'éclat qu'ils veulent les faire entendre aux malheureux, qui du fond de leur cachot, lèvent les mains et les yeux au ciel. Le vent tombe ; nous mouillons à deux portées de fusil de l'ancienne et trop fameuse ville de Royan, rebelle et ruinée par le cardinal de Richelieu. Oh ! que ne nous est-il permis de parcourir ses ruines !... nous ne sommes pas à cent vingt toises du sol français. Un ordre désespérant nous enchaîne au rivage.

26 *Avril* 1798 (7 *floréal an* 6). Nous mettons à la voile : cette fois nous voilà en route pour Cayenne ; à midi, nous avons dépassé le phare Cordouan ; nous reconnoissons notre redoutable passage des *Olives* ; chacun, placé sur le pont et dans les batteries, les yeux fixés sur ces côtes, fait les réflexions les plus sinistres ; la frégate vogue à pleines voiles, nous filons sept nœuds et demi à l'heure. (un nœud est le tiers d'une lieue.)

27 *Avril.* Nous avons fait trente lieues, le

sol français a entièrement disparu, nous sommes dans le golfe de Gascogne. La brume qui couvroit l'horison se dissipe, nous appercevons à bas-bord la pointe des Pyrénées; les plus clairvoyans distinguent avec de longues vues le port de Saint-Sébastien : à stribord, la mer est couverte de planches et de poutres : quelque bâtiment a fait naufrage sur ces côtes toujours battues par les tempêtes. Ces objets nous plongent un instant dans de sombres réflexions que le trouble et la dissipation effacent un instant après. Une grosse tonne vogue au gré des flots. On met la chaloupe à la mer, elle est à bord, c'est une excellente pièce de quatre cents pintes d'eau-de-vie ; on la déguste sur le gaillard de derrière, et Villeneau la fait mettre dans son greffe. Toute la journée demi-calme: le soir, des marsouins ou cochons de mer jouent sur les ondes et nous annoncent du vent; il s'élève au bout d'une heure, mais il nous pousse d'où nous sortons.

28 *Avril* (9 *floréal*), soir, vent *de bout* (ou contraire), nous n'avons fait que douze lieues; nous ne sommes qu'à neuf ou dix nœuds des côtes d'Espagne; nous decouvrons parfaitement les Pyrénées : ces hautes montagnes ont leurs

sommets couverts de neiges et leurs pieds plantés de bois. Des cavités immenses, des gouffres, des décombres, des antres effrayans nous présentent de majestueuses horreurs ; une fumée blanchâtre s'élève de ces rochers qui amoncèlent les nues. Leur approche rend les vents variables et excite de violentes tempêtes. Un voyageur égaré dans ces abîmes, entendroit sans merveille la foudre gronder sur sa tête, pendant qu'il la verroit rouler à ses pieds.... Nous n'avons encore dépassé que les ports de Bayonne, de Saint-Sébastien, de Saint-Andero, en rangeant toujours les Asturies. Les hirondelles frisent l'eau... Messagères du printems, plus heureuses que nous, vous allez suspendre vos nids aux toits dont on nous a arrachés!

3 Mai (14 *floréal*). Vent en poupe, nous filons neuf nœuds. Sur les dix heures, le corsaire *les Sept-Amis* invite notre capitaine à gagner le large. La pointe du Finistère, nous dit-il, est gardée par un stationnaire anglais qui rôde à vingt-cinq lieues ; Villeneau répond qu'il a des ordres précis de ne pas quitter la côte. Les deux bâtimens s'éloignent en se promettant un mutuel secours.

Après midi nous découvrons le cap Ortugal ; il nous rappelle que nos aïeux, jaloux de voler à la défense de l'Espagne à demi-embrasée par les Maures et les Arabes, entrèrent dans ces royaumes par cette brèche qui a conservé le nom de *Ortugal* ou *Ortus Gallorum*, comme le Portugal a retenu le sien du premier port dont ces mêmes Gaulois se rendirent maîtres en poursuivant les dévastateurs à qui ils succédoient.

Sur les quatre heures, nous longeons les arides montagnes de la Galice où Saint-Jacques de Compostel reçoit tant de pélerins et fait tant de miracles. Le sommet de ces rochers est couronné d'une bruyère de trois pouces de haut, parsemée de thym, de serpolet et d'autres herbes odoriférantes. Ces simples sont si abondantes en Espagne, qu'au retour du printems, l'air du soir et du matin est parfumé d'une douce ambroisie.

Les malheureux prêtres relégués en Espagne depuis 1792, sont nos géographes, et nous marquent à loisir toutes les côtes du nord-ouest de ces royaumes.

Ces parages, à plus de cent cinquante lieues, sont défendus par des rochers si élevés, que des enfans avec des frondes et des pierres repousseroient une armée de cent mille hommes, et feroient tête à une flotte de quatre cents voiles. Au haut des montagnes de la Galice sont différens hermitages, où des solitaires demandent à Dieu le retour de la religion catholique en France, son maintien en Espagne, l'abolition du gouvernement révolutionnaire et de l'athéisme dans le pays qui nous exile. Autour de ces hermitages, quelques journaux de terre semés de bled, nous présentent des morceaux de verdure qui contrastent agréablement avec les autres plantes grisâtres des montagnes. Le *casanier* de ces lieux ressemble à ce vieillard de Corfou, qui étoit heureux dans sa retraite d'Ebalie ; son trésor, seul patrimoine de ses aïeux, étoit, dit Virgile, un petit jardin et quelques journaux de terre cultivée par ses mains.

> *Namque sub OEbaliæ memini me, turribus altis,*
> *Quò niger humectat flaventia culta Galesus,*
> *Corīcium vidisse senem cui pauca relicti*
> *Jugera ruris erant...* VIRG. GEORGICON, lib. 4.

Divine médiocrité, tu n'es le partage ni des grands d'Espagne, ni des directeurs de France !

A six heures, nous ne sommes qu'à vingt lieues du Finistère ; nous forçons de voiles à la vue d'un bâtiment qui nous poursuit depuis trois heures ; les lunettes sont braquées ; Villeneau se croit déja prisonnier. Le soir, le vent fraîchit, les lumières sont éteintes, une frégate anglaise nous chasse quelque tems, et nous abandonne ensuite en voyant le corsaire *les Sept - Amis* se rapprocher de nous. Le cap Finistère nous échappe entre minuit et une heure ; nous n'appartenons plus à la France, quelle que soit notre destinée, nous ne serons plus reconduits au Verdon.

4 mai. Ce matin nous formons tous un cercle dans les batteries, en chantant avec attendrissement ces paroles, qui tirent une grande partie de leur mérite de la circonstance :

Air : *Sous la pente d'une treille.*

Pour la Guiane française,
Nous mettons la voile au vent
Et nous voguons à notre aise
Sur le liquide élément :
L'état qui nous a vus naître,
Comme nous chargé de fers,
A nos yeux va disparoître
Dans l'immensité des mers.

Mais les Dieux ont quelque empire
Contre l'ordre du *Soudan*,
Et le pilote déchire
L'arrêt de mort du divan.
N'importe sur quel parage
Le ciel fixe nos destins,

Nous sortons du plus sauvage,
De celui des jacobins.

Pour se soustraire à la rage
Du sombre Pygmalion,
Didon vint bâtir Carthage
En s'éloignant de Sydon :
Comme cette souveraine,
Déportés et malheureux,
Pour nous l'isle de Cayenne,
Nourrit des cœurs généreux.

Votre malheur nous étonne,
Diront cent peuples divers,
« Quand le crime les couronne,
» La vertu doit être aux fers : »
Dans un moment moins critique,
Se croyant à l'abandon,
Jadis sous les murs d'Utique
On vit s'inhumer Caton.

De ce courage inutile
César sut bien profiter,
Marius fut plus habile,
Il faut savoir l'imiter.
Sur les ruines de Carthage,
Ecrivons à nos tyrans :
Nos malheurs sont votre ouvrage ;
Guerre éternelle aux brigands.
Etc., etc., etc....

Nous ne reverrons pas la France cette année ; comme notre voyage sera un peu long, il faut songer à nos amies et à ceux qui nous le font entreprendre ; faisons notre testament pour que chacun ait son lot.

Pour l'art d'aimer, Ovide en Sybérie
Fut exilé comme un franc séducteur ;
On ne m'eût point sevré de ma patrie,
Si j'eusse écrit pour certain directeur.

Sexe charmant, je fus plus excusable
A vos beaux yeux qu'à ceux de nos traitans,
Lorsque ma main, plus qu'à demi-coupable,
Avec du sel, vous brûloit de l'encens.

Pour arriver au fond de la Colchide,
Vous savez bien comment s'y prit Jason,
Le tendre amour vint lui servir de guide
Et la beauté broda son pavillon....

Dans les déserts d'une zone brûlante,
Loin de la France et des jeux et des ris,
Je chanterai dans ma carrière errante
Tous les plaisirs du séjour de Paris.

Proscrit, fêté, malheureux, dans l'aisance,
Gagnant beaucoup et n'ayant jamais rien,
Le seul trésor que je regrette en France,
Sont des amis qui faisoient tout mon bien.

Au gré des flots, quand le sort m'abandonne,
Sur leurs vertus je fonde mon espoir,
Dussé-je ailleurs gagner une couronne,
Je la rendrois pour venir les revoir.

Pour mes biens-fonds, faut qu'un *séquestreur* leste
Scelle d'abord la gueule à tous les rats,
Car mes chansons, c'est tout ce qui me reste,
Qu'en feront-ils quand je n'y serai pas ?

O nos *tuteurs !* tout ce qui nous démonte
C'est le chagrin de ne plus vous revoir ;
Nos chers amis, pour rendre votre compte,
Montez au haut *de la Croix du Trahoir*.

> Nous voudrions que vous prissiez dans Rome
> Le rang des saints que vous faites chasser,
> Chacun de vous, messieurs, est un grand homme
> Que nous avons le desir d'enchâsser.

Nous ne voyons plus que le ciel et l'onde, nous sommes à vingt-cinq lieues du Cap ; nous désirons maintenant dépasser les Açores et Madère. L'état - major est tout rayonnant de joie, et Villeneau paroît vouloir s'humaniser, c'est Pluton qui ne remet Euridice à Orphée que sous des conditions inexécutables.

Nescia humanis precibus mansuescere corda.

Pendant le jour, nous charmons les loisirs de la traversée par des contes et des questions intéressantes. La pensée de notre dortoir nous désespère : quatre de nos compagnons, M^{rs}. *Frère, Rabaud - Desroland, Clavier* et *Bernard-Modeste*, embarqués en 1793, sur *le Wasington* devant l'île d'Aix, nous disent que c'est un palais spacieux, auprès de celui qu'ils occupoient : ils étoient sept cents dans un local plus petit que celui-ci, sur un seul rang de lits-de-camp, réduits ou à se tenir debout les uns contre les autres les mains jointes pressées contre leurs hanches, ou à rester assis sur leurs talons, la tête entre les jambes ; la peste les entama bientôt, chaque nuit ils rouloient à leurs pieds dix ou douze morts, qu'on remplaçoit par vingt nouvelles victimes. Le capitaine de ce bord, nommé Lalier, fermoit tous les soupiraux sur eux, et les fumigeoit avec des fientes de volaille ; le sang leur sortoit souvent par les yeux et par la bouche ; quand ils parloient au chirurgien, il leur répondoit en pleurant qu'il avoit ordre de ne pas les soigner, qu'ils étoient tous réservés à périr. Ils nous peignent en traits de feu la rapacité de Lalier, qui s'emparoit de tous les effets des morts, les laissoit nus, forçoit leurs confrères moribonds de les ensévelir à leurs frais, et de les charger sur leurs épaules pour les descendre dans le canot, d'où ils alloient les inhumer à l'île d'Aix avec des soldats de la compagnie Marat, qui leur donnoient des coups de bourrades quand ils vouloient prier, parler ou pleurer. Enfin, Lalier et ses janissaires impatientés de ne pas les voir tous périr assez promptement, inventèrent une conspiration pour avoir un prétexte de les spolier ; ce moyen leur réussit, il étoit à l'ordre du jour : deux mois après, arrive le 9 thermidor; Lalier s'humanise, court les embrasser, leur lit une belle proclamation ;

ils lui redemandent leurs effets : « Ils sont déposés à la Société Populaire, » dit-il. (A ces mots notre entrepont retentit, pour la première fois, de grands éclats de rire). Ils furent rappelés ; Lalier et son équipage leur demandèrent humblement des certificats d'humanité qu'ils ne refusèrent pas ; mais le dénuement où ils se trouvèrent, le pillage des effets des morts, le nombre des victimes qui étoit de six cent cinquante, sauta aux yeux des nouveaux commissaires ; Lalier fut destitué et classé dernier matelot du bâtiment qu'il commandoit. Ici l'horreur de l'entrepont disparut un moment et nous applaudissions de bon cœur, quand nous apperçûmes un janissaire de *Villeneau* qui venoit visiter nos barreaux ; d'une main il tenoit son sabre nu, et de l'autre une lanterne sourde ; il inspecta toutes les rambardes en disant au piquet de soldats qui étoit au haut des écoutilles : « Les b...g..res se taisent, je suis bien fâché de n'avoir pas entendu ce qu'ils disoient, sûrement que nous n'étions pas ménagés. » (Bonne brise, nous sommes à 260 lieues de France).

5 mai. Ce matin, grand désordre dans la frégate ; le capitaine fait briser une partie de nos barricades, nous gagnons douze pieds de long sur un de large ; pendant la nuit, nous pourrons vaquer à nos besoins, un à un seulement ; il n'y a plus de bailles que pour nos malades, qui ne resteront en bas que quelques jours ; on leur prépare des cadres entre les batteries, le major a fait de vives instances à ce sujet ; ce soir, il s'est évanoui en venant au secours d'un sexagénaire qui a eu la jambe fracassée en descendant.

7 mai. Trois bâtimens paroissent dans le lointain ; Villeneau croit voir toutes les flottes de la Manche ; nous changeons de route ; le soir, on sonne l'alarme, le feu prend dans la cuisine, après quelques mouvemens on parvient à l'éteindre.

8 mai (19 *floréal.*) Les bâtimens ont disparu; beau tems, nous filons dix nœuds........ (trois lieues un tiers.) L'équipage est toujours préoccupé des anglais, et les vigies, sur les perroquets, ont double ration de vin, quand elles apperçoivent un bâtiment, l'intérêt leur grossit la vue.

A quatre heures, un nuage d'eau s'élève sur la plaine verdâtre, éclairée par un beau soleil; la vigie crie : Navire !... à bas-bord. —

Vîte on braque les lunettes : le capitaine : Est-il gros ? — Oui. — L'état-major : Ne vois-tu que celui-là ? — Non. — Vient-il à nous ? — Oui, à toutes voiles. — Villeneau d'une voix lamentable : O mon Dieu ! oui les voilà ! On bat la générale ; vîte, *les déportés dans l'entrepont.* — L'équipage en riant : Quelle escadre !... ce sont des souffleurs !... Un moment après, l'escadre parut à notre bord, élevant un nuage d'eau à vingt ou trente pieds en l'air, C'étoit réellement de très-gros souffleurs, poissons de mer, qui, pour étourdir leur proie, lui jettent de l'eau par les narines. Villeneau un peu honteux, alla avec ses champions boire un verre de punch pour se remettre de sa frayeur. (Nous sommes à 380 lieues de France.)

10 *mai* (21 *floréal*). A huit heures, on sonne l'alarme..... *Navire*, crie la vigie ; celui-là n'est point un souffleur, et Villeneau n'a pas peur ! Il court sus, malgré les ordres qu'il a de ne pas changer de route. Tranquillisez-vous, ce n'est qu'un bateau de pêcheurs. On le joint, c'est un anglais qui va au banc de Terre-Neuve. On lui vend cher sa liberté ; puis on lui prend en outre quelques voiles,

des oranges et du vin de Porto. Il n'étoit monté que par six hommes.

Depuis la rupture de nos barrières, on a plus de facilité à se réunir, et chacun fait à son tour les frais de la veillée. Ce soir, l'un chante le cantique de Saint - Roch, l'autre discute gravement une thèse de théologie. Un homme impartial (M. Pradal, mort à côté de moi dans la Guyane française, qui m'a beaucoup aidé dans cet écrit) entame l'analyse succincte de la révolution et des causes qui l'ont amenée depuis 1788 jusqu'à 1798. Quoique cette revue soit concise, je n'en ferai point usage ici, pour ne pas trop allonger notre traversée. J'en copierai seulement ces deux traits qui m'ont paru piquans. Un collier et un mariage manqué ont été les premières causes de la révolution française. Ces deux greffes de réconciliation entre les deux branches des Bourbons, ont partagé l'arbre et renversé le tronc sur le trône qui a été brisé ensemble avec la cime et les rameaux.

L'intrigue du fameux collier-cardinal est encore une énigme pour beaucoup de monde.

Voici quelques notes qu'un protégé de la maison de M. de Rohan m'a données à ce sujet:

« Breteuil, ministre sous Louis XVI, et alors
» secrétaire de Louis XV, avoit été nommé
» ambassadeur pour aller chercher la dernière
» reine dauphine venant en France recevoir
» la main de Louis XVI. Le prince Soubise
» rappela à Louis XV la parole qu'il lui
» avoit donnée qu'un Rohan auroit l'honneur
» d'amener la dauphine à la cour. Breteuil
» étoit nanti des pouvoirs; on les lui retira
» pour les remettre au cardinal de Rohan,
» et il eut l'ambassade de Londres au lieu de
» celle d'Autriche. Il se lia alors avec d'Or-
» léans pour concerter sa vengeance.

» Marie Antoinette parut jolie au prélat;
» elle crut voir l'amour sous la mitre de l'am-
» bassadeur. De ce moment, la calomnie et
» la médisance eurent beau jeu. Le cardinal,
» fier de sa conquête, mangea ses bénéfices à
» la cour. Louis XV avoit confiance en lui.
» Au moment où il étoit allé à Strasbourg, et
» que la Dubarri en faveur cherchoit à in-
» disposer le grand-père contre sa belle-fille,
» le roi demanda au cardinal ce qu'il pensoit.
» Celui-ci qui soupçonnoit déjà son illustre
» amante de quelque infidélité, s'étant retiré
» un peu par pique, répondit à Louis XV:

« *La*

» *La dauphine est une aimable princesse;*
» *elle est un peu coquette et mondaine; il*
» *seroit prudent de la veiller de près.* La
» Dubarri ne fit point mystère de cette lettre
» qu'on retrouve toute entière dans sa vie
» privée imprimée en 1774. Louis XV la
» resserra dans un tiroir à secret de son se-
» crétaire.

» A la mort du monarque, ce secrétaire fut
» porté au Garde-Meuble; Breteuil le visita,
» et trouva l'original de cette lettre que le
» cardinal dénioit. Un jour que la reine fai-
» sant sa partie s'étendoit en éloges sur M. de
» Rohan, Breteuil qui étoit à l'embrasure
» d'une croisée, reprit en souriant : *On s'inté-*
» *resse souvent pour des ingrats.* La reine le
» mit au défi de la preuve. Il montra la fa-
» meuse lettre qui causa la disgrace du car-
» dinal. Celui-ci pour regagner les faveurs de
» son illustre amante, fit chercher les diamans
» qui devoient monter le fameux collier. La
» reine comme Eriphile, reçut l'offre du
» collier, et s'engagea simulément de l'ac-
» quitter pour ôter le soupçon à Louis XVI.
» Les finances étoient obérées, et Rohan
» vouloit ne paroître qu'avoir fait les avances,

Tome I.   H

» tandis qu'il s'étoit déclaré payeur aux
» joailliers à qui il avoit annoncé que le ca-
» deau étoit pour la reine. La somme ne s'é-
» tant pas trouvée au jour dit, et le collier
» étant démonté et engagé par les intrigues de
» la Lamotte, le cardinal fut arrêté et pour-
» suivi comme faussaire à la sollicitation de
» Bretœuil. De-là, la fameuse cause. Le par-
» lement, influencé par d'Orléans, prononça
» en faveur du cardinal ; on rejetta la faute
» sur quelques misérables filoux qui furent
» ensuite relaxés pour donner plus d'odieux
» à la cour. Cependant Louis XVI étourdi
» des murmures et des bruits scandaleux qui
» attaquoient les mœurs et l'économie de la
» reine, tint un conseil de famille pour savoir
» quel parti il prendroit sur elle. Le duc de
» Penthièvre lui conseilla de la mettre au
» Val-de-Grace; un appartement y fut préparé
» pour l'y recevoir ; mais le roi changea d'a-
» vis, ne voulant pas, dit-il, servir de risée à
» son peuple. La reine soupçonnant d'Orléans
» d'avoir aidé à ce conseil, rompit en visière
» avec lui, et résolut de s'en venger.

» Au bout de deux ans le duc d'Orléans
» voulant faire sa paix avec la cour, demanda

» au roi pour sa fille aînée la main du duc
» d'Angoulême, fils aîné de M. le comte
» d'Artois. Le roi répondit en bon père de fa-
» mille : « Eh bien, nous verrons cela ; j'en par-
» lerai à mon frère. » M. d'Artois y consentit ;
» les accords se firent un après-midi ; la reine
» en fit compliment à M. d'Orléans, qui
» donna le soir un grand bal au palais Royal,
» où il invita toute la cour. Le roi s'en dis-
» pensa ; la reine s'y trouva pour le narguer.
» Le lendemain, le notaire de la cour, Bri-
» chard, alla à Versailles pour dresser le contrat.
» Ce fut en vain. La reine avoit saisi ce mo-
» ment pour se venger du conseil du duc de
» Penthièvre et des obscénités que le duc
» d'Orléans avoit secrètement fait imprimer
» contr'elle par dépit à la naissance du pre-
» mier dauphin. « Sire, dit-elle au roi, vous
» n'y pensez pas de marier votre neveu à la
» fille de d'Orléans, tandis que ma sœur,
» reine de Naples, a une princesse qu'elle lui
» destine. » Le roi, quoiqu'avec peine, revint
» sur sa parole, et le duc d'après ce refus jura
» et consomma par la révolution la perte de
» la famille royale et la sienne. »

Du reste j'analyserai les sujets courts, ou je

les indiquerai seulement pour que le lecteur ne nous perde pas de vue sur le bord, car nous ne pouvons pas arriver en deux secondes du cap Finistère à Cayenne. Ainsi l'histoire de la révolution tient dix soirées, suspendue chaque fois à dix heures par la visite du capitaine d'armes, Chotard, qui descend avec son sabre et sa lanterne en nous chantant ce vers retourné de l'hymne du Départ :

Brigands, je vous vois au cercueil.

11 *mai.* Vent en poupe. Nous courons la hauteur des Açores et de Madère. On dit que cette île doit sa fécondité au désespoir des premiers navigateurs qui, n'y trouvant que des bois, y mirent le feu, sur ce précepte d'un poète agricole :

Sæpe etiam steriles incendere profuit agros
Atque levem stipulam crepitantibus urere flammis.

Les cendres fertilisèrent ces fameux vignobles, dont le jus n'arrosera point nos lèvres, car le plaisir et son ombre fuient loin de nous.

Les jours augmentent en France et diminuent sensiblement ici ; le soleil se couche à sept heures.

12 *mai.* Le corsaire *les Sept Amis*, après avoir joué Villeneau qui ne le reconnoît pas, s'abouche ce soir avec nous ; il a rencontré troi

portugais; c'étoient les bâtimens que nous vîmes le 7 du courant; ce corsaire a eu forte affaire avec ces trois marchands qui ont 42 pièces de canon de calibre inférieur au sien, mais quadruples par leur jonction; ils sont chargés de poudre d'or et de morphile. Quel deuil pour Villeneau! En revanche il vante pompeusement sa prise du bateau. Ils prennent hauteur et se quittent. Nous sommes par les 36 degrés 36 minutes, trente lieues au-delà des Açores, à la hauteur de Tunis, à 474 lieues de France.

Plus la misère nous accable, plus nous luttons contr'elle; l'entrepont retentit de contes et de chants. Un amateur nous donne ce soir la suite de l'ariette de Florian : *L'Amour suffoqué par la Jouissance:*

Quand l'Amour naquit à Cythère,
On s'intrigua dans le pays,
Vénus dit : « Je suis bonne mère,
C'est moi qui nourrirai mon fils : »
Mais l'Amour quoiqu'en si bas âge,
Trop attentif à tant d'appas,
Préféra le vase au breuvage
Et l'enfant ne profita pas.

« Ne faut pourtant pas qu'il pâtisse,
Dit Vénus, parlant à sa cour,
Que la plus sage le nourrisse,
Songez toutes que c'est l'Amour... »
Soudain, la Candeur, la Tendresse,

L'Egalité vinrent s'offrir
Et même la Délicatesse....
Nulle n'eut de quoi le nourrir.

On penchoit pour la Complaisance,
Mais l'enfant eût été gâté.
On avoit trop d'expérience,
Pour songer à la Volupté ;
Et sur ce grand choix d'importance,
Cette cour ne décidant rien,
Quelqu'un proposa l'Espérance,
Et l'enfant s'en trouva fort bien.

On prétend que la Jouissance
Qui croyoit devoir le nourrir,
Jalouse de la préférence,
Guettoit l'enfant pour s'en saisir :
Prenant les traits de l'Innocence,
Pour berceuse elle vent s'offrir ;
Et la trop crédule Espérance
Eut le malheur d'y consentir.

Un jour avint que l'Espérance,
Voulant se livrer au sommeil,
Remit à la fausse Innocence
L'enfant jusques à son réveil.
D'abord la trompeuse déesse
Donna bonbons à pleine main,
D'abord l'enfant fut dans l'ivresse
Et bientôt mourut sur son sein.

Résurrection de l'Amour, sacrifice de l'Innocence.

Dans l'Olympe comme à Cythère,
Dans les hameaux comme à la cour,
Chez Pluton comme sur la terre,
On pleuroit la mort de l'Amour.
Lyse apprenant cette nouvelle,
Nuit et jour va se dépiter ;

Comme j'y perdrois autant qu'elle,
Je m'en vas le ressusciter.

A l'homicide Jouissance,
Quand Vénus arracha son fils,
Sa cour la suivit en silence,
Si-tôt elle exila les Ris...,
Mais son inséparable amie,
Du succès se flatta trop tôt ;
Sur le mort, l'aimable Folie,
En vain agita son grelot.

La Sagesse et la Pruderie,
Compatissoient à ce malheur ;
Mais une vieille antipathie,
Brouilloit le frère avec la sœur.
Enfin l'étique Jalousie
Qui se repait de ses douleurs,
N'offrit pour le rendre à la vie,
Qu'un sein épuisé par les pleurs.

Contre les Dieux et les trois Grâces,
Le destin toujours irrité,
Voyant l'Amitié sur leurs traces,
Rendit son soufle inanimé.
Déja dans les cieux et sur l'onde,
Tout meurt dans l'ennuyeux repos,
Et ce malheur fait craindre au monde
Ou le néant ou le cahos.

Dans cette terrible aventure,
Vénus réduite au désespoir,
Avoit déchiré sa ceinture
Et vouloit briser son miroir :
Quelqu'un annonça l'Espérance ;
Elle entra d'un air bien confus,
Promettant que par l'Innocence
Renaîtra le fils de Vénus.

Mais où trouver cette déesse ?
Elle n'habite point la cour,
Elle a même un peu de rudesse,
Elle redoute et fuit l'Amour :
Elle est toujours fraîche et jolie,
Jamais elle ne vieillira
Que le jour où par tricherie,
Ce Dieu sur son sein renaîtra.

Vénus abandonnant Cythère,
Cache son fils dans son giron,
S'élance à l'instant sur la terre,
Vers le pied du sacré vallon.
Pour apprivoiser l'Innocence,
Elle voile tous ses appas,
Et conjure la Prévoyance
De vouloir devancer ses pas.

Sous une grotte solitaire,
D'où jaillit un petit ruisseau,
Etoit une jeune bergère
Qui ne gardoit qu'un seul agneau.
Vénus la reconnoît sans peine ;
Puis feignant de se délasser,
S'assied au bord de la fontaine,
Afin de la mieux contempler.

L'Innocence simple et tranquille
Filoit pour charmer son loisir ;
Vénus mise en dame de ville,
Laisse échaper plus d'un soupir ;
Sur les bords de l'onde argentée,
Jette son fils à l'abandon,
Et s'écrie en désespérée :
« Péris, malheureux avorton ! »

L'Innocence trop attentive
A faire tourner son fuseau,

N'appercevoit pas sur la rive,
L'enfant prêt à tomber dans l'eau,
Pour couronner son stratagème,
Vénus dans sa feinte fureur,
D'un trait fait par l'Amour lui-même,
Tourne la pointe sur son cœur.

Prompte comme la jeune Aurore,
L'Innocence accourt à l'instant :
« Ciel ! o ciel ! il respire encore,
Dit - elle en embrassant l'enfant,
Malheureuse et tendre victime !
Je voudrois te rendre le jour,
T'immoler est bien un grand crime,
A moins que tu ne sois l'Amour. »

Mais l'Amour commande au tonnerre
Et celui-ci n'est qu'un enfant.
Puissions-nous sur toute la terre,
N'avoir jamais d'autre tyran !
La déesse trop charitable,
Le réchauffa dessus son sein,
Et se sentit bientôt coupable,
Car son agneau mourut soudain.

L'Amour va renaître à la vie,
L'Innocence voit le danger,
Sur son sein il palpite, il crie,
Il frappe, il cherche à se venger ;
Du trait de sa perfide mère,
L'ingrat ne se sert à son tour,
Que pour mieux percer la bergère
Par laquelle il revoit le jour.

L'indiscret vole à tire-d'aile
Annoncer sa victoire aux Dieux,
L'Innocence voit qu'elle est belle,
Elle a déja de nouveaux yeux,

Elle convoite l'art de plaire,
Dans l'onde veut se rajeunir,
Et meurt en disant sans mystère :
Je meurs du moins dans le plaisir.

13 *mai*. Après-midi, nous trouvons les vents alizés; ils soufflent du nord-est pendant les deux tiers et demi de l'année. Les premiers qui allèrent au Nouveau-Monde avec Christophe Colomb, poussés comme malgré eux vers une terre qu'ils cherchoient en ne faisant que la soupçonner, ayant gagné ces vents, les nommèrent *alizés* ou attracteurs, parce qu'ils ne leur permettoient plus de s'égarer et les attiroient à leur but. Nous trouvons les grains blancs; ce sont des nuages blanchâtres que deux vents opposés amoncellent sur ces mers tranquilles. Les tempêtes, aussi dangereuses que sur nos côtes, sont moins prévoyables; le pilote qui les brave, sombre très-souvent.

14 *Mai* (25 floréal.) Les Alizés nous favorisent au-delà de notre attente; le ciel est grisâtre et le vent très-fort, souffle du Nord-Est. Nous filons 9 N..... La chaleur est aussi supportable qu'en France, dans les premiers jours d'un beau mois de mai, quand le zéphyr rafraîchit nos campagnes.

A la nuit, toutes les voiles sont carguées, et

les lames s'élèvent encore jusques sur le pont; on ferme les sabords.

Depuis la chute du jour, les vents sont si violents, qu'ils enlèvent la frégate, qui retombe dans l'onde avec un bruit sourd. A dix heures et demie, elle semble rouler sur les flots; les poutres de l'entrepont crient comme si elles alloient se briser; l'onde imite le mugissement de cent taureaux enfermés dans une étable à-demi enflammée; les cris des officiers, des matelots, des cordages, le nombre des manœuvres, redoublent l'effroi; une nuit obscure couvre l'horison, la mer furieuse n'est éclairée que par la foudre, et par des flots d'écume et des montagnes de neige, d'où scintillent des milliers de diamans, pour éclairer les horreurs de l'abîme, aussi-tôt refermé qu'il est ouvert. Ces violentes secousses font casser trente hamacs; trente déportés qui couchent au-dessus, tombent sur le ventre de leurs confrères. L'obscurité du lieu, la surprise de la chute, l'anxiété des uns à moitié suspendus, donnent à ce tableau tout le dramati-comique. La sentinelle, à moitié endormie à bord de la fosse aux lions, nous prenant pour des révoltés ou des ..ciers, se précipite avec sa rouillarde et sa lanterne, dans la fosse aux cables, au risque d'y mettre le feu. La tempête cesse à deux heures, nous avons fait 60 lieues.

15 *Mai*. Depuis quatre heures du matin, nous filons dix nœuds et demi. Douze jours de ce vent nous feroient mouiller à Cayenne; nous sommes près du tropique du Cancer. A midi, un baleineau de 35 à 40 pieds de long, du poids de 4 à 5 mille, joue sur l'onde, et vient rôder autour de la frègate.

Ce soir nos prêtres agitent la question du divorce et des nouveaux mariages.

Le divorce est le plus grand fléau de la société, dont il rompt les liens. En vain se récrie-t-on sur l'incompatibilité des humeurs; *les plus forts ont fait l'indissolubilité du mariage*, disoient les femmes, au commencement de la révolution. Aujourd'hui qu'elles ont goûté du divorce, le remède leur paroît pire que le mal. Elles font les plus vives instances pour l'abolition de cette loi; l'expérience en démontre mieux le danger que les plus beaux raisonnemens. Tout le monde est d'accord sur cette proposition, mais quelques vieux bénéficiers, plus heureux jadis que le soudan dans son sérail, et plus rigoristes que les autres, prétendent que la séparation est un crime équivalent au divorce. Ces casuistes ont sucé la doctrine des grands inquisiteurs d'Espagne, chez qui ils se sont rélégués jusqu'à la loi du 7 *fructidor* an 5 (4 *août* 1797), qui les rappeloit en France. On rit de ce cagotisme. Un orateur observe que cette matière est si épineuse, qu'il est des cas où l'on doit presque passer sur l'indissolubilité du mariage ; grands murmures. Il cite le trait suivant, à l'appui de sa proposition :

Femme dans le tombeau, exhumée, ressuscitée, épousée par son amant, et retrouvée par son mari.

Per cahos hos ingens vastique silentia regni,
Euridices oro propiora relexite fata.

Ovid. de Orpheo.

Hélas ! vous me l'avez ravie
Au premier beau jour de sa vie.
Dieux du cahos, sombres horreurs,
Rendez Euridice à mes pleurs.

Qui ne connoît pas le pouvoir de l'amour, ne connoît pas son existence. Son souffle fait fondre les glaces de la vieillesse...... Il rajeunit la nature entière. Sans puiser dans la fable le trait d'Ariane, ou des enchantemens de Médée, je connois d'après mon cœur, la magie de ce Dieu. Si la Parque eût été sensible à mes larmes, elle eût renoué les jours d'Ismène Dorvigny comme *Laurenci* renoua ceux de la belle *Dumaniant*.

Laurenci et Louise Dumaniant étoient fils de deux riches marchands de la rue Saint-Honoré de Paris. Ils étoient voisins, ils étoient jeunes, ils s'aimoient, on projettoit de les marier ensemble. Un contrôleur des fermes, veuf, sans enfans, et qui couroit après sa cinquantaine, voit en passant Louise dans son comptoir. Il arrête sa voiture, descend, fait des achats considérables, étale des louis, et demande au père en sortant, si sa fille n'est promise à personne. Quand on est riche, puissant et un peu vieux, on consulte plutôt les parens que la fille. Le contrôleur part, et promet de revenir le lendemain.

Il tient parole, on prend des arrangemens secrets; le mariage est conclu par la famille, sans que Louise en sache rien. Laurenci vient à la maison, où on le prévient de ne plus compter sur sa chère Dumaniant; on signifie le même arrêt à sa famille. Louise, innocente de ce stratagême, écrivant à son ami pour lui reprocher son indifférence, apprend par sa réponse qu'il a été congédié, parce qu'elle va devenir madame la contrôleuse générale; Louise jette les hauts cris, on l'enferme, on la menace du couvent. Laurenci, ne recevant point de réponse à sa lettre secrète, accuse Louise d'inconstance. Pour la punir, il s'éloigne par foucade, lui écrit qu'elle est libre, qu'il lui rend son cœur, et autres choses que l'on ne fait que par dépit, sur-tout quand on aime bien. Les parens de Louise, enchantés de ce billet, feignent à leur tour de lui rendre la liberté du choix. Le financier est un homme aimable; du moment qu'il est assuré de la parole du père, il ne veut plus forcer l'inclination de la fille. On choisit ce moment pour lui remettre le billet de Laurenci. On aide à la lettre, en ajoutant devant le financier, que celui qu'elle aime s'est absenté pour une maîtresse qu'on ne lui connoissoit pas; on va même jusqu'à supposer une lettre des parens de Laurenci, qui précéde celle de M. Dumaniant, à qui l'on donne à entendre que Laurenci a disposé de son cœur, en faveur d'une autre.

D'abord, Louise refuse de croire à ces

lettres; elle soupçonne qu'elles sont supposées; elle se souvient des mauvais traitemens qu'elle vient d'essuyer, pour avoir refusé la main du Mondor. Si elle est libre, se dit-elle, c'est que son riche amant a signifié qu'il ne vouloit pas l'obtenir malgré elle. M. le contrôleur, qui faisoit jouer cette comédie, s'étonne qu'on ne lui ait pas déclaré que son amie avoit fait un choix; il veut se retirer. Louise dans ce moment le retient par pure politesse... Ah! petite Louise, pour être un peu plus franche, sois un peu moins polie. Un sentiment d'ambition, mêlé d'un petit mouvement de vengeance, et de jalousie de voir Laurenci absent, rend Louise sensible aux propositions de la fortune; d'ailleurs son nouvel amant est généreux, aimable, sans être par trop vieux. Elle donne une parole... que l'amour est prêt de retirer.. n'importe, elle est reçue. On profite de l'absence de Laurenci, pour conclure le mariage; la voilà madame la contrôleuse.

Laurenci revient; une fée a tout changé depuis son absence; il ne retrouve ni Louise, ni ses parens. M\u1d63. le contrôleur a fait fermer la boutique, pour donner à son beau-père un emploi conséquent, qui doit faire oublier que

son

son épouse n'est que la fille d'un marchand. « Elle ne m'appartiendra donc jamais! s'écria-t-il! Elle est mariée, elle est riche! O fortune, aveugle déesse, tu feras le malheur de ma vie..! Je veux la revoir, je veux.... Elle riroit de mes larmes... La perfide a oublié la parole qu'elle m'a donnée tant de fois... quand un sommeil léthargique la mit si près du tombeau, parce que son père vouloit s'opposer à notre hymen.. lorsqu'elle me baignoit de larmes... me trouvant au chevet de son lit, plus désolé que ses parens. C'étoit une feinte!... Je ne lui ai donc sauvé la vie que pour qu'elle me donnât la mort!.. Quand ses parens, aveuglés par la douleur, avoient déserté sa chambre... que son corps froid et presqu'inanimé n'avoit aucun mouvement.. le miroir que l'amour m'inspira de saisir, pour l'appliquer sur ses lèvres, fut donc terni du souffle du parjure! Dussé-je expirer de dépit, dût-elle rire de mes larmes, je veux lui rappeler ses sermens... Je veux qu'elle se souvienne qu'elle me doit la vie; je veux la voir, je veux lui arracher des pleurs, en répandre... et périr..» Il sort sans consulter personne, va à l'hôtel,

Tome I. I

demande à parler à madame... Il est dix heures, il ne fait pas encore jour chez madame. Il insiste; elle fait annoncer qu'elle est indisposée, et lui envoie un billet, par une confidente qu'elle a déjà choisie. Le mari étoit soupçonneux sans être jaloux; il falloit prendre des précautions. Louise avoit des joyaux, de beaux habits, des dentelles, des voitures, des valets, des admirateurs, des envieux, mais pas un ami, pas un moment où elle pût être seule; le contrôleur avoit mis des Argus à sa suite. Le lendemain elle se rend chez Laurenci... et apprend un peu tard, combien on l'a trompée. Elle versoit des larmes amères, et donnoit un baiser à ce malheureux amant, qui l'avoit reçue en présence de ses parens. Les cœurs honnêtes en amour ne cherchent pas la solitude. Le contrôleur arrive... Louise lui dit d'un ton ferme : *Je suis bien aise que tu sois témoin de cette scène ; si je pouvois oublier les premières impressions de l'amour, je pourrois cesser de t'aimer. — Sortons, madame... je ne veux pas de ces sentimens romanesques dont le dénouement est toujours au désavantage des maris comme moi.* Louise obéit, et tomba dès ce jour dans un chagrin qui déco-

lora ses joues, altéra sa santé, et la conduisit peu-à-peu au tombeau. Toujours seule, et livrée à elle-même, elle déplora son sort, invoqua la médiocrité, et fut si affectée de la perte de Laurenci, qu'au bout de six mois, on la trouva étendue, sans respiration, sans mouvement, et conséquemment sans vie. Son mari, ne voyant plus en elle qu'une femme mélancolique, ne lui rendoit que très-rarement quelques visites de bienséance. Il se dédommageoit ailleurs, comme c'est la coutume des grands. Sa femme meurt, on fait un grand deuil, un grand convoi; la défunte va reposer dans le caveau de la chapelle où sont les ayeux de son mari. Le plus triste des assistans, c'est Laurenci : « Helas, si je pouvois
» encore la rendre à la vie! Et peut-être l'au-
» rois-je fait, si j'eusse été près d'elle, comme
» dans le moment où elle tomba dans un
» sommeil semblable à celui de la mort....
» Aujourd'hui, il est trop tard... il est trop
» tard....! Je l'ai perdue.... pour jamais, pour
» jamais... Oh! je voudrois baigner son cercueil
» de mes larmes... Elle est morte de douleur
» d'avoir été trompée..! Je n'ai pas eu son
» dernier soupir... Je n'ai pu lui donner de

» secours... Je n'ai pu la voir... Depuis six
» mois elle étoit seule, prisonnière au milieu
» des grandeurs. Elle m'appeloit, des sbires
» secondoient son tyran.... Aujourd'hui....
» Elle a disparu pour jamais... » — En prononçant ces mots, il étoit attaché à la grille de la chapelle ; le soir le surprend..... Au moment de fermer l'église, il sort comme d'un profond sommeil, et résout, à quelque prix que ce soit, de descendre dans le caveau, dont il ne peut détourner les yeux. Il entend le Suisse, armé de sa hallebarde, qui fait sa ronde ; il se laisse éconduire, et lui fait part de son projet. La chose est si facile que ce seroit une folie de refuser douze louis, qu'on offre pour une heure d'entretien avec une défunte. Le Suisse lui prête sa lanterne, et Laurenci descend. L'amour, couvert d'un crêpe, en lui donnant la main, avoit dissipé les fantômes de la nuit. Il approche du cercueil, adresse des prières à l'amour et à la divinité.
— « Les pleurs qui coulent de mes yeux,
» dit-il, ne mouillent que la prison où elle
» repose... Je suis si près d'elle, et je ne puis
» entendre sa voix... Elle est toute entière
» dans cette tombe, et c'est pour s'évanouir en

» poussière, pour disparoître à ma vue et à
» mon toucher ; c'est pour recomposer une
» parcelle des quatre élémens, qui minent et
» reproduisent sans cesse leur ouvrage ! Elle
» est peut-être déjà défigurée, peut-être au-
» rois-je peine à la reconnoître... Dans quel-
» qu'état qu'elle soit, je baiserai son linceul.
» Ah, si la mort siège, ou sur ses yeux, ou sur
» ses lèvres, je veux l'aspirer, je veux qu'elle
» m'enferme dans la même bière. » Il saisit
son couteau, lève les planches du cercueil, le
découvre, arrache les linges, les baise(1), découvre la figure de Louise... » Est-ce un songe?
» dit-il. Elle respire... Non, je ne me trompe
» pas... » Il la saisit, l'embrasse, l'appelle...
se relève, sent palpiter son cœur; va, revient
cent fois à l'escalier du caveau. Le grand air

---

(1) Saint-Irénée étoit si tourmenté, dit-il, du souvenir d'une maîtresse qu'il avoit perdue, que pour dissiper l'illusion du malin esprit qui la lui ressuscitoit sans cesse sous les traits les plus mondains, il exhuma son cadavre, et se dit en baisant son crâne décharné : « Voilà pourtant l'objet de ta concupiscence! » Le même saint mit le crâne sur son prie-dieu pour se guérir de sa passion. Je ne répondrois pas pour moi de l'efficacité d'un semblable remède....

précipite son réveil, elle entr'ouvre les yeux, aspire... « Je n'en puis plus douter, dit Lau-
» renci... O Dieu... Je la revois... Mais... re-
» montons. » Il remet les planches du cercueil; Louise étoit si foible, qu'elle n'avoit encore reconnu, ni son amant, ni le lieu où elle étoit. Il remonte, les larmes aux yeux, et achète au Suisse le corps de Louise. « Elle étoit ma
» maîtresse, lui dit-il, je veux avoir ses restes
» précieux... » Le marché conclu, à huis-clos, Laurenci court chercher un vieux domestique qui l'a élevé, lui confie son secret. Le Suisse attend le porteur. Quelle surprise pour Louise! Son amant avec elle!.. Dans un tombeau!.. Une bière pour lit, des cadavres, rangés çà et là; quel horrible et délicieux réveil! « Quoi!
» je suis inhumée! dit-elle; je me suis endor-
» mie hier, aujourd'hui me voilà enterrée...
» Laurenci auprès de moi!.. Est-ce un
» songe?.. — Hâtons-nous, dit l'amant,
» mon bon vieux Jacques et moi allons vous
» emporter chez lui... Le temps presse... »
Ils emportent Louise jusqu'à la porte d'un hô-
tel voisin; une remise les conduit. Le Suisse, en recevant vingt-cinq louis, engage Laurenci au secret. Il étoit loin de soupçonner qu'elle

fût ressucitée, car elle avoit consenti à faire la morte, jusqu'au lieu convenu.

— « Oh! pour cette fois, dit Louise, je
» suis à toi, mon cher Laurenci... Le cruel
» m'épousa pour mes attraits... Je n'ai plus
» rien à t'offrir, tu ne vois plus qu'un sque-
» lette... Je ne suis que l'ombre de Louise
» Dumaniant..... Je te dois la vie; si tu
» m'aimes, je suis encore au printemps de
» mon âge; tu me rendras ces charmes qui
» ne se sont flétris qu'en songeant à toi.. »
Après les reproches, que l'amour et l'amitié font toujours, Laurenci prend sa dot, sans rien dire à ses parens de la résurrection de Louise, part pour l'Angleterre, avec elle le vieux Jacques ; ils se marient, ont deux enfans, et reviennent à Paris, au bout de trois ans. Laurenci, en retournant chez son père, voulut en vain lui persuader que Louise Dumaniant étoit une Anglaise, il reconnut madame la contrôleuse, voulut apprendre son histoire, et promit le secret à son fils. Elle étoit si belle avant son premier mariage, qu'elle avoit fixé l'attention de plus d'un voisin. Toutes les connoissances de Laurenci ne fai-soiênt l'éloge de son épouse, qu'en l'assurant

qu'elle ressembloit parfaitement à Louise Dumaniant... La nouvelle de sa mort étoit si bien confirmée, qu'elle ne craignoit pas d'être reconnue, quoiqu'elle sût que le contrôleur vivoit encore.

Elle avoit été enlevée du tombeau avec célérité; libre, inconnue à sa famille, à qui elle se garda de rendre visite, elle éprouvoit une joie secrète de revoir les lieux où, sans la reconnoître, on la comparoit à elle-même. Jusqu'à ce moment, elle n'avoit pas encore rencontré son premier mari. Passant un jour dans le quartier où son convoi l'avoit conduite à l'église, un monsieur qui lui donnoit la main, la fit entrer pour lire le cénotaphe de celle à qui elle ressembloit. C'étoit dans une chapelle, près du maître-autel. Elle approche, voit son père à genoux, les yeux baignés de larmes, qui prioit pour elle... Ce bon vieillard, les mains jointes, les yeux au ciel, se croyant seul, disoit : « O mon Dieu ! pardonnez-
» moi cet hymen forcé... Je l'ai rendue mal-
» heureuse, car j'ai creusé son tombeau pour
» satisfaire mon ambition. Innocente victime,
» modèle de candeur, d'obéissance et de beau-
» té, tu reposes dans le sein de l'Eternel....

» invoque-le pour ton père, plus aveugle que
» méchant. » Louise, satisfaite, lit son épitaphe, puis, fixe son père, qui ne se détourne
pas. Au même instant le contrôleur, précédé
du Suisse qui a reçu 25 louis pour la laisser enlever, conduit un de ses amis, pour
voir le superbe mausolée de J. C., qui forme
le chœur d'une des plus belles églises de Paris.
Passant auprès de la chapelle, il dit d'un ton
étouffé : *C'est là que repose mon épouse, la belle
Louise Dumaniant, dont je t'ai parlé tant de
fois.* A ces mots, M. Dumaniant se lève, salue son gendre, et fixe la jeune dame, qui feint
de lire différentes inscriptions, pour que son
embarras ne la trahisse point. Heureusement
que Laurenci est absent. « Ah ! dit M. Du-
» maniant, que je voudrois bien connoître
» l'honnête homme, dont la fille ressemble
» si bien à la mienne ! » Après un moment
d'examen.. « Mais, c'est elle.. Mon gendre..
» Que dis-je ? Elle est dans ce fatal caveau... »
Pendant qu'un torrent de larmes mouille ses
cheveux blancs, son premier mari, M. le
contrôleur, lui fait un grand salut, la fixe...
« Madame...(à son ami, pendant qu'elle se
retourne); « mais c'est elle, trait pour trait,

» c'est elle. — Madame est-elle françoise?
— M., j'arrive d'Angleterre, mon pays natal..
— Le contrôleur, la fixant toujours, à son ami... « C'est le son de sa voix, sa taille, ses
» gestes, ses traits; c'est ma femme.... Oui,
» madame, voilà votre père et votre époux..
M. Dumaniant s'approche de plus près :
— Oui c'est ma fille, c'est ma Louise... Je
» ne puis le croire et ne puis en douter....
» Ma fille!... Ah! tire-moi d'inquiétude..O
» Dieu..... » Le contrôleur. — Madame
» n'auroit-elle point été élevée en France?
» — Je suis surprise de toutes ces questions.
» — Sortons, monsieur, dit-elle à son cava-
» lier, je suis Anglaise... et ne puis m'em-
» pêcher de rire de ce nouveau genre de ga-
» lanterie française. »

M. Dumaniant. — Madame, vous avez les
» yeux bien fixes sur cette chapelle, elle vous
» rappelle sans doute des souvenirs inexpli-
» cables, et à nous, une peine que vous pou-
» vez alléger... »

— Depuis mon arrivée d'Angleterre, voilà
» bien la première fois que je viens ici... et je
» n'ai jamais eu pareille scène... Messieurs,
» je suis épouse et mère, je suis étrangère, je
» suis enchantée de votre méprise, et je ne

» conçois rien à votre entêtement... Qui vou-
» lez-vous que je sois? »

Le contrôleur et le père. — Celle dont
» vous lisiez l'épitaphe, quand nous sommes
» arrivés.. »

— Quoi ! elle est morte et enterrée depuis
» quatre ans, son époux lui a fait mettre
» cette belle inscription ; et moi je suis cette
» personne..! Oh! les Anglais ont raison de
» dire que les Français sont fous. » A ces
mots elle s'éloigne, monte dans un vis-à-vis,
rentre chez elle, conte cette scène à Laurenci qui s'en amuse, d'autant mieux que personne ne connoît son secret que son père,
car le vieux Jacques est mort, en revenant
dans sa patrie.

Cependant M. le contrôleur a fait suivre la
voiture ; il sait qu'elle s'est arrêtée à la porte
de Laurenci. Il envoie des espions dans le
quartier, pour en apprendre plus long. S'il
pouvoit s'assurer si Louise est encore dans sa
bière, il ne feroit pas tant de recherches ;
mais, depuis quatre ans.. elle est en cendre..
Mais, son cercueil existe..... Descendons
dans le caveau. Il suit cette idée folle....
trouve la bière déclouée... et ne doute plus

que sa femme n'ait été enlevée... Il ignore comment.. N'importe.. Le ravisseur s'est décelé. Instances, promesses, argent, sont employés auprès du Suisse, qui pourroit savoir quelque chose de ce mystère... Les émisaires reviennent annoncer que Laurenci est arrivé d'Angleterre, depuis un mois, avec une jeune personne qu'il dit être de Londres, avec qui il s'est marié, et dont il a deux enfans; qu'il est parti un mois après la mort de madame la contrôleuse...; que, le jour de son enterrement, il assista au convoi..; qu'il resta le dernier à pleurer, appuyé sur les grilles de la chapelle, et abîmé de douleur ; une de ses voisines a fait cette remarque... Depuis ce moment, il avoit disparu jusqu'à son retour.. Le rusé contrôleur fit aussi-tôt venir le Suisse; se servant des notes qu'il avoit reçues, y mit un commentaire de cent louis, et apprit que, pour 25 louis, il avoit permis à un jeune homme, qui s'étoit dit l'amant de madame la contrôleuse, d'abord, de la voir, puis d'emporter son corps, dont il vouloit, dit-il, faire une momie; qu'un vieux domestique l'avoit aidé, et que ce rapt avoit été fait la nuit du jour qu'elle avoit été enterrée. M. Dumaniant vint à l'appui des preuves, en annonçant que Laurenci avoit sauvé sa fille, une fois qu'elle étoit tombée en léthargie, à la suite d'une mélancolie.

Il n'en fallut pas davantage au contrôleur. Dès le lendemain, il va chez Laurenci, y trouve Louise, rend compte des renseignemens qu'il s'est procurés, réclame sa femme, et s'oublie jusqu'à menacer de son crédit....
— Votre crédit, monsieur, peut faire incliner
» la balance de l'injustice. Mais, est-ce avec
» de l'or que je l'ai rappelée à la vie? Vous
» lui avez payé de somptueuses funérailles, et
» moi, j'ai tout sacrifié pour l'arracher du
» tombeau; que n'employiez-vous votre cré-
» dit pour lui rendre la vie... Vous réclamez
» votre femme?.. Prenez-là, j'y consens, à
» condition que vous userez de votre crédit
» pour me payer ce que vous lui devez ;
» et quand votre fortune pourroit vous rendre
» les droits que vous avez enfermés avec elle
» dans la poussière des tombeaux ; n'auroit-
» elle aucune dette personnelle envers moi?
» Il faudra qu'elle repousse de son sein ces
» deux enfans, dont le père est son sauveur,
» son amant et son époux! Il faudra qu'elle

» foule aux pieds les sentimens les plus
» tendres. Si elle peut les étouffer, reprenez-
» la, monsieur, pour le supplice de vos vieux
» jours... Votre hymen fut conclu par sur-
» prise, elle y donna un consentement forcé,
» le mien est le sceau de l'amour et de la re-
» connoissance ; elle a auprès de moi le
» double titre d'épouse et de mère ; elle vous
» doit la mort, elle me doit la vie...

— Oui ? monsieur, dit Louise, je suis
» celle que vous soupçonnez ; je vous ap-
» partins avant mon trépas, l'empire de l'hy-
» men ne s'étend pas au-delà du tombeau.
» Montrez-moi les gages de notre union,
» montrez-moi nos enfans, leurs cris me fe-
» ront balancer entre vous et Laurenci. Mais,
» voilà les gages de ma nouvelle existence...
» Je ne me souviens de ma vie que depuis
» quatre ans. A cette époque, je ne connois-
» sois qu'un tombeau. » Le contrôleur se re-
tire, fait ébruiter cette affaire ; la Sorbonne
et la justice s'en saisisissent. Laurenci, ne
connoissant le droit français que d'après son
cœur, comptoit gagner sa cause sans difficulté.

Le parlement, indécis, penchoit presque

pour lui, par égard pour ses deux enfans, qui ne devoient pas être bâtards. Mais les deux amans avoient contracté ce second hymen, avec connoissance de cause ; cette décision entraînoit des suites dangereuses. D'un autre côté, le contrôleur n'avoit point eu d'enfans avec Louise Dumaniant ; elle ne vouloit plus le reconnoître pour son époux ; elle l'avoit pris malgré elle, et par surprise ; elle avoit le droit de se séparer. La Sorbonne trancha la difficulté, par ce texte du code sacré : *Quod conjunxit Deus, homo non separet...* « Que l'homme ne sépare jamais ce que Dieu a uni. »

Les deux amans n'avoient pas attendu cette décision... Ils étoient retournés à Londres, où ils restèrent jusqu'à la mort du contrôleur, qui décéda six mois après. Ils revinrent en France, firent légitimer leurs enfans et leur union, et vécurent en paix.

L'orateur prétendit que cet événement devoit être rangé au nombre des cas imprévus, ou plutôt imprévoyables ; qu'il confirmoit la régle, en y faisant exception ; que le parlement et la Sorbonne pouvoient faire ici une exception particulière à la loi. Mais cette question nous mèneroit trop loin, et le sablier vient d'être retourné pour la douzième fois, depuis le coucher du soleil.

Quatrième soirée.

20 mai. — *Passage du Tropique.* — Ce matin à trois heures nous avons passé le Tropique ; j'en dirai un mot.

Les marins s'assemblent au moment où l'officier de quart annonce ce passage : si c'est pendant la nuit, on se porte en foule au lit des passagers qu'on réveille et qu'on fait monter sur le gaillard. Le plus vieux, plus ivrogne et plus rusé des matelots monte à la grande hune, s'affuble d'une couverture, entend du bruit, et comme dieu des mers de ces parages, veut reconnoître son monde avant de le laisser passer ; il s'écrie d'une voix caduque : « Qui vient ici ? Il y a long-tems que je n'ai vu personne ; approchez, mes amis, que nous fassions connoissance et que je vous régénère. » A ces mots, le bonhomme Tropique descend à la première hune dans la chambre de son maître des cérémonies, demande aux voyageurs où ils vont, d'où ils viennent, s'ils ont des malades à bord ;

il

» il fait chaud dans mon empire, ajoute-t-il;
» faites rafraîchir ces messieurs. » Il tombe à chaque passager une voie d'eau sur la tête. Pendant que tout le monde rit aux éclats, le bonhomme Tropique s'assied majestueusement pour débiter sa harangue, que l'on écoute dans le plus grand silence. « Vous êtes purs
» maintenant, et dignes d'être avec mon
» peuple; vos aïeux sont venus autrefois régé-
» nérer les rustiques habitans de la zone tor-
» ride. Nous avions des trésors qui leur ont
» fait envie; ils nous les ont pris pour de l'eau
» bénite et des crucifix. Aujourd'hui, nous
» vous rendons le change, et vous nous devez
» des dragées. » Chaque baptisé paie l'amende avec un rire forcé : cette contrainte est l'image des horreurs commises dans le Pérou, où le soleil de Cusco éclaire à regret le tombeau des Incas et celui de deux millions d'indiens égorgés par les européens.

Nous allons donc habiter ce climat brûlant, dont parle Virgile, quand il nous décrit le globe céleste et terrestre, divisé en cinq bandelettes, au milieu desquelles est la route que le soleil ne quitte jamais, et d'où il échauffe

Tome I. K

tour-à-tour dans ses sinuosités les deux zones froides et tempérées.

Sous la ligne, les jours sont égaux et de douze heures; les nuits sont froides, les pluies durent cinq ou six mois : ce tems appelé hivernage, est celui de la plus belle végétation. Dans les courts intervalles que le soleil perce les nuages, il fait sentir que cette zone, quoique bien rafraîchie, est toujours un chemin de feu. L'été dure à proportion; on s'apperçoit bien alors que Virgile a raison de nommer ce pays volcan éternel (1).

---

(1).... Certis dimensum partibus orbem
Per duodena regit mundi sol aureus astra.
Quinque tenent cœlum zonæ quarum una corusco
Semper sole rubens, et torrida semper igne
Quam circum, extremæ dextrâ levâque trahuntur
Cæruleâ glacie concretâ atque imbribus atris,
Has inter, mediamque, duæ mortalibus ægris
Munere concessæ divûm et via secta per ambas.

Mundus ut ad Scythiam Riphæas arduus arces
Consurgit; premitur Libyæ devexus in austros.
Hic vertex nobis semper sublimis, at illum
Sub pedibus Styx atra videt manesque profundi.

Maximus hic flexu sinuoso elabitur anguis
Circùm, perque duas in morem fluminis arctos,
Arctos Oceani metuentes æquore tingi.

Illic, ut perhibent, aut intempesta silet nox

Le tropique et la ligne sont les endroits les plus dangereux quand le soleil en est près ;

> Semper et obtensâ densantur nocte tenebræ :
> Aut redit à nobis aurora, diemque reducit.
> Nos ubi primus equis oriens afflavit anhelis,
> Illic serâ rubens accendit lumine vesper.
> Hinc tempestates dubio prædicere cœlo
> Possumus : hinc, messisque diem tempusque serendi :
> Et quando infidum remis impellere marmor
> Conveniat : quando armatas deducere classes,
> Aut tempestivam sylvis evertere Pinum.
>
> Nec frustrà signorum obitus speculamur et ortus,
> Temporibusque parem diversis quatuor annum.

Comme je n'ai ni traduction ni original, que je vais loin des climats qui ont vu naître Segrais, le Batteux et M. l'abbé Delille, je rassemble et traduis comme je peux ce beau morceau du premier livre des Géorgiques, que M. Bucher m'expliqua jadis avec tant de goût, que je ne l'oublierai jamais: Ce passage donnera au lecteur une agréable teinture de géographie nécessaire pour la suite de cet ouvrage :

> De ses douze palais, éclairant l'univers
> L'astre du jour revoit tous les peuples divers ;
> Des cinq routes qu'on trace à son char de lumière,
> A celle du milieu se borne sa carrière.
> C'est un chemin de feu qu'il embrâse toujours.
> Les deux autres climats les plus loin de son cours,
> Sont formés de rochers de glace amoncelée,
> De brume, de frimat, de neige congelée.
> Près du chemin brûlant et de ceux des hivers,
> Deux climats tempérés, aux mortels sont ouverts.

nos marins qui ont fréquenté ces parages, nous disent qu'il y a quatre ans ils restèrent en panne pendant un mois à l'endroit où nous sommes ; ils étoient accompagnés d'un suédois qui perdit la moitié de son monde par la peste et faute d'eau, eux-mêmes étoient

> L'axe s'élève à pic vers la froide Scythie,
> S'applatit dans les champs de l'aride Libye.
> Notre sommet du globe est au séjour des Dieux,
> Et l'autre sous nos pieds au manoir ténébreux.
> Un énorme dragon franchit cet intervalle,
> En replis tortueux, de sa gueule infernale,
> Il pompe les deux ours qui bravant sa fureur
> Se cramponnent d'effroi quand Neptune vengeur,
> Ou relève ou suspend sur leur axe opposé
> Les énormes replis de son front courroucé.
> L'hémisphère à nos pieds où Minos nous appelle,
> Est, dit-on, le manoir de la nuit éternelle,
> Où le jour qui nous fuit renaît dans ces climats :
> L'étoile du berger sur des monts incarnats,
> Le remplace à son tour quand sa foible lumière,
> De l'Orient pourpré nous franchit la barrière.
> Par ces détours réglés sur les ailes du tems,
> On prédit les beaux jours, les calmes, les autans;
> L'heure de confier des dépôts à la terre,
> Celle de les reprendre à cette tributaire.
> Sur le front de Thétis, et serein et trompeur,
> Le marin lit le sort de l'avide armateur ;
> Il sait s'il doit voguer ou rester dans la rade,
> Si le sapin attend la hache. . . . . . .
> Dans l'étude des cieux nous lisons les saisons,
> L'astronome est un œil qui veille à nos moissons.

rationnés à un quart par jour. Le suédois venoit à leur bord au moment où la brise se leva; ils appareillèrent et ne savent pas ce qu'il est devenu. Ces accidens sont très-ordinaires : les calmes, les chaleurs excessives, la faim, la soif, le scorbut, la dyssenterie, la peste, les fièvres chaudes, putrides et malignes, sont les fléaux de la zone torride. Dieu ne veut pas que nous y périssions. Nous filons 8, 9 et 11 nœuds; le soleil a peine à percer la brume. A midi, les nuages s'élèvent, le vent mollit un peu; on met des tentes pour rappeler l'ombre qui disparoît tout-à-fait, afin que le zéphyr qui caresse toujours l'onde, allège le poids du jour, et émousse les traits de lumière et de chaleur qui nous éblouissent et nous étouffent.

Nous voilà engagés maintenant dans la route de Christophe Colomb, et nous ne pourrions presque plus nous empêcher d'aller visiter les mortels du Nouveau-Monde. La découverte de ce continent nous a-t-elle été plus profitable que nuisible ? Qu'avons-nous gagné en arrivant à Saint-Domingue, au Mexique et au Pérou ? Que n'avons-nous pas perdu dans nos trajets, dans nos déportations ? L'Espagne, le

Portugal, Venise et les pays voisins ou conquérans des deux Indes se sont abatardis pour satisfaire leur cupidité. L'oisiveté, apanage des grands propriétaires, est un vice utile dans un grand empire pour alimenter l'ambition et l'industrie indigente, et devient un germe destructeur de l'état qui compte plus de riches oisifs que de pauvres industrieux. Les espagnols ont d'abord déporté dans les îles les voleurs et les sujets qui ne plaisoient point à l'inquisition ; la fortune brillante que conquirent ces proscrits en fit émigrer d'autres. Ainsi l'Espagne en se dépeuplant, négligea ses terres pour aller planter du cacao, du café, de l'indigo au fond de la Jamaïque, de la Guyane et du Pérou ; elle ferma jusqu'à ses mines d'argent pour s'inhumer au sein de la foudre dans les abîmes d'or de Lima. Si la vieille fable des trésors soupçonnés à Cayenne est accréditée de nouveau par un autre Walter-Raleig, le lieu de notre exil sera plus fréquenté que Paris, car *les frères et amis* se vendroient pour le plus petit lingot d'or. Laissons-les tranquilles, et contemplons l'atmosphère en goûtant le plaisir d'une belle navigation. Après-midi, tems extrêmement doux et favorable, nous filons dix nœuds et demi. Plus le soleil baisse, plus la brise a de force. En Europe, dans les beaux jours d'été, quand un ciel d'azur laisse la force au soleil de pomper les exhalaisons de la terre, les physiciens assurent que l'atmosphère est plus chargée que dans un jour nébuleux. Ils n'auroient pas besoin de tant de raisonnemens pour démontrer cette vérité à leurs élèves, s'ils venoient faire leurs expériences dans les parages voisins de la ligne sur un élément qui donne à l'observateur un climat mitoyen entre les zones tempérées et torrides.

Depuis hier, le soleil est presque à pic sur nos têtes : quelques européens s'imaginent que nous devons être rôtis ; mais la main qui a arrangé l'univers a pourvu à tout. Voici comme elle opère :

Le soleil dilate les ondes qui imprègnent l'air de nitre ; les parties aqueuses les plus légères s'élèvent dans une région supérieure, forment un brouillard, compriment l'air intermédiaire entr'elles et la mer ; par leur pression font souffler les vents que nous nommons zéphyrs en France, parce qu'ils viennent du midi, et *brise* dans les pays chauds, parce qu'ils viennent du N. E. C'est ce que nous observâmes le 20 mai après-midi, en prenant le frais sur les porte-haubans.

Un vent très-fort soulevoit les flots ; le ciel étoit chargé d'une brume épaisse et blanchâtre ; le soleil ne donnoit qu'une lumière pâle ; l'horison eût été d'azur si nous n'eussions pas été sur un élément qui renouveloit sans cesse ces parties qui sur la terre se seroient enlevées ; la chaleur à demi-concentrée dans notre région n'ôtoit rien au zéphyr de sa fraîcheur et de sa force. Nous nous trouvions donc dans une atmosphère mitoyenne. Si dans ce moment ont eût consulté le baromètre, la pression de l'air de haut en bas eût été beaucoup moins sensible, et le mercure eût remonté comme après un orage, d'où il faut conclure que l'air qui borde notre horison est beaucoup plus chargé quand le ciel est d'azur que dans le moment où il se couvre de nuages ; l'eau s'élevant dans une région supérieure, enlève les vapeurs, purifie l'air, lui rend sa pression et son élasticité, tandis qu'il perd de sa force quand il est mélangé avec le brouillard ; quoique le ciel nous paroisse alors plus beau, le plombé de l'air nous est démontré le matin par les vapeurs, qui en couronnant l'horison pourpré, nous laissent voir le plus beau firmament.

22 *mai*. Ce matin, une brume épaisse nous dérobe les îles du cap Verd ; après-midi, les brisans nous attirent sur la pointe des rochers qui les entourent. Nous filons au milieu sans accident et non sans danger ; ces îles appartiennent aux portugais : si elles étoient gardées, nous serions pris sans pouvoir nous défendre ; mais les possesseurs les abandonnent à quelques blancs expatriés et à des mulâtres affranchis. La religion catholique y est la seule connue et professée par un évêque blanc et quelques prêtres nègres. Le terroir, assez fertile et mal-sain, produit de l'indigo, des cannes à sucre et du coton. Il n'y pleut quelquefois que tous les deux ou trois ans. On garde l'eau dans les citernes. L'une de ces îles, nommée Saint-Vincent, présente les restes d'un volcan qui fume encore. Ce rocher est peuplé de serpens, de petits singes et de quelques mauvais oiseaux de mer : les autres îles, qui sont assez étendues, nourrissent de nombreux troupeaux de chèvres sauvages, et

sont à 861 lieues de France, et à 100 d'Afrique, par le travers de la Nigritie.

Ce matin, nous avons pris un requin de cent livres avec son pilote, petit poisson qui s'attache sur sa tête, le guide dans ses courses, vit de sa substance et suit sa destinée. Le soir, la mer est couverte à une lieue à la ronde d'un banc de poissons si serrés qu'ils peuvent à peine nager : les plus gros sont des marsouins et des chiens de mer qui cernent des bonites; celles-ci en sautant à plusieurs pieds en l'air pour se sauver des gueules béantes des requins, attrapent quelques poissons volans dont elles sont friandes. Nous sommes à 30 lieues des îles.

Du 24 au 29 mai. Quel spectacle ravissant que celui d'une belle nuit sur mer ! quand les cieux se réfléchissent dans l'onde, que le bâtiment vogue à pleines voiles et sans danger, que la lune éclairant un immense horison paroît sortir du cristal des eaux, que les vagues coupent son disque ; tout repose dans la nature, excepté ce monstre qui n'est jamais rassasié, qu'on appelle requin : d'un côté, les matelots oisifs lui jettent un fer pointu caché d'un morceau de viande; il s'élance, se retourne sur le dos, l'engueule avidement, se sent pris, est hissé à bord, et fait trembler de ses coups de queue le tillac qui le reçoit; de l'autre, le pilote consulte sa carte, sa boussole et son sablier. Ses timoniers attentifs tournent plus ou moins la roue du gouvernail; il paroît commander à la mer : la frégate avance majestueusement, portée sur un lit de neige et de diamans, et le spectateur, dans un doux recueillement, promène ses regards dans l'horison à dix lieues à la ronde. Belle nuit, tu me rappèles celle que je goûtai en 1794, à pareil jour, en sortant du tribunal révolutionnaire ! Je prie le lecteur de me pardonner cette digression, c'est mon contingent de soirée.

Je fus arrêté le 1er. octobre 1793 avec messieurs Pascal, lieutenant de gendarmerie à l'armée du Rhin, et Welter, interprète allemand. Le premier avoit amené avec lui un officier autrichien déserteur, que le général Custine envoyoit à la Convention pour lui donner des instructions sur les forces de l'ennemi. La loi du 17 *septembre sur les suspects* et les *étrangers* venoit d'être proclamée. L'autrichien pour s'y soustraire, obtint d'être sous la surveillance de Pascal; il se lia avec Anacharsis Cloots, qui lui dit que pour se mettre en crédit, il devoit faire trois ou quatre dénonciations. Pascal donna un dîner où je me trouvai avec une ancienne marchande de Lyon, nommée Morl13, ruinée par ses prodigalités, qui vivoit d'intrigues et de dénonciations. Pascal, qu'elle avoit vu élever et qui étoit du même pays, ne la connoissoit pas sous ce rapport. La conversation roula sur les jacobins; elle en prit la défense avec chaleur. Nous soutînmes que les choses n'iroient bien que quand on auroit rasé leur salle. Hyerchmann, c'étoit l'autrichien, en feignant de ne pas nous entendre, écoutoit de tout son cœur. Les noms des meneurs du tems furent accompagnés d'épithètes un peu profanes. Tout se calma sous le manteau de l'amitié. Je me levai de table le premier, pour envoyer mes articles au *Journal Historique et Politique* que je rédigeois alors avec M. de la Salle. L'amie de Pascal étoit malade; Hierchmann reconduisit la Morl13 chez elle; chemin faisant, ils complotèrent notre perte.

Le 1er. octobre, le comité révolutionnaire

nous traîne à la prison du Théâtre Français, ci-devant Marat; nous y restons trois mois, pendant lesquels Hierchmann fut arrêté et conduit à Sainte-Pélagie, et de-là au Luxembourg. Notre affaire passa au tribunal révolutionnaire, en même tems que nous à la Conciergerie le dernier décembre 1793.

On nous conduisit dans une vaste chambre où trois cents prévenus comme nous de délits révolutionnaires, étoient couchés quatre à quatre sur des paillasses enfermées de cadres en forme de tombeaux.

Le 1er. janvier 1794, il faisoit un froid cuisant; on nous fit descendre dans la cour ceintrée d'une haie de fer; les fenêtres du greffe du tribunal donnoient dessus.

A dix heures, Faverole et sa maîtresse montèrent au tribunal, en descendirent à onze. Faverole en passant les mains autour de son cou, fit signe qu'il étoit condamné à mort. Sa maîtresse le suivoit de près, les yeux hagards, les cheveux épars, les joues rouges; elle serra la main à plusieurs détenus en s'écriant: « Nous allons à la mort; ces juges sont des » scélérats; vous y passerez tous! » Ce jour devoit être marqué par des scènes d'horreur.

En me promenant sous les vestibules, je vis différentes figures peintes avec une liqueur brune : là étoit Montmorin, plus loin la fameuse bouquetière du palais Royal, qui avoit mutilé son amant ; au bas des figures on lisoit ces mots : *Cette figure est dessinée avec le sang des victimes égorgées ici au 2 septembre.* Pendant que je parcourois cette galerie funèbre, nous entendons un grand tumulte à l'occasion d'un détenu conduit à l'interrogatoire : un canonnier l'avoit abordé en lui demandant s'il n'étoit pas Maratmaugé, du département de l'Isère ; sur sa réponse affirmative, ce canonnier l'avoit saisi à la gorge en lui disant : « Te souviens-tu, scélérat, » d'avoir fait la motion d'enduire les prisons » de matières combustibles pour brûler les dé- » tenus au premier signal ? » Maratmaugé, en descendant de l'interrogatoire, perdit la tête ; on le mit dans un petit cachot, pour le séparer des autres ; il se brisa les dents aux barreaux, se déchira les bras et mourut de suffoquement et de désespoir. J'en tombai malade d'effroi ; on me conduisit à l'infirmerie : une odeur cadavéreuse infectoit en y entrant ; l'un avoit la figure couverte de boutons et d'ulcères, un autre les lèvres bouffies et noires comme du charbon, deux ou trois autres moribonds étoient dans le même lit. Un sale coquin, nommé Pierre, condamné à dix ans de fers, étoit notre infirmier depuis la mort de la reine à qui il avoit servi de valet-de-chambre. Il faisoit sa fortune au milieu de la putréfaction; car la plupart des malades étoient sans connoissance et soigneusement dévalisés. J'étois au milieu des fiévreux; dans trois jours je fus avec les lépreux. Des vers gros comme le doigt tomboient des paillasses et des cadavres vivans, entassés jusqu'à quatre dans un lit. La nouvelle de cette épidémie fit du bruit; Fouquier-Tainville fit construire un hospice à l'Evêché : le mal faisoit des progrès; le travail n'étant pas achevé, on voulut vider la Conciergerie.

Le 8 janvier, à 7 heures du soir, dix-sept fiacres vinrent nous conduire à Bicêtre; quand nous montâmes, un peuple nombreux remplissoit la grande cour du palais; quoiqu'il fit froid, l'odeur que nous exhalions étoit si infecte qu'on ne pouvoit nous approcher à plus de trente pas; en route, la neige voltigeoit sur nos lèvres noires. Dans ce misérable état nous fûmes encore enchaînés deux à deux; quatre ou cinq furent gelés en route; enfin, nous arrivâmes à Bicêtre à 8 heures du soir. Je perdis de vue Pascal et Welter, qui furent conduits aux Carmes, rue de Vaugirard.

A Bicêtre, nous fûmes confondus avec les plus grands scélérats, qui me volèrent jusqu'à ma chemise ; celui qui me la prit me dit qu'il en avoit besoin pour aller à la chaîne, où il étoit condamné pour dix ans, et que j'eusse à me taire si je ne voulois pas être assassiné pendant la nuit : je me tus, mais je pleurai à mon aise.

On me guérit à moitié, car il falloit faire place à d'autres, mes plaies n'étoient qu'à demi-fermées quand je montai aux cabanons ; la maison fournit de linge comme un hôpital, on me donne une chemise élimée et trouée à l'estomac du côté gauche : cette tunique avoit servi deux ans auparavant aux malheureux qu'on avoit égorgés dans cette prison ; les trous étoient faits par les sabres et les piques qu'on leur avoit enfoncés dans le cœur, quand ils étoient aux cabanons et aux infirmeries, car les malades furent les premières victimes.

J'étois seul dans mon cabanon : depuis dix jours mes plaies s'étoient rouvertes, un sang noir mêlé de pus en découloit ; la rudesse du linge

linge et du grabat, l'insalubrité des alimens, la crudité de l'eau corrosive, avoient contribué à cette rechute; j'éprouvois des douleurs inexprimables, toute la nuit je hurlois comme un chien, on me donna à boire de l'absinthe et des tisannes anti-putrides; mes plaies augmentoient toujours et mon corps étoit comme un crible; je devins enflé, la mort faisoit chaque jour un pas vers mon lit. Le 23 mai, à cinq heures du soir, on ouvre mon cabanon pour la première fois depuis trois mois; un porte-clef m'annonce que je vais être transféré et jugé.

Je me traîne en lui donnant le bras; deux gendarmes m'attendoient au greffe, pour me conduire à pied à Paris, ils me mettoient les menottes : « De grâce, achevez de m'ôter la vie, leur dis-je, voilà l'état où je suis » (en leur découvrant ma poitrine et mes jambes): ils reculèrent d'effroi, m'offrirent le bras...... Le grand air me saisit en sortant, et je tombai évanoui sous un tilleul de l'avenue. Pendant ce tems un des gendarmes avoit couru sur la route arrêter une voiture de charretier; je revins à moi, mes vêtemens étoient mouillés de sang; il me sembloit qu'on me tiroit dans tous les

Tome I. L

membres des coups de fusil chargé à balles ; mon sang caillé reprenoit sa circulation. « *Belle saison du printems!* dis-je en traversant » un champ de pois fleuris, je goûte tes dou- » ceurs, je respire un air pur ; depuis huit » mois, voilà le premier beau jour de mon » existence, et demain je ne vivrai peut-être » plus. » J'arrivai à la porte de la Conciergerie à sept heures du soir ; mon cœur tressailloit de joie et d'effroi. Je retrouvai Pascal et Welter ; nous nous embrassâmes en pleurant. A onze heures nous reçûmes nos actes d'accusation pour monter le lendemain au tribunal.

Le matin (24 mai), pendant que nous déjeûnions entre les *deux guichets*, on ouvrit l'armoire où étoient les cheveux que le bourreau avoit coupés la veille à ceux qui avoient été à la mort. Ce lieu est l'antichambre du trépas et de la résurrection.

A neuf heures, nous montâmes au tribunal ; nous étions dix-sept pour différentes causes ; nous ne nous connoissions pas, mais c'étoit la mode d'englober plusieurs affaires, afin, disoit-on, d'expédier les royalistes et de libérer les patriotes.

J'occupai le fauteuil de fer ; le sort étoit le

de me persécuter ; l'état où j'étois excita la compassion des auditeurs ; Hierchmann fut amené du Luxembourg pour déposer : sa présence me fit horreur sans me déconcerter ; la femme Morl15 fut appelée de même. Par une heureuse méprise, l'huissier avoit assigné à sa place une autre Morl13 qui ne nous connoissoit pas, et qui fut plus effrayée que nous de paroître devant les Euménides. Hierchmann se voyant seul, balbutia ; je me défendis de sang froid, mais Pascal perdit la tête et l'injuria ; les débats furent fermés à deux heures. A deux heures cinq minutes les jurés revinrent des opinions. Pascal, Durand et Paulin furent appelés les premiers pour entendre leur arrêt de mort. Le premier pour n'avoir pas approuvé ce que faisoient les jacobins ; le second pour avoir dit du mal de Marat ; le troisième, maître de langue, pour avoir été calomnié par une sous-maîtresse de pension, qui le dénonça par vengeance de ce qu'il n'avoit pas répondu à ses sollicitations amoureuses. On nous appela ensuite pour nous prononcer notre liberté, qui fut précédée d'une grande semonce.

Comme je ne pouvois me soutenir, un gendarme en me reconduisant à mon domicile, m'apprit que j'avois eu cinq voix pour la mort. L'amie de Pascal, qui ne savoit pas qu'on avoit appelé notre affaire, étoit à dîner en face du palais au moment où il alla à la mort ; elle rentra en même tems que moi, et s'évanouit en me voyant. Ces violentes secousses avoient aliéné ma raison. J'étois si accoutumé à être sous les verroux, que le lendemain en m'éveillant, je me traînai à ma porte pour voir si j'étois réellement libre. Je m'habillai à la hâte ; le grand air avoit presque refermé mes plaies ; je souffrois beaucoup moins et me traînois avec un bâton ; personne n'étoit encore levé ; je regardois de tous côtés, dans les rues, autour de moi, comme si je fusse arrivé à Paris pour la première fois. J'allai déjeûner chez l'amie de Pascal ; nous nous attendrissions sur son sort ; un gendarme vint l'arrêter et la conduire à la Conciergerie ; on devine son crime ; elle sortit après le 9 thermidor, vit la fin tragique d'Hierchmann, qui se sauva du Luxembourg, alla retrouver la Morl13 justement suspecte à la justice, s'associa à une troupe de voleurs, fut pris, condamné aux fers, enfermé à Bicêtre, pendant quatre mois, dans le même cabanon où j'avois tant souffert, brisa ses chaînes, fut poursuivi près de Lyon, et se noya dans le Rhône.

Nous sommes à 1,155 lieues de Paris.

1er. *juin.* Ce matin, calme plein, brume : on sonde, point de fond. La sonde est un morceau de plomb de quinze à vingt livres, rond, en forme de cône tronqué, dont le dessous un peu creux, est rempli d'une couche de suif mou. Quand il a fond, le sable ou la vase s'attachent au suif; la couleur de la terre, du gravier ou des rocailles indiquent au pilote le parage où il est. On trouve des marins si instruits dans ce genre de cosmographie, que dans la première tentative faite secrètement en 1797, sous les ordres du général Hoche, pour une descente en Irlande, notre escadre, battue par une violente tempête, craignant les côtes, jetta la sonde ; le pilote reconnut qu'il n'étoit qu'à quatre lieues des attérages indiqués pour l'expédition. Une tourmente dissipa nos vaisseaux, et *la Charente* fit tant d'eau, qu'elle faillit sombrer. (Je dois ces détails à M. Thomas, officier de cette frégate.)

Nous sommes à 1,338 lieues de Paris.

2 *juin.* Nous voyons une trombe, ou pompe d'eau, phénomène redoutable en mer. Le

conflit de deux vents opposés laisse un vide, la pression des colonnes voisines fait monter l'eau avec tant de rapidité, qu'un vaisseau surpris par la nuit, ou par l'ignorance du pilote, est attiré, enlevé et sombré. On entend au loin mugir l'onde ; une brume épaisse borde la pompe aspirante que le hasard a formée. Cette attraction tourbillonnante sert aux naturalistes à expliquer la cause de ces immenses gouffres qu'on trouve au milieu des mers. Ces abîmes sont toujours avoisinés de vents violens qui par leur conflit, forment une pompe aspirante ou foulante. Les parages voisins sont sujets à de violentes tempêtes. Quand l'orage approche, on entend un bruit semblable au mugissement de cent taureaux. Si le tourbillon est moins considérable, on le nomme pompe d'eau ; on la coupe à coups de canons, et alors elle inonde le bâtiment.

4 juin. Aujourd'hui on radoube les canots ; les moutons galeux qui les habitoient, se couchent aux pieds des affûts des canons : on en tue chaque jour une couple pour nos soixante malades ; l'état-major prend seulement les poitrines et les gigots pour qu'ils n'aient pas d'indigestion. Nous désirons d'arriver pour arriver, car le janissaire de Villeneau, intrépide le soir dans ses recherches sonde avec la pointe de son sabre, dans les lieux les plus secrets, où quelques-uns de nous se retirent pour ne pas descendre dans l'entrepont. Depuis qu'on a déplacé les canots, ils se blotissent sur le col et dans le bras de la grosse donzelle de bois qui est à la proue de la frégate.

6 *juin*. Tems couvert, calme, pluie abondante; on sonde, 225 pieds d'eau, fond de vase, côte du Brésil; nous sommes par le premier degré 40 minutes au-delà de la ligne, voici le résumé de notre traversée.

L'*Analyse de la Révolution* a été suivie de quelques contes galans, de la *Vie privée du cardinal de Rohan*, de *celle du dernier duc d'Orléans*, *de l'origine du télégraphe*, de l'utilité qu'en tira Philippe, père de Persée, dans la guerre qu'il fit aux Romains. Cette découverte, perfectionnée dans la révolution, remonte à plusieurs siècles avant l'ère chrétienne; elle se nommoit *signaux par le feu*. Les narrateurs, MM. *Job-Aimé*, *Gibert-Desmolières* et *Calhiat*, disent que l'historien Polybe donne l'invention du télégraphe à Enée, fameux capitaine, contemporain d'Aristote et d'Alexandre le-Grand. Ils renvoient pour les détails au VIIIe. volume de l'Histoire ancienne de Rollin ; en disant un mot de *la Perfection de l Aréostat,* ils parlent du *Champs de Fleurus;* enfin, de toutes les découvertes perfectionnées par la révolution. *L'électricité* et le docteur Franklin ne sont point oubliés.

Ces importantes matières nous ont amenés à ces deux problèmes encore insolus, *si les républiques produisent plus de grands hommes que les monarchies, et pourquoi*. Le *si* a été appuyé par les uns, nié par les autres; tous en l'accordant par supposition, ont pensé sur le *pourquoi*, que l'on n'apprend bien la guerre que dans les camps ; qu'une monarchie paisible est comme une théorie auprès de la pratique. Ils ont encore comparé les deux gouvernemens à deux vaisseaux qui voguent sur deux mers, orageuse et tranquille: l'un n'a souvent que quelques routiniers à son bord: chaque marin qui sort de l'autre est expérimenté. La question du *divorce* a été également traitée par nos théologiens, sous le point de vue religieux, politique, civil et moral: on en devine bien la solution. M. Thomas, chanoine de Saint-Claude, qui a vécu à Ferney avec Voltaire, dans ses dernières années, nous a donné des particularités intéressantes sur ce grand homme. En 1776, des prédicateurs zélés pour la conversion du philosophe, insérèrent sous son nom une superbe ode à Jésus-Christ dans le journal de Fréron. M. Thomas courut pour l'en féliciter en pleurant de joie. *Elle n'est pas de moi, mon ami*, reprit Voltaire; *je n'ai jamais rien fait de bon pour cet homme-là*. M. Trolé, qui a étudié avec les deux Roberspierre, nous a donné la vie privée de l'aîné. Il voyoit tous ses camarades de si mauvais œil, qu'il cherchoit toutes les occasions de les faire battre, en se retirant à l'écart. Ceux qui le surpassoient étoient ses ennemis irréconciliables; il les divisoit toujours entr'eux, et les faisoit souvent battre au canif, dans l'espoir de s'en délivrer. (Nous sommes à 1632 lieues de Rochefort; nous courons nos longitudes.)

7 *Juin*. Enfin, l'eau a changé de couleur, elle est d'un vert pâle tirant sur le jaune; la brume nous circonscrit; à deux heures nous jettons une petite ancre pour ne pas trop dévier par le courant du fleuve des Amazones, qui a cent lieues d'embouchure; le soir, au moment où nous allions mouiller, un matelot tombe à la mer; on vire de bord, on lui jette des cages

à poulets, il étend un bras défaillant pour les saisir, et se perd pour jamais dans les flots qui portent son cadavre aux poissons affamés.

8 *Juin* 1798 (20 *prairial.*) Beau tems à la pointe du jour ; tout l'équipage crie *terre :* on reconnoît le cap *Cachipour*, sol inculte qui nous est disputé par les Portugais ; ces bords, couverts de vases et de palétuviers, rendent le sauvetage presqu'impossible. Nous filons sept et huit nœuds. A midi nous sommes dans les eaux bourbeuses de l'Oyapok ; nous approchons du cap Orange, ainsi nommé par les Hollandais qui, l'ayant découvert en 1500, à la suite des voyages d'Améric-Vespuce, lui donnèrent le nom de la famille de leur stathouder. On y voit un fort sur une pointe de rocher, qui s'élève au bout d'une petite anse bordée de monticules et de bois toujours verts. Toutes ces possessions ont passé tour-à-tour des Anglais aux Espagnols, et des Espagnols aux Portugais qui les conservent encore aujourd'hui. Quand Christophe Colomb eut découvert le Nouveau-Monde, l'Espagne, le Portugal, Venise et la cour de Rome se partageoient ces conquêtes ; ce qui fit dire à François premier : « Je voudrois bien
» voir l'article du testament par lequel Dieu

» donne les deux Indes à la cour de Rome, aux
» Portugais et aux Espagnols, sans que j'y
» puisse rien prétendre. » Comme ce testament n'étoit pas olographe, la cour de France envoya à la découverte comme les autres; le continent de l'Amérique est si vaste, que nous y fîmes de rapides conquêtes. En 1530, Cristoral Jacques, envoyé par Jean III, roi de Portugal, avec une flotte de huit vaisseaux, après avoir découvert la baie de Tous-les-Saints, trouva deux petits vaisseaux français à l'embouchure du fleuve du Paraguai, appelée de la *Plata* ou d'Argent, les prit, les coula à fond et fit massacrer l'équipage; preuve que les Français avoient connu et possédé ce pays avant les Portugais. Ils y trafiquoient paisiblement avec les Indiens, ennemis jurés des inventeurs de l'inquisition, si atroce au Para et au Brésil. Un jour, on ne s'étonnera plus de voir les Français circonscrits momentanément entre l'Oyapok au midi, et le Maroni au nord, s'efforcer de franchir ces bornes. (*Extrait du chevalier Desmarchais.*)

9 *Juin*. Nous ne sommes qu'à dix-huit lieues de Cayenne. Le vent fraîchit, nous laissons les Deux-Connétables à notre droite; ces deux rochers arides, point de mire des

navigateurs, ne sont couverts que de nids et d'œufs. Les oiseaux s'y rassemblent en si grand nombre, que ces rochers en sont tout blancs; on leur tire souvent un coup de canon, et ils obscurcissent l'air; ils ne fuient pas à l'approche de l'homme, lui déclarent la guerre pour défendre leurs couvées; leur nombre égal à celui d'un essaim de moucherons au bord d'une eau croupissante, ne se rebute jamais des coups de bâtons dont on ne frappe pas inutilement l'air: tous cherchent avec leurs longs becs à tirer les yeux aux chasseurs. Un vent favorable enfle nos voiles, nous cinglons Remire et Montabo, d'où on signale les vaisseaux venant d'Europe. Ce signal est rendu de suite à Cayenne. Nous rangeons à notre gauche les îlets le Malingre, les Deux-Mammelles, le Père, la Mère et l'Enfant-Perdu; ces différens rochers ressemblent de loin à des grottes antiques qui menacent ruine; ils doivent leur nom à la forme que la nature leur a donnée.

A quatre heures et demie nous arrivons dans la rade de Cayenne, à trois lieues de la citadelle qui ressemble à une masure sur la pointe d'un rocher: nous appelons un pilote par un coup de canon. Je ne puis exprimer le serrement de cœur que j'éprouve au bruit des câbles et des ancres qui se précipitent dans l'onde. De même qu'ils enchaînent la frégate au rivage, de même nous serons prisonniers dans ces climats..... Nous voilà mouillés.

10 *Juin*. A la pointe du jour, une petite pirogue, chargée de quelques nègres et d'un capitaine de port, vient à nous. Ils rament en chantant, et font tourner en mesure une petite pelle appelée pagaye, arrondie par le bout. Le capitaine monte à notre bord, et nous entourons les rameurs qui sont vêtus de leurs plus beaux habits; car on nous a pris pour un nouvel agent. Leur garde-robe n'est pas difficile à porter, c'est une veste blanche ou bleue, qui paroît sortie du panier aux ordures; une chemise trouée aux épaules, aux coudes et aux endroits les plus remarqués par les dames; ceux-là sont les richards; les novices n'ont qu'un travers d'étoffe large de quatre doigts, long de six pieds, qui fait deux tours sur leurs rognons, passe dans la vallée postérieure et se termine par deux bouffettes qui emmaillotent l'extrémité. Nous leur demandons quand nous irons à terre; ils nous répondent dans un jargon moitié français moitié barbare. Ils repartent à dix heures avec une

de nos chaloupes, montée par le capitaine et un sous-lieutenant qui vont rendre compte de notre arrivée. Cette visite nous donne une idée sinistre du pays. Quelqu'un, pour nous rassurer, nous adapte l'histoire de la servante de Rochefort, vue, connue à onze heures par son amant, fiancée, publiée et mariée à midi. On avoit alors distribué avec profusion le fameux programme de la colonie de 1763, et chacun, des quatre coins de la France, accouroit ici pour faire fortune. Un homme entre deux âges, marié ou non, vend son bien, arrive à Rochefort pour s'embarquer, et veut choisir une compagne de voyage; il rôde dans la ville en attendant que le bâtiment mette à la voile.

A onze heures, une jeune cuisinière vient remplir sa cruche à la fontaine de l'hôpital. Notre homme la lorgne, l'accoste, lui fait sa déclaration. — Ma fille, vous êtes aimable; » vous me plaisez, nous ne nous connoissons ni » l'un ni l'autre, ça n'y fait rien; j'ai quelque » argent; je pars pour *Cayenne*; venez avec » moi, je ferai votre bonheur. Il lui détaille les » avantages promis, et se résume ainsi : *Don-* » *nez-moi la main, nous vivrons ensemble.* — » Non, monsieur, je veux me marier. — Qu'à

» cela ne tienne, venez. — Je le voudrois bien,
» monsieur, mais mon maître va m'attendre. —
» Eh bien ! ma fille, mettez-là votre cruche,
» et entrons dans la première église ; vous savez
» que nous n'avons pas besoin de bans ; les
» prêtres ont ordre de marier au plus vite tous
» ceux qui se présentent pour l'établissement
» de *Cayenne*. » Ils vont à Saint-Louis ; un des
vicaires achevoit la messe d'onze heures ; les
futurs se prennent par la main, marchent au
sanctuaire, donnent leurs noms au prêtre, sont
mariés à l'issue de la messe, et s'en retournent
faire leurs dispositions pour le voyage. La
cuisinière revient un peu tard chez son maître,
et lui dit en posant sa cruche : « Monsieur,
» donnez-moi, s'il vous plaît, mon compte. —
» Le voilà, ma fille ; mais pourquoi veux-tu t'en
» aller ? — Monsieur, c'est que je suis mariée.
» — Mariée ! et depuis quand ? — Tout-à-l'heure,
» monsieur, et je pars pour *Cayenne*. —
» Qu'est-ce que ce pays là ? — Oh ! monsieur,
» c'est une nouvelle découverte ; on y trouve
» des mines d'or et d'argent, des diamans, du
» sucre, du café, du coton ; dans deux ans on
» y fait sa fortune ! — C'est fort bien, ma fille ;
» mais d'où est ton mari ? — De la Flandre au-

» trichienne, à ce que je crois. — Depuis quel
» tems avez-vous fait connoissance? — Ce matin
» à la fontaine : il m'a parlé mariage ; nous avons
» été à Saint-Louis ; monsieur le vicaire a baclé
» l'affaire, et voilà mon extrait de mariage. —
» Bien, ma fille, soyez heureux ; c'est la misère
» qui épouse la pauvreté. — Cette rencontre n'eut pas l'effet que le maître avoit prophétisé ; ils vécurent dix ans à Cayenne, et revinrent en France avec quelqu'argent. Voilà de ces coups du sort qu'il nous faut espérer. Le soir, Villeneau capture un brik américain qui va porter des vivres à Surinam, colonie hollandaise avec qui nous sommes en paix.

11 *juin*. Le sous-lieutenant revient à bord ; les administrateurs de Cayenne n'ont point reçu de lettre d'avis de notre arrivée ; la colonie est dans la plus grande disette ; ils sont fort embarassés de nous ; les matelots nous apportent des fruits du pays, qu'ils veulent nous vendre au poids de l'or. Monsieur Jagot est obligé de décréter un *maximum*. Nous débarquerons incessamment ; mais nous serons veillés de près, car les autorités sont encore en rumeur de l'évasion de MM.

Aubri, représentant du peuple (mort à Demerari.) Barthélemi,

Barthélemi, membre du directoire exécutif;

De la Rue, représentant du peuple;

Dossonville, inspecteur de police;

Marais-le-Tellier, attaché à M. Barthélemi (mort dans l'évasion.)

Pichegru;

Ramel, commandant de la garde des conseils;

Villot, représentant du peuple;

déportés sur *la Vaillante*, qui se sont sauvés à Surinam, dans la nuit du 3 du courant.

Une brume épaisse nous dérobe Cayenne et les montagnes voisines. Le mois de mai est ici la mousson pluvieuse; la rade est peu sûre, et les gros bâtimens ne peuvent approcher à plus de trois lieues du port. Les goëlettes qu'on nous envoie ne peuvent nous atteindre qu'au bout de vingt-quatre heures, encore a-t-il fallu les remorquer, au risque de voir périr une partie de nos canotiers. Nos malades, au nombre de 60, sont enfin partis ce matin 14 juin; une nouvelle embarcation en emporte ce soir autant.

15 *juin*. Nous voguons les derniers au port. Adieu, France... Adieu, nos amis... Songez à nous.... Nous sommes déjà loin de la frégate.

Tome I. M

Quel regard nous lançons à ce fatal bâtiment ! Le cerbère qui le commande mériteroit bien le sort de Lalier. Qu'il nous tarde de mettre pied à terre ! Les montagnes s'approchent..... Quel beau tapis de verdure ! Nos cœurs s'élancent dans ces vastes forêts.... Y serons-nous libres....? Nos nouveaux pilotes sont honnêtes, mais aucun d'eux ne répond à cette question. Nous voilà à l'embouchure de la rivière ; voilà le fort, les cases, le port, les bateaux rangés et ancrés sur le rivage ; quelles masures de boue et de crachat ces nids à rats croulent.... Voilà Cayenne ; il est cinq heures et demie : nous voilà donc au port le pied sur la grève ; nous sommes à 1500 lieues de Rochefort, à 1632 de Paris ; quelle réception allons-nous avoir après 45 jours de traversée, trois mois d'embarquement et 3325 lieues de route ?

Fin de la seconde partie.

VOYAGE A CAYENNE.

TROISIÈME PARTIE.

O socii (neque enim ignari sumus antè malorum),
O passi graviora ! dabit Deus his quoque finem.
Vos et Scylleam rabiem, penitusque sonantes
Accestis scopulos, vos et Cyclopea saxa
Experti : revocate animos mœstumque timorem
Mittite, forsan et hæc olim meminisse juvabit.
                          —*Æneid., lib. I. v.* 198.

Courage, mes amis, dans nos nouveaux revers,
Dieu nous visitera dans ces vastes déserts :
Heurtés sur les rochers, ensevelis sous l'onde,
Après une infortune à nulle autre seconde,
Nous vivons... O jour cher à notre souvenir !
L'innocent dans les fers, sème un doux avenir.

~~~~~~

Entrée à Cayenne. Description du pays. Mœurs des Indiens, des blancs, des noirs. Caractère et habitude des colons. Autorité des agens. Traitement des déportés. De l'établissement de la colonie de 1763 en parallèle avec celui des exilés de 1797, dans les déserts de Kourou, Synnamari, Konanama, etc.

LA goëlette est à l'ancre : une foule de monde accourt au rivage, un fort détachement de blancs et de noirs borde les deux parapets du pont de charpente, où nous montons par une échelle de meûnier ; les soldats serrent les rangs. Les haillons qui nous couvrent, la misère empreinte sur nos fronts, notre air déconcerté et inquiet, réveillent l'attention des spectateurs; au bout de quelques minutes, la joie d'avoir enfin touché la terre nous rend à nous-mêmes, nos pieds incertains cherchent l'équilibre, comme si nous étions ballottés par un roulis ; nos nerfs, continuellement tendus, se dilatent; enfin nous étendons nos membres, comme le cerf dont les jambes roides à la sortie d'un étang, se refont après quelques heures de repos. Des yeux avides nous toisent... Quels êtres, grand Dieu !..... sont-ce des hommes ou des bêtes fauves? Parmi cette race nuancée de toutes couleurs, quelques européennes nous fixent avec cet intérêt que les âmes sensibles prennent aux malheureux. La milice noire, les pieds nus, plats et épatés comme un éléphant, revêtue d'un mauvais juste-au-corps blanc et d'un large pantalon de même couleur, qui contrastent avec les traits des figures gaufrées, nous traite plus impitoyablement que les grenadiers d'Alsace, à peine nous est-il permis de lever les yeux..... Nous dépassons les remparts, la foule de peuple qui nous suit obstrue le passage ; nous entrons dans une grande maison au milieu de la principale rue, la populace noire est sous nos fenêtres, assise et entassée l'une sur l'autre, comme les gouvernantes et les batteurs de pavés en Europe auprès des marionnettes ou des loges d'animaux curieux. Je reviendrai sur ces objets. Nous voilà dans une prison un peu plus spacieuse que l'entrepont de *la Décade;* Villeneau sur le balcon d'une grande maison au milieu des élégantes de cette ville, nous fixoit à notre passage avec une pitié orgueilleuse..... On nous distribue des hamacs ; nous logeons au grenier ; des nègres nous commandent, nous gardent et nous servent ; on prend nos noms. Les seize premiers ont été conduits chez l'agent ; les municipaux se transportent dans notre prison, avec une toise pour nous mesurer comme si nous devions tirer à la milice.

LIBERTÉ. ——— ÉGALITÉ.

Extrait des procès-verbaux de débarquemens à Cayenne des cent quatre-vingt-treize déportés par la frégate la Décade, commandée par le citoyen Villeneau, capitaine de frégate.

« Ces jours-ci 25, 26 et 27 prairial an VI
» de la république française (13, 14 et 15
» juin 1798), nous commissaires exécutifs
» près l'administration centrale du département
» de la Guyane française, en vertu d'une
» lettre à nous remise par le citoyen agent
» du directoire en cette colonie, et à nous
» écrite par le citoyen *Boischot* commissaire
» exécutif de Rochefort, par laquelle il nous
» donne avis qu'il sera déporté, par la frégate
» *la Décade*, cent quatre-vingt-treize *con-*
» *damnés*, qui nous seront remis par le citoyen
» *Villeneau* commandant de ladite frégate.
» A cet effet, sur l'avis qui nous a été donné
» le 25, que cinquante-cinq de ces condam-
» nés (1) (c'étoient les malades), venoient
» d'être débarqués par le citoyen la Marillière,
» capitaine de la goëlette *l'Agile*, qui avoit été

---

(1) *Condamnés*: Cette expression est neuve pour la plupart d'entre nous. Pour être condamné il faut être jugé; pour être jugé, il faut être entendu. La moitié est *condamnée* sans avoir été entendue, l'autre quart sans avoir même reçu de mandat d'arrêt; parmi la dernière partie, il en est que les tribunaux ont acquittés pour les mêmes délits qui les ont fait déporter. Je produirai ailleurs les pièces à l'appui de ce que j'avance.

» les prendre à bord de la frégate ; nous les
» avons fait conduire, sous bonne et sûre
» garde, à l'hôpital civil et militaire de cette
» colonie. Sur un autre avis à nous donné les
» 26 et 27 du même mois, par les capitaines
» la Marillière et le Danseur ; le dernier com-
» mandant la goëlette *la Victoire* et l'autre
» *l'Agile*, ayant à leurs bords soixante-huit
» *individus* faisant partie des cent quatre-vingt-
» treize condamnés, et soixante-dix faisant
» le complément ; nous sommes transportés
» à la maison *le Comte* dite *la Cigoigne*, sise
» dans la grande rue, le 28 du même mois,
» où ils avoient été conduits la veille par un
» détachement de force armée, à l'effet de
» prendre les noms, prénoms, professions et
» signalemens desdits condamnés, ce à quoi
» nous avons procédé en présence du chef du
» deuxième bataillon (c'est-à-dire du batail-
» lon nègre), de l'officier de santé et du com-
» mandant de la force armée. Signé *la Borde*
» commissaire du directoire exécutif, *Lerch*
» chef de bataillon, *Noyer* officier de santé,
» *Desvieux* commandant en chef de la force
» armée, faisant fonctions de commandant
» de place. »

Il semble au lecteur que ce devroit être ici la place de la liste des déportés ; je la transcrirai ailleurs, pour être plus à portée de mettre à la suite de chaque personne, les événemens, la cause de sa déportation, un précis de son existence et de ses malheurs ; quand nous aurons pris racine sur ce sol, ou qu'il aura dévoré une grande partie de nous, alors si je survis, je mettrai ma liste au net avec le plus grand soin, bien convaincu d'après mon cœur, que cette partie présentera le plus tendre intérêt aux familles de mes compagnons d'infortune.

Maintenant que nous sommes toisés et signalés, montons sur la galerie pour passer en revue le peuple de Cayenne; cet examen nous tiendra lieu de soirée. Aujourd'hui que nous voilà rendus, les soirées ne seront plus les entretiens oisifs d'une ennuyeuse journée; nous ne compterons plus les nœuds que nous filerons par heure ; mais la misère et l'abandonnement dont les cables sont bien plus longs et plus forts que ceux des vaisseaux à trois ponts. J'ai déja crayonné en gros l'accoutrement des sauvages qui sont venus à notre bord le lendemain que nous mouillâmes, ceux-là étoient confus en notre présence ; nous sommes donnés en spectacle à ceux-ci ; la scène est un peu différente. Nous pouvons dormir tranquilles, car nous avons une forte patrouille qui nous veille jour et nuit ; le peuple noir ne désempare pas ; l'odeur de ces boucs nous infecte, chacun de nous peu accoutumé au fumet d'un gibier si semblable au corbeau du pays, jure sa parole d'honneur que la virginité ne sera jamais un fardeau pour lui auprès de pareils objets ; pour nous guérir du mal d'amour, l'une couvre la laine noire de sa tête d'un vieux mouchoir tout déchiré ; celle-ci laisse pendre jusqu'au bas de sa ceinture deux flasques vessies toutes plissées et rembrunies de quelques gouttes de sirop de tabac, loin de relever ses pendeloques elle les écrase tant qu'elle peut, pour les faire descendre jusqu'à ses genoux. La coquetterie des négresses, entre deux âges, consiste à porter de longues mamelles ; cet abandon prouve qu'elles ont eu beaucoup d'enfans, qu'elles ont beaucoup de compères et qu'elles ne sont pas encore stériles, c'est un porte-respect pour les marmots qu'on appelle ici *petit monde*. La loi de Judas, canton d'Afrique d'où elles sortent, accorde des honneurs et des privilèges à toutes les filles ou femmes qui sont fécondes (c'étoit la loi de Propagande en 1793.)

Ces individus à figure humaine portent un profond respect à la vieillesse, et nos européens policés auroient besoin de prendre ici des leçons. Chez nous on craint l'âge avancé, parce qu'on craint l'abandon; ici on l'attend, ou plutôt on l'espère : c'est l'époque des prévenances, du repos, du respect et d'une paisible jouissance. Le vieux nègre dans sa case, au sein d'une très-nombreuse famille d'enfans et de petits-enfans, commande en roi; aussi les hommes décrépits, loin de vouloir se rajeunir comme nos grisons de France, portent à cinquante ans une jarretière blanche à leur genou, pour avertir qu'ils sont parvenus au terme de leur carrière. Alors ils se font appeler *grand-papa*, et à soixante ans *apa*, qui dans leur jargon signifie patriarche.

Ces squelettes ambulans sont couverts de lèpre et d'infirmités, et entourés d'enfans de toutes couleurs; les uns d'un noir bronzé, les autres d'un cuivre rouge tirant sur le gris; ceux-ci d'un jaune citron, ceux-là d'un blanc pâle et livide; d'autres ne sont distinctibles des européens que par la couleur de leurs grosses lèvres blanches; tous sont presque dans l'état de nature. Quelques négresses, moins par pudeur que par coquetterie, ont une petite chemise, nommée *verreuse*, qui leur descend jusqu'au nombril, à un doigt et demi de cette brassière de marmot; elles entortillent en bourlet une toile plus ou moins fine, d'une aune et demie de tour sur trois quarts de haut. Elles nomment ce bas de chemise *dioco* ou transparent. Elles le couvrent d'un *camisa*, morceau d'étoffe de couleur de même mesure, seulement ourlé à la coupe. Cette seconde robe de luxe, ainsi que la verreuse, ne sortent du panier que pour faire quelques conquêtes. Plus les négresses sont hideuses, plus elles se croient belles : leurs compères ou maris sont presque tout nus ; ils ne couvrent la nature, comme je vous l'ai dit, que d'une lisière d'étoffe large de trois doigts, qu'ils appèlent kalymbé. Nous ne voyons que des nègres; les créoles seront autrement costumés ; nous en appercevrons demain quelques-uns en allant promener depuis six heures du matin jusqu'à huit, sur la crique ou sur le bord de la mer, dans une espace de deux portées de fusil; nous serons escortés d'une garde nombreuse, qui ne nous laissera parler à personne, et qui ne pourra converser avec nous sans être mise au cachot.

Ce soir, les colons nous envoient des fruits, du vin et du poisson bouilli au sel et au poivre. Nous savons déjà que nous ne resterons point à Cayenne ; nous serons relégués dans les cantons et dans les déserts comme les seize premiers.

Cette terre où nous nous trouvons avec étonnement, est destinée depuis sa découverte à servir de champ à l'ambition, de retraite aux vaincus, de cimetière aux africains, et d'hécatombe aux européens proscrits. En 1637, Cromwel vouloit s'y reléguer avec les presbytériens pour y fonder une chaire de prédicans au milieu de la Pensylvanie, sur les bords de la Delaware. En 1550, l'amiral de Coligny, balotté par les flots de l'opinion et par le destin des guerres civiles, avoit armé des bâtimens, reconnu le sol que nous foulons, et la partie septentrionale de ce continent pour y faire une retraite pour le parti qu'il commandoit. En 1690, Philippe V, chancelant sur le trône des Espagnes, fut sur le point de porter son sceptre à Mexico ou à Lima. *La Caroline*, *la Louisiane*, *le Canada* et *Philadelphie* n'ont été peuplés que des mécontens ; les uns y sont venus de force, les autres pour donner un libre cours à leurs opinions. Nous avons eu des prédécesseurs ; plaise à Dieu que nous n'ayons pas de successeurs, car on attend ici 3000 déportés ! La distance de Cayenne à notre patrie ne doit pas nous désespérer. Ces déserts et ces précipices sont du choix de nos ennemis ; mais les arts naissent par-tout, apprivoisent tout, peuplent tout. Tant que notre Gaule fut couverte de bois, les romains y déportèrent leurs exilés, et Milon se dépitoit de manger des huîtres à Marseille. Que le tems nourrisse dans nos cœurs l'espoir de revoir nos foyers, et nos cendres retourneront en France.... Vous dont les noms nous sont chers, parens, amis, bienfaiteurs, opprimés, que nos soupirs se répondent, nous voilà rendus à notre destination. Après tant de dangers, nous nous croyons immortels.

L'heure du souper nous distrait. Au moment où chacun forme sa société, cinq voleurs déportés avec nous, un peu pris de boisson, se réunissent et se font appeler le *directoire*. Cette qualité leur reste, et les administrations de Cayenne, à qui nous les recommandons, les logent à l'écart dans un coin qu'ils appèlent *palais*. Dans la suite, l'agent Jeannet demandoit souvent à table, quand on parloit du directoire..... duquel est-il question, de celui de la Décade ou du Luxembourg ? On nous fait l'appel matin et soir. Nous avons la ration de marine ; trois *boujearons* de taffia, deux onces de riz, une livre et demie de pain, quatorze onces de viande salée pour deux jours. Chacun reçoit une assiette, un couvert et un gobelet d'étain ; un grand plat, un baquet de bois et deux bouteilles vides sont le mobilier de sept convives, que le hasard ou l'amitié a réunis. Le gouvernement paie des nègres pour nous servir. Notre viande cuit sous un grand hangard ; les cheminées ne sont pas de mode ici, où les plus belles cuisines sont comme nos poulaillers de France. Nous serions heureux, si ce bon tems pouvoit durer, car tous les habitans lestent notre table d'une partie de la leur, et ils mettent tant de délicatesse dans leurs procédés, que nous ne connoissons pas le nom de nos bienfaiteurs, à qui l'entrée de la prison est sévèrement interdite.

Pendant un mois nous allons promener matin et soir sur le bord de la mer ; le détachement qui nous escorte garde toutes les issues, mais les habitans nous parlent aux travers des haies de leurs jardins : plus on nous serre de près, plus nous devenons intéressans. Je ne puis dire si *Jeannet* donne des ordres aussi sévères ; en nous plaignant beaucoup, il nous gêne de plus en plus. MM. Ramel et Job-Aimé ont peint cet agent sous des traits peut-être plus durs qu'invraisemblables ; je le peindrai aussi avec quelque vérité, car je n'ai pas plus à me louer qu'à me plaindre de lui ; mais comme nous avons vu le sol et les cases avant que de connoître l'agent et les colons, faisons précéder leurs portraits de quelques notions géographiques de la terre que nous foulons.

De l'Amérique et des Guyanes.

La Guyane ou grande terre, est une portion de l'Amérique proprement dite formant la quatrième partie du monde. On entend par ce mot *grande terre*, ou terre ferme, une immense surface solide qui confine du pôle antarctique (1) au pôle arctique, et même à

---

(1) L'Amérique s'appelle encore *Indes occidentales*, parce que les premiers navigateurs, en ne s'avançant que jusqu'au Paraguay, crurent que cette terre confinoit aux Indes proprement dites ; l'amiral Drack

l'Asie, par l'extrémité septentrionale du détroit de Davis, et par les immenses solitudes glacées au nord-ouest, apperçues en 1741 par *Tchiricow*. L'Amérique se divise en deux parties, septentrionale et méridionale. La première, qui s'étend jusqu'à l'isthme de Panama, est bornée au levant par les Antilles, au couchant par la mer Pacifique, au midi par l'Orénoque, les îles *galapes* et des *cocos*; au nord, elle est sans bornes : l'autre, bornée au levant par la mer du Nord et par l'Océan, au couchant par la mer Pacifique, s'étend en-deçà de la ligne depuis l'équateur jusqu'au dixième degré du pôle arctique, et au-delà jusqu'au cinquante-cinquième degré de latitude du pôle antarctique. C'est dans les dix degrés du pôle arctique que se trouvent les Guyanes, immenses presqu'îles bornées au levant par la mer du Nord, au couchant par les Cordelières, au nord par l'Orénoque, au midi par les Amazones ou la ligne.

On confond souvent les îles de l'Amérique

---

ayant fait le tour du monde en 1572, Magellan ayant donné son nom au détroit qui est à l'extrémité australe, et Horne en 1616 ayant dépassé le Cap auquel il donna le sien, ont corrigé cette erreur.

avec

avec la terre ferme, parce que ce vaste pays, le plus grand des quatre parties du monde, fut d'abord peu connu du côté du pôle nord. Quelques-uns ont même cru pendant long-tems que le golfe du vieux Mexique étoit un passage pour aller aux Indes orientales. Les Anglais, aussi habiles dans la navigation que les Phéniciens et les habitans de Tyr, ont fait, à diverses reprises et dans deux différens golfes et baies, diverses tentatives pour trouver une route de l'Océan par les mers du Sud, pour se rendre en droite ligne au Pérou, et de-là à Pékin. Ainsi la *Louisiane*, le *Canada*, le *Labrador*, la *baie de Répulse* furent connus par les Anglais pour appartenir à la terre ferme. L'amiral Hudson donna son nom au vaste bassin qui baigne le couchant de la Nouvelle-Bretagne. Les îles sont en grand nombre et si près les unes des autres dans certains endroits, qu'on les confond souvent avec l'Amérique proprement dite. Mais pour entendre ceci, il faut savoir que la mer qui avoisine chaque partie de la grande terre, en prend le nom. L'Océan entre l'Europe et l'Afrique jusqu'à la ligne, se nomme mer du Nord; mais quand cette mer du Nord baigne l'Espagne, l'américain la distingue sous le nom particulier de mer d'Espagne, de *Barca*, de *Guinée*, de *Monomotapa*. Ainsi les îles du cap Verd, suivant cette définition, paroîtroient en Afrique, quoiqu'elles en soient à cent lieues, comme on croiroit que Saint-Domingue et les Antilles sont attenantes à l'Amérique : Erreur géographique très-commune ; celui qui n'a resté que dans chacune des îles, au Vent ou sous le Vent, n'a point été en Amérique.

Qu'un vaisseau sorti de Plymouth ou de Rochefort pour aller aux Grandes-Indes, éprouve une tempête qui le jette au-delà du Brésil, près de Magellan, où il fait naufrage, le voyageur à terre au cinquante-quatrième dégré de latitude du pôle antarctique ne sera pas relégué dans une enceinte entourée d'eau de tous côtés ; il parcourra de pied les montagnes magellaniques, le Chili, le Pérou, Panama, la Nouvelle-Espagne, le Vieux et le Nouveau-Mexique, la Louisiane, le Canada, la Nouvelle-France, les Assinoboels, les terres de *Tchiricouv*, et se trouvera en tournant ainsi à l'extrémité de la Sibérie orientale. Cette route faite par terre, toujours par le couchant de l'Amérique, à commencer du pôle antarctique, conduit le voyageur en Asie, vers le quatre-vingtième degré de latitude. Une femme du Mexique, convertie par un jésuite, fournit une preuve de ce que j'avance. Le bon père forcé de mettre à la voile, dit à sa pénitente qu'elle trouveroit les mêmes secours spirituels dans ses confrères. Celle-ci, peu contente de se voir confinée dans un pays d'où son directeur s'éloignoit pour aller à Pékin, se mit en route par terre, au risque de périr. Le jésuite arrivé à Pékin l'année suivante, fut surpris d'y rencontrer sa pénitente qui l'avoit devancé d'un mois; elle lui dit : Que profitant du soleil qui venoit amener le grand jour dans les pays qu'elle parcouroit, elle avoit couru de hameau en hameau; que surprise de se trouver dans un autre monde, elle avoit suivi pendant près de trois mois une route opposée à la première, et qu'enfin, après avoir passé de grands fleuves, de grands bois et des lieux qui paroissoient inhabités, elle étoit venue de pied du Nouveau-Mexique à Pékin. Il paroît que cette femme, partie au commencement du mois de juin, étoit arrivée à la fin de septembre de l'année suivante. Ce fait, dont la possibilité est reconnue par tous les voyageurs, se trouve dans les missions du Pérou et des Indes. On me pardonnera de ne pas le détailler plus au long dans le désert où j'écris. Privé quelquefois de plume et d'encre, n'ayant que quelques volumes détachés, je ne puis avoir recours qu'à ma mémoire, dont je me défie d'après l'épuisement et les angoisses qui l'ont presque tarie.

Reportons-nous à cent trente lieues du midi au nord, du cap de Nord, par le 1er dégré 51 minutes de latitude septentrionale, et 52 dégrés 23 minutes de longitude estimée à l'occident du méridien de Paris, confins septentrionaux de la Guyane portugaise et méridionaux de la française.

Là commence la baie de *Vincent-Pinçon*, nom d'un des compagnons d'Améric-Vespuce qui alla la reconnoître. La *Crique-Macari* et la rivière de *Manaye*, coulent dans ce canal à l'embouchure d'un autre plus grand, nommé *Carapapouri*. Ces rivages toujours verts, présentent de loin un abord gracieux; on croiroit qu'ils sont habités, et ils pourroient l'être si la colonie étoit plus populeuse; mais ils creuseront toujours le tombeau des blancs d'Europe, qu'on y enverra sans les acclimater. Je m'y arrête un moment pour les peindre au lecteur, parce que nous devions y être exilés. L'intérieur offre de grandes prairies, des précipices, des forêts impénétrables, des lacs à perte de vue, des nuées d'insectes et de mouches altérées de sang, d'énormes serpens, des tigres, des hyennes, des couleuvres plus grosses que des tonneaux et longues à proportion, des crocodiles ou caymans, dont la gueule peut servir de tombeau à l'homme ; nous y aurions plus de terre que nous n'en pourrions cultiver, mais de ce sol vierge s'élèvent des vapeurs homicides, qui empoisonnent celui qui l'ouvre le premier. On n'y respire qu'un air condensé par les étangs et par les grands arbres, qui, comme des siphons, versent sur le nouvel habitant le méphitisme et la mort.

Le gouvernement a déjà essayé d'en tirer parti. En 1784, M. le comte de Villebois, gouverneur de la colonie, sur les avis de monsieur Lescalier, alors ordonnateur, y fit établir des ménageries, dont la garde fut confiée au député Pomme, assez connu en France depuis la révolution. Elles réussissoient bien ; on y envoyoit des soldats qui se fixoient dans la colonie. Après avoir obtenu leurs congés, des créoles même s'y rendoient volontiers ; le gouvernement leur donnoit des nègres pâtres, des vivres, leur avançoit un certain nombre de bêtes à cornes, dont ils avoient le laitage. Ils partageoient seulement les rapports avec l'état ; ils choisissoient les lieux les plus propices pour abattre les forêts et y substituer à leur loisir, des denrées coloniales. Par ce moyen, ce désert se peuploit de cultivateurs et de pâtres. Depuis la révolution les invasions des Portugais ont tout ruiné, et ce sol, si productif par la végétation, a repris sa forme hideuse. On en peut juger par les rapports des ouvriers que l'agent vient d'y envoyer pour bâtir nos cases.

« Les makes et les maringouins ne nous ont
» laissé reposer ni jour ni nuit ; les brousses,
» les étangs, les forêts, les terres tremblantes,
» les énormes reptiles qui habitent ces déserts,
» ne nous ont pas permis d'approcher du lieu
» que vous nous avez indiqué. Les indiens ont
» refusé de nous conduire. Nous sommes par-
» tis vingt en bonne santé ; dix sont attaqués
» de fièvres putrides, et nous autres sommes
» convalescens. Parmi les fléaux de cet hor-
» rible séjour, dit un officier du poste d'Oya-
» pok, on compte la mouche sanguinaire
» deux fois grosses comme nos guêpes de

» France, aussi nombreuses que les gouttes de
» pluies, et plus acharnée à l'homme que
» la mouche au cheval; son dard est si aigu et
» si long, qu'elle perce les vêtemens les plus
» épais, et se gorge de sang, jusqu'à ce
» qu'elle ne puisse plus voler. » Il ajoute qu'il
en a écrasé une si grande quantité sur ses veines,
qu'il en a retiré près d'une palette de sang. Il
faudroit se faire suivre d'un palankin couvert
d'une large case nommée moustiquaire, passer
sa vie sous ce mausolée; car c'est en vain que
des négrillons seroient occupés à chasser ces
insectes sous la table pendant le repas,
comme cela se pratique dans un grand nombre
d'habitations de la colonie.

Les autres cantons du midi au nord, prennent leurs noms des rivières ou des caps du midi au nord dans l'ordre suivant : Conani, *Cachipour*, *Couripi*, *Oyapoc*, *Ouanari*, *Appronague*, *Kau*, *Mahuri*, qui se nomme *Oyac* dans tout son cours, et *Cayenne* qui tient le milieu; nous y reviendrons tout-à-l'heure.

Dans la partie du nord.... *Makouria*, vous vous engagez ici dans un sable mouvant, aussi pénible que celui qui incommoda si fort les soldats de Cambise dans son voyage en Libye, et ceux d'Alexandre allant au temple de Jupiter Ammon. Un sexagénaire qui seroit venu à Cayenne à quinze ans, ne se reconnoîtroit plus dans ce canton; la mer s'en est retirée à deux lieues, après y avoir apporté des vases qu'on pourroit appeler île de Délos. La déesse qui auroit accouché sur cette plage, n'auroit pas, comme Latone, donné naissance au dieu du jour, mais à des tigres, à des serpens, à toutes sortes d'animaux carnivores ou mortifères : l'ancienne plage de sables et de coquillages est couverte aujourd'hui de palétuviers, de cotonniers, de rocouyers, de cannes à sucre, d'indigo et de bois touffus et ténébreux, qui semblent déjà avoir affronté des siècles. A six lieues, la rivière nommée *Makouria* coupe le canton en deux jusqu'à la grande rivière de *Kourou*, poste fameux, dont je vous parlerai dans la suite. A six lieues, toujours dans la même direction, vous trouvez la petite rivière de *Malmalnouri*, engorgée comme les autres à son embouchure par des sommes de vase. A la même distance est celle de *Synnamari*, qui doit son nom à la salubrité d'une fontaine qui se trouve à deux lieues à l'est-sud. On y avoit bâti autrefois un hôpital pour les attaques de nerfs, les malingres, les fraîcheurs; il n'existe plus aujourd'hui.

Le poste de Synnamari, qui a pris son nom de la rivière, est à l'extrémité N. O. d'une savane, ou prairie de 15 ou 16 milles de long sur 8 ou 10 de large. Il est composé de 15 ou 16 cases, restes des débris malheureux de la colonie de 1763. C'étoit le lieu d'exil des 16 premiers, ce sera aussi le nôtre. Mais nous irons premièrement à six lieues plus loin sur les bords malheureux de *Konanama*. Voici provisoirement l'origine de ce séjour d'horreur. Des marchands Rouennois, dit l'auteur des relations *sur la France équinoxiale*, y débarquèrent en 1626. La plage d'où la mer s'est retirée à deux lieues et demie, étoit sous l'eau jusqu'aux montagnes. Konanama leur parut propre à faire une colonie, Cayenne et ses environs n'étant alors peuplés que de sauvages. Ils s'établirent sur la cime des rochers, pour faire la guerre aux indiens. Au bout de trois semaines, les trois quarts moururent de peste, et les autres firent promptement voile pour France. La rivière d'*Yracoubo*, celle de Mana, à vingt-huit lieues des côtes, jusqu'au fleuve *Maroni*, arrosent et fixent ici les bornes de la Guyane Française, du côté du Nord. L'embouchure du Maroni est par environ 5 dégrés 50 minutes de latitude septentrionale, et 56 dégrés 22 minutes de longitude, estimée à l'occident du méridien de Paris.

Le Maroni et l'Oyapoc sont les seules rivières, ou fleuves de la Guyane Française qui sortent d'une grande chaîne de montagnes, de celles qui, partant des Cordillières, séparent dans cette partie du globe, les eaux qui coulent vers l'Océan, d'avec celles qui se rendent dans l'Amazone. Les rivières de Mana, de Synnamari, d'Oyac et d'Approuague, naissent dans des montagnes du second ordre ; les autres, moins considérables, viennent des montagnes d'ordre inférieur. Toutes ont plusieurs branches, plus ou moins fortes, grossies par un grand nombre de petits ruisseaux. Revenons à Cayenne.

Le chef-lieu de cette colonie est assez généralement connu sous le nom *d'île de Cayenne ;* mais on ne prendroit pas une idée juste de cette île, si on se la représentoit comme une terre éloignée du continent, isolée et entourée d'une mer navigable pour les vaisseaux; au contraire, lorsque le navigateur aborde ce terrain, il lui paroît faire partie de la terre ferme. Peut-être même cela étoit-il vrai autrefois; maintenant il n'en est séparé que par des rivières, dans lesquelles la mer monte et descend à chaque marée, mais où l'on ne peut naviguer qu'avec des barques, ou avec des pirogues.

La plus grande largeur de l'isle de Cayenne, mesurée sur une ligne allant de l'est à l'ouest, est de quatre lieues terrestres, de vingt-cinq au dégré. Sa plus grande longueur, du nord au sud, de cinq lieues et demie, et sa circonférence, eu égard à toutes ses sinuosités, est d'environ seize lieues et demie. La partie de cette circonférence, bornée par la mer, et qui regarde le nord-est, peut avoir à-peu-près trois lieues et demie.

La ville de Cayenne située à l'extrémité nord-ouest de cette île, à l'embouchure de la rivière du même nom, est fortifiée, et pourroit être défendue assez avantageusement par un petit morne (montagne) qui se trouve dans son enceinte. Sa latitude est de 4 dégrés 56 minutes, et sa longitude, de 54 dégrés 35 minutes, d'après les observations de M. de la Condamine, en 1744.

Température du climat de Cayenne.

A cinq heures et demie, le crépuscule paroît ; à six heures moins un quart, le petit jour, à six heures, le soleil s'élance du sein des mers, entouré d'un nuage de pourpre. L'ombre de la terre ne s'efface presque ici qu'à l'instant où cet astre est à l'horison, tandis que cette ombre diminuant vers les pôles, laisse aux habitans des zones tempérées et froides, la lueur des rayons obliques qu'il darde sous eux, pendant six mois, sous l'une et l'autre partie du globe.

Nous sommes *amphisciens*, c'est-à-dire que notre ombre va de côté et d'autre. Depuis le vingt avril jusqu'au vingt août, elle est du côté du midi, et, pendant les six autres mois, elle tourne du côté du nord. Nous avons tous les jours égaux aux nuits, à une demi-heure près, que nous perdons de septembre à mars, et que nous retrouvons dans les six autres mois. Nous avons deux étés, deux équinoxes, deux hivers et deux solstices. La chaleur est tempérée par des pluies très-abondantes, qui tombent depuis le solstice d'hiver, mi-décembre, jusqu'en mars, et reprennent en mai jusqu'à la fin de juillet, où commence le grand été, jusqu'en décembre. Le soleil passe deux fois à pic sur nos têtes, le 20 avril et le 20 août ; il est peu sensible la première fois, par les pluies dont la terre est arrosée. Son retour nous donne pourtant un mois et demi de beau temps, qui sèche un peu les étangs ; mais l'inconstance de ces climats, boisés et montueux, trompe souvent l'attente des colons, qui feroient toujours deux riches récoltes, si les étés et les hivernages étoient réglés. On rit, quand je parle d'hiver et d'été sous la zone torride. L'été pour nous est un soleil brûlant, qui, pendant plusieurs mois, n'est rafraîchi que par l'haleine d'une brise ou vent violent, qui souffle toujours de l'est au nord-est. Pendant la journée, le vent vient de mer, et étouffe celui de terre. Ce dernier ne se fait sentir aux côtes que dans certains temps, pendant quelques heures, et presque toujours le matin et le soir, après le coucher du soleil.

L'hiver est la chute continuelle des pluies; elles sont si abondantes, que souvent les cases sont inondées, et les plantages sous l'eau. La pluie tombe quelquefois pendant quinze jours, sans interruption; ce qui a fait dire à *Raynal*, que la plage où la colonie de 1763 avoit débarqué, étoit un terrain *sous l'eau*. Horace seroit très-croyable, s'il disoit que dans ces déserts, les daims craintifs nagent vers la cime des arbres, où les poissons s'étonnent de trouver le nid de la tourterelle englouti (1); quatre à cinq heures de beau temps ont pompé l'étang. Cependant les ondées sont si fréquentes, que, durant l'hivernage, l'eau n'est pas à plus de trois pouces du niveau de la terre. Ces grandes pluies forment des torrens qui grossissent les fleuves; on les appelle avalasses. Tandis que nos rivières de France laissent leurs lits à sec, celles de la zone torride sont gonflées de doucins, aussi rapides que la fonte des neiges dans les montagnes.

---

(1) *Nota que sedes fuerat columbis*
Summa piscium genus hæsit ulmo.
Et superjecto pavidæ natarunt
   Æquore damæ.
    Horat. Lib. I. Epodon IV.

Les hivers sont quelquefois secs et chauds, alors les plantages meurent ; le vent de nord, qu'on appèle *bise* en France, brûle et gèle de son souffle nitreux sec et froid, les fleurs, les fruits et les tendres bourgeons. Tel on voit le soleil sans nuage, se levant sur la vigne gelée, mettre en cendres le bouton trop prompt à s'épanouir à la chaleur ; ou tel le vent et la brume noire du mois de mai, saisissent la fleur de l'épi et transforment son lait en noir de fumée ; tel le vent de nord des pays chauds, gèle, crispe et appauvrit les fleurs, les fruits et les plantages.

Voilà le sol et la température du pays. Voyons les cases, les habitans, l'agent et les autorités de Cayenne.

Les cases sont de vilaines cabanes où l'on ne voit que des chassis sans vitres, un amas de maisons sans art et sans goût, des rues en pente, sales et étroites, pavées de pointes de baïonnettes ; au lieu de phaëtons, de vieilles rosses plus étiques que nos mazettes de fiacre, attelées sept à huit à un diable ou cabrouet, traînent quelques mauvaises futailles, quelques barils de bœuf ou de morue salée ; voilà ce qui compose l'ancienne ville, où les maisons à deux étages sont des palais, et des boutiques de commerce qu'on loue huit et dix mille francs par an, pour servir d'entrepôt ou de magasin de déchargement des denrées coloniales ou européennes. La nouvelle ville, que nous nommerions chez nous queue de bourgade, est plus régulière, plus gaie, qnoique bâtie dans le même genre, sur une savane ou prairie desséchée depuis quinze ou vingt ans ; le tout est moins considérable qu'un beau village de France : les cases paroissent vides ou occupées en grande partie par des gens de couleur qui n'ont rien, qui ne font rien, qui ne s'inquiètent de rien, et qui vivent plus à l'aise que nos respectables artisans de France que l'aurore ne trouve jamais dans leurs lits, et qui portent tout le poids du jour. Ici tout le monde vend, troque, achète et revend la même chose, tout est au poids de l'or, et chacun en trouve, presque sans savoir comment. Ce paradoxe est facile à entendre quand on connoît les colonies ; ceux qui les habitent dépensent avec profusion l'argent qu'ils gagnent sans peine ; pour peu qu'ils en aient, ils ne se passent de rien, leur indolence est si grande que pour ne pas se déranger ils paieroient un domestique,

pour

pour cueillir les fruits qui sont sous leurs mains, et un autre pour les leur porter à la bouche ; n'ont-ils rien, ils empruntent, ils trouvent facilement du crédit, car tous les insulaires sont confians pour des bagatelles ; ne trouvent-ils pas à emprunter, ils mangent un morceau de pâte de racine, se promènent, dorment et ne s'inquiètent de leur existence que quand ils n'ont absolument plus rien. Cette classe d'oisifs est alimentée par les riches marchands qui troquent les négresses comme les denrées, lesquelles négresses troquent, à leur tour, tout ce qu'elles ont reçu pour les faveurs des nègres. Les arrivans d'Europe paient tout, et quand les bâtimens sont long-tems à venir, la famine est générale sans épouvanter personne. Dans ce moment, le pain vaut dix sols la livre, la viande seize ; mais la monnaie de cette colonie perd un quart sur celle de France ; la plus commune est la piastre forte d'Espagne frappée au Mexique à 5 fr. 10 s. de France, et 7 fr. des colonies ; le louis 24 f. de France, 32 f. de colonie. Les sous marqués, frappés pour Cayenne à l'ancien coin 2 s. colonie, 1 s. 6 den. de France ; le prix de toutes les autres monnaies est réglé sur la valeur de la piastre, et ce qui

Tome I. O

coûte un liard en France se paie deux sols à Cayenne.

Vous n'avez vu jusqu'ici que des noirs et des gens de couleur ; nous allons passer en revue toute la population, afin de la réunir sous un point de vue pour la peindre plus à notre aise.

On compte ici autant de races d'hommes que de distinctions sous la monarchie. *Les blancs* ou colons, qui diffèrent des européens par leurs cheveux blonds, leur teint pâle, et quelquefois plombé ; les *nègres* par les nuances plus ou moins foncées de leur peau bronzée, ou couleur d'ébène ou de cuivre rouge tirant sur le gris. Le mélange de toutes ces couleurs donne une progéniture semblable à l'habit d'Arlequin : un indien et une blanche ont un enfant dont la peau est d'un blanc roussâtre ; un nègre et une indienne, un *rejetton* cuivre rouge bronzé ; une négresse et un blanc, un *mulâtre* dont la couleur en naissant n'est reconnaissable qu'aux ongles et aux grosses lèvres ; un mulâtre et une blanche, un *métis* ; une métisse et un blanc, un *quarteron* qui est plus blanc que les européens. Chaque espèce a des nuances de singularité, et souvent de rusticité du terroir. Les indiens, comme vous le verrez, quand nous traiterons leur article, l'adresse, la jalousie, la férocité des peuples nomades des trois Arabies : les nègres, le génie destructeur, paresseux et borné des sauvages de l'Afrique ; les autres avortons nés du croisement des races, joignent aux vices du climat l'insipidité de leurs pères ; on ne peut décider s'il ne seroit pas à souhaiter qu'ils fussent plutôt noirs qu'à moitié blancs. Les *créoles*, enfans nés d'européens, résidans dans les colonies, sont pétris d'infirmités, souvent de défauts, et assaillis de maladies que je détaillerai plus bas. Elevés avec les nègres qu'ils détestent et dont ils ne peuvent se passer, ils en contractent les habitudes et les goûts ; commencent-ils à marcher seuls, ils mangent d'une terre blanche qui les rend livides, les fait enfler et mourir ; on cherche en vain à les corriger de ce goût, s'ils y sont bien enclins, les autres alimens les dégoûtent, on ne les en détourne qu'en les dépaysant. Si ce n'est pas de cette dépravation de goût que vient leur insouciance dans un âge plus avancé, c'est toujours du même fonds que naissent leur inertie et leur mollesse ; la nature abrutie des son commencement dans le principe animal, ne porte plus au *sensorium* ces fortes vibrations qui font les élans du génie, et la machine usée encore par d'autres excès, ressemble à un alambic ouvert et trop large, qui laissant évaporer la liqueur, ne fait plus de jets, mais tombe tristement goute à goute, ce qui fait dire à un voyageur qu'ils sont ennuyés, ennuyans et ennuyeux; tantôt ils regardent les nègres comme des bêtes de somme et les croient communément d'une autre origine qu'eux; tantôt ils les idolâtrent comme leurs plus chers enfans; les belles négresses sur-tout, vengent, et leur nation et elles-mêmes des mépris qu'elles ont essuyés: d'esclaves, devenues plus impérieuses que les Aspasie et les Phrynée, elles rendent leur maître plus petit qu'un ciron, plus rampant qu'une chenille, plus sale qu'un pourceau. Non-contentes de dissiper son bien et de donner sous ses yeux et ses joyaux et leurs faveurs à d'autres amans, elles le font soupirer, courir, passer les nuits, et faire plusieurs lieues pour les trouver; elles n'ont nulle amabilité, nulle grâce; nul entretien, nulle douceur; leur lubricité animale fait tout leur charme auprès des maîtres qui, fidèles aux cyniques principes qu'ils ont sucés avec le lait, les préfèrent toujours et leur sacrifient souvent les plus aimables européennes. On voit ici de vieux célibataires corrompus et entourés de bâtards et de mères de toutes couleurs, et des maris impudens qui du lit conjugal passent, sous les yeux de leur épouse, dans les bras et dans les sales réduits de leurs esclaves ; les cases sont pleines de servantes inutiles, de négrillons, de mulâtres et d'enfans naturels dix fois plus nombreux que les légitimes ; ces instrumens d'iniquité sont autant d'Argus pour la légitime épouse qui doit tout souffrir sans se plaindre et sans trébucher, les maris épuisés n'étant pas moins jaloux que médisans, ils se ressemblent, se contrôlent, se défendent, se déchirent, s'aiment et se haïssent, leur cœur est un crible au travers duquel le bien passe comme le mal, la haine succède à l'amour, la vengeance au repentir, la froideur à l'intimité, à la parcimonie la prodigalité, le désir à la satiété, avec la vitesse d'un éclair. On ne peut pas dire qu'ils sont méchans, on ne peut pas dire qu'ils sont bons, ils n'ont point de caractère, et pourtant ils sont tous généreux, hospitaliers par inclination, par plaisir, par jouissance; ils ne peuvent pas voir de malheureux et ils portent envie aux heureux; mais quand ils sont bons, et le climat, vu la facilité de se procurer sans gêne les moyens de vivre, leur donne souvent cette qualité; ils le sont à l'excès. Le portrait que je trace ici est si frappant que tous ceux qui m'ont obligé ou qui se trouvoient à portée de l'entendre m'ont engagé de n'y rien changer.

Peignons maintenant le sexe créole. Je n'emprunterai pour lui ni la lyre d'Orphée, ni le pinceau de Zeuxis qui mourut d'aise d'avoir bien saisi et les traits de Vénus et les rides d'une vieille femme. Ovide chez les Sarmates ne sera même pas mon modèle, quoique je pusse dire comme lui : « O mes amis ! reportez mes cendres dans mon pays, car je mourrois mille fois en reposant ici (1). » Mesdames, vous crieriez peut-être à l'invraisemblance, si je vous peignois avec les grâces de Junon prenant le foudre en main pour endormir entre ses bras le maître des Dieux, son époux et son frère ; vous avez pourtant cette

―――――

(1) *Ossa tamen facito parvâ referantur in urnâ.*
Sic ego non etiam mortuus exul ero.
Ovid. è Ponto. Lib. III. Eleg. III.

mignardise intéressante de Vénus qui, blessée au petit doigt par Diomède, fait retentir l'Olympe de ses cris et rire les immortels de son égratignure ; vous avez l'indolence, les caprices, les ruses, la coquetterie, l'expression et plus souvent la molle langueur de cette déesse ; mais elle n'a mis ni son incarnat sur vos lèvres, ni ses roses sur vos joues, ni ses traits dans vos yeux : elle pare ses atours et vous êtes guindées dans vos robes ; les zéphyrs et les grâces marquent les ondulations de la sienne; vos guirlandes sont faites avec art ; ses cheveux flottent avec goût : vous êtes riches et brillantes, elle n'a qu'une ceinture, elle la met bien et elle est jolie ; quelques-unes d'entre vous ont le gros vermillon des amours, d'autres l'esquisse des grâces, celles-ci le superficiel du beau, celles-là l'amabilité locale, la dextérité des fées, d'autres dans le domestique la tyrannie des despotes et la bassesse des esclaves; quelques-unes le charme de l'éducation du sentiment, presque toutes celui de l'affabilité; mais beaucoup la mignardise et la rusticité des vétilles et des caprices; quelques-unes la galanterie, toutes l'orgueil et la coquetterie, mais toutes aussi la sensibilité et beaucoup plus de sagesse que vos maris.

Monsieur Préfontaine, ancien commandant de la partie du nord de cette colonie, donne le dernier coup de pinceau à mon croquis, dans son essai manuscrit sur les mœurs créoles, que je copie ici. « Nos créoles, dit-il, ressus-
» citent les sybarites qui étoient froissés en
» couchant sur des feuilles de roses pliées en
» deux, et qui tuoient les coqs pour n'être pas
» éveillés par leur chant. A mon arrivée ici,
» j'étois porteur d'une lettre d'amitié ou d'a-
» mour pour une dame dont le soupirant étoit
» retourné en France, et lui avoit laissé son por-
» trait, en attendant qu'il vînt lui offrir sa main.
» Je me fais annoncer. Madame repose dans
» un branle voisin de celui de son complaisant
» qui lui présente nonchalamment un bouquet
» de roses qu'elle voudroit tenir, mais qu'elle
» ne peut atteindre, n'ayant pas la force d'al-
» longer la main, et le monsieur étant trop
» mollement bercé pour descendre de son ha-
» mac. Une esclave aux pieds de la déesse,
» les lui chatouille pour appeler doucement
» Morphée, tandis qu'une autre lève sa jupe
» pour ranimer avec un *oualy-oualy* (éventail de
» paille de palmier), l'haleine libertine d'un zé-
» phyr artificiel. Le complaisant a aussi un nègre
» qui lui évente la figure. Un chat ose miau-

» ler ; la négresse reçoit un souflet pour n'avoir
» pas éloigné cet importun. J'entre au milieu
» de la scène ; madame ne me voit pas, tant
» elle est occupée de son prochain réveil. Le
» monsieur ouvre les yeux en bâillant noncha-
» lamment, se remue en mesure, crache,
» tousse, se mouche sans bruit et sans préci-
» pitation, fait un effort pour prendre ma
» lettre, et me prie d'appeler madame, parce
» qu'il n'en n'a pas la force... Elle s'éveille ; ce
» n'est plus la molle indolence, c'est la sémil-
» lante Hébé ; ses yeux pétillent de gaieté et
» d'esprit. Elle est prévenante, aimable, vive.
» Elle s'élance dans son salon, tire la gaze qui
» couvroit le portrait de la personne dont je
» lui remettois la lettre, la lui présente, la
» mouille de quelques larmes, remet la gaze,
» revient à nous, rit de ses pleurs, et me fait
» souvenir de cette saillie de Ninon : *Le bon*
» *billet qu'a la Châtre !* »

De pareils enfans ont besoin de bons men-
tors, et la mère-patrie a toutes les peines du
monde à les contenter sur ce point. Les gouverneurs ou les agens qu'elle leur envoie, sont-
ils trop doux, ils en font comme les grenouilles
du soliveau ; sont-ils trop sévères, ils les mau-

dissent et se taisent. Leur souplesse ou leur mépris changent souvent le caractère du chef qui les gouverne ; de-là les contradictions fréquentes dans leurs rapports sur l'administration de tel ou tel gouverneur ou ordonnateur. Le bien-être pour eux est un cheval de bois à dos aigu, et le mal-aise un plancher de marbre poli. Je ne connois point de républicains comme les créoles, mais ils le sont tous comme les premiers habitans d'Agrigente et de Syracuse, durant les révolutions de la Sicile. L'agent qui les gouverne aujourd'hui, m'en fournit la preuve; ils ne savent encore s'ils doivent se plaindre ou se louer de lui. Mais comme son portrait tient à notre existence, avant de m'en occuper, je reviens pour un moment à la maison le Comte où nous sommes détenus.

Nous allons promener, comme je vous l'ai dit, depuis six heures du matin jusqu'à huit, et depuis quatre jusqu'à six du soir. Les habitans nous comblent de présens et de promesses. Quoiqu'ils arrangent la religion à leurs mœurs, nos prêtres excitent pourtant leur plus vive sollicitude; presque tous les blancs par enthousiasme font choix de ceux qui n'ont point prêté serment, et les noirs de ceux qui l'ont prêté, car le schisme de France a passé dans les Indes. Les nègres et les blancs traitent la religion comme la femme jeune, et la vieille, l'homme entre deux âges. Le moment de quitter Cayenne approche. Jeannet, chef suprême, prend une décision que voici :

Arrêté de l'agent du directoire exécutif délégué dans la Guyane.

Art. Ier. Aucun déporté ne pourra rester à Cayenne ni dans l'île.

II. Tout déporté qui désirera former un établissement de commerce et de culture dans une des parties non exceptées par l'article précédent, sera tenu de s'adresser par écrit au commandant en chef, qui fera part de la demande à l'administration départementale.

III. La pétition sera appuyée d'un certificat d'un citoyen domicilié et bien connu, qui prouve que l'exposant est en mesure d'acheter ou de louer, soit une habitation, soit une maison, et qu'il a les moyens suffisans, soit pour faire valoir l'habitation, soit pour entreprendre le commerce.

IV. L'administration départementale s'assurera des faits contenus dans le certificat à l'appui de la demande qu'elle fera passer de suite avec son avis motivé à l'agent du directoire, pour être par lui pris sur le tout telle détermination qu'il appartiendra.

A Cayenne, le 30 prairial an VI (18 juin 1798.) Signé JEANNET; contresigné EDME MAUDUIT, *secrétaire*.

Comment profiter du bénéfice d'une pareille loi? Nous ne pouvons parler à personne. Qui viendra nous offrir son bien? Nos verroux ne se desserront pas. Tous les colons demandent un déporté pour mettre sur leur habitation; ils s'informent de la moralité de chacun, et choisissent ainsi en tâtonnant : tous sont mus du saint désir d'arracher un malheureux au gouffre dévorant de Konanama (1), où vont

---

(1) De notre prison ils reçoivent ces remercîmens :

En échappant à la guerre, au naufrage,
A la famine, à la peste et à la mort,
Nous avions cru qu'en touchant ce rivage
La liberté nous attendoit au port.
Quoique le sort ait trompé notre attente,
Qu'il nous réserve à de nouveaux revers,
Rien ne doit plus nous causer d'épouvante
Quand nous fixons les marques de nos fers.

Si l'on vouloit dérider l'esclavage
Et lui donner des traits d'aménité,

aller ceux qui ne trouveront point d'asyle et qui n'auront pas les moyens de former des

On garderoit un peu moins notre cage
Et nous croirions revoir la liberté :
Notre réduit, moins étroit que sur l'onde,
N'efface point un souvenir amer.
Faut il fouler le sol du Nouveau-Monde,
Pour être encore prisonniers outre-mer ?
Séchons nos pleurs, ce séjour de Cayenne,
Si décrié par nos simples aïeux,
S'il est peuplé de tigres et d'hyenne,
L'est bien aussi de colons généreux.
La liberté (1), malheureux insulaires,
Venant chez vous planter ses étendards,
Vous fit verser des larmes bien amères
Et nous expose aux plus grands des hasards.

Sexe charmant que l'Europe a vu naître,
A votre cœur, à vos yeux, à vos traits,
Chacun de nous a bien su reconnoître
Le sang des dieux, celui des vrais français ;
Mais dans les dons de Pomone et de Flore
Que vos enfans remettent chaque jour,
Nous avons vu plus d'une fois éclore
Des traits divins, ce sont ceux de l'amour.
Tout nous engage à la reconnoissance,
Le malheur seul borne en nous le désir :
Que désirer ?... l'exil, l'expérience
Nous ont ravi la coupe du plaisir.
Arrachez donc cette amorce fatale,
Trop malheureux de ne jamais vous voir
Vous nous rendez semblables à Tantale,
Qui dans ses mets trouve le désespoir.

―――――――――――――――――――

(1) La liberté des noirs. Décret du 16 pluviose an 2.

établissemens à leurs frais, en s'engageant de ne rien recevoir de l'administration pour tout le tems de leur existence dans la Guyane. Les habitans qui se chargent d'un déporté, sont tenus de lui passer une partie de leur bien, et de répondre de son évasion. L'état ne leur fournit absolument rien; ils le médicamenteront à leurs frais. Une fois rendu chez eux, il ne pourra pas même venir à l'hôpital, ni mettre le pied dans l'île de Cayenne. Ces dispositions rigoureuses sont faites pour prévenir le dégoût et la légèreté des contractans, dit Jeannet, ou pour le libérer lui-même d'une dette sacrée....., car tous sont gardés à vue, tous sont prisonniers d'état; et dans quel état le souverain privant un individu de sa liberté, l'exilant à deux mille lieues de sa patrie, lui séquestrant son bien, lui interdisant la communication avec les hommes, ne lui donne ou ne lui prête-t-il pas des moyens d'existence? Jeannet outre-passe bien ici l'intention du gouvernement, mais les loix de la mère-patrie sont des fusils sans détente à une pareille distance. Le cultivateur européen, qui nous voit sur une terre sans bornes où chacun peut s'en allouer tout autant qu'il veut, envie notre sort, et nous reproche notre indolence. L'état, dira-t-il, leur avance des instrumens aratoires, leur concède un sol vierge, ils n'ont qu'à travailler ; leur condition est préférable à la mienne. Je n'ai que dix journaux de terre que j'ensemence moi-même, et dont je ne demande que le produit net pour être heureux. Au lieu de ronces, si j'avois les arbres de la Guyane, je les déracinerois ou je les brûlerois.

Les vapeurs homicides de cette terre vierge tuent l'homme qui l'ouvre sans précaution. Les arbres qui l'ombragent, plantés par les siècles, sont quatre ou cinq fois plus gros que nos sapins; il faut les échafauder pour les couper à certaine distance du tronc, car le pied est trop étendu pour qu'on songe à le déraciner. Un homme seul dans ces forêts, ne trouveroit pas le temps de nétoyer un coin de champ, que l'autre extrémité seroit déjà couverte de broussailles plus épaisses que nos bois taillis, tant la végétation a de force. Songer à brûler les forêts, sans les couper, est une pensée folle ; d'ailleurs, l'incendie découvrant le terrein, y feroit circuler l'air, et les arbustes naissans en foule au pied des troncs à-demi enflammés, ne laisseroient que peu d'espace à la culture.

Il faut donc travailler sans relâche à abattre d'abord le petit bois, et à le mettre en pile. Pour cela, il faut des bras et des hommes acclimatés ; mais les grands arbres restent encore ; si vous n'avez pas assez de monde pour les faire tomber promptement, les petits reviennent, et vous n'avez rien fait. Le sol qui n'est pas boisé, est désert, stérile, ou étang ou savane (prairie que les avalasses d'hivernage couvrent pendant six mois de quatre ou cinq pieds d'eau.) On pourroit quelquefois dessécher ces marais, mais il faudroit des avances d'argent et d'hommes. Nous sommes 193 ; la moitié sera répartie dans 130 lieues, et abandonnée à elle-même, l'autre sera gardée à vue, et confinée dans un désert. Un tiers est sexagénaire, l'autre n'a rien, et tous sont moribonds. (1) Nous passons à l'hopital les uns après les autres, la maladie nous marque nos

---

(1) Après le décret de la liberté des noirs, du 4 février 1794, les soldats d'Alsace se louèrent aux habitans pour faire l'ouvrage des nègres ; l'appât du gain leur donna l'ardeur des ouvriers européens. Au bout d'un mois, tous furent malades et la moitié mourut. La plupart n'avoit pourtant fait que sarcler des plantages cultivés.

lits.

lits. Le pays nous fait végéter comme les plantes. Aujourd'hui mon voisin se porte bien, demain il a la fièvre chaude, après demain on le porte en terre. Il y a huit jours que Bourdon (de l'Oise) et Tronçon-Ducoudrai étoient à la chasse : avant hier ils buvoient du punch et projettoient une partie pour le lendemain, ils sont enterrés ce matin, et Brotier qui les a soignés dans leurs derniers momens, est mort hier au soir d'un coup de soleil. On croiroit qu'ils sont empoisonnés. L'air et le soleil de la Guyane, sont les venins les plus subtils; aucun de nous n'est dangereusement malade, et au mois d'octobre, la moitié sera morte.

Le plus habile docteur de France ne seroit ici qu'un ignorant. Noyer tient la lancette d'Esculape, et il le mérite par ses talens; il vous enseigne son art en peu de mots : « Otez-moi » les cantharides, la lancette, l'opium, l'émé- » tique et la seringue, je ne suis plus méde- » cin. » Cet Hypocrate fait pourtant chaque jour des cures que Pelletan et Dessaux auroient enviées. La pratique vaut mieux que la théorie. Le pharmacien Cadet, dans son laboratoire, auroit dépeuplé la Guyane en quinze jours. L'émétique, le jalap, la saignée, les la-

Tome I. P

vemens sont le manuel pratique des écoliers et des maîtres. Les maladies sont des fièvres chaudes et putrides qui font jouer les hommes à pair ou non, et en emportent toujours la moitié. Les crises de Collot sont communes à la plupart des malades, d'autres perdent la tête, tombent en apoplexie, et meurent en dormant, faute d'avoir été saignés à-propos. Pendant l'été, les fièvres chaudes et pestilentielles sont plus communes que la migraine en France; elles occasionnent souvent des obstructions au foie, et vous emportent l'été suivant.

L'hiver est funeste aux vieillards et aux asthmatiques, les brumes et les fraîcheurs des nuits en dépêchent un bon nombre chez Pluton. La pulmonie n'est pas commune dans ce pays, mais le cathare et l'éthisie font très bien la besogne de leur sœur.

Voici des maladies d'un autre genre: On conduit un vieux negre aux isles du Malingre. Toute sa famille est éplorée, il est suivi d'un autre blanc que ses amis n'approchent que de loin. Ces malheureux se désespèrent, et crient à l'injustice. Le passager qui les traverse, ressemble au nocher Caron.

Les isles du Malingre, que nous avons vues en abordant, sont une léprerie où l'on confie ceux qui sont atteints d'un mal honteux, connu ici sous le nom de *mal-rouge* ou des arabes; en Guinée, sous celui *d'épian rouge* ; ses symptômes sont plus effrayans que ceux de la maladie d'Aria de la Plata, si bien décrite par le *compère Mathieu*. Le principe de ce mal vient d'un libertinage honteux. Quand il se déclare au-dehors, il est presque sans remède, c'est une gangrène lente, qui fait tomber les membres sans douleur. Un lépreux se brûle sans s'en appercevoir, on lui enfonce des épingles dans les bras, dans les jambes, sans qu'il se réveille, s'il dort ; et sans qu'il crie, s'il est éveillé. La honte est attachée à cet exil, et la faculté y regarde à deux fois pour y condamner un homme. Tout ce qui approche de lui, occasionne une juste répugnance, car cette peste est communicative. Les anciennes lépreries n'étoient pas plus effrayantes que celle-ci. Ces malades sont relégués sur une isle à trois lieues au sud-est de Cayenne, d'où ils ne communiquent avec qui que ce soit au monde. Leur isle est presque inabordable, d'où lui vient le nom de Malingre, ou mal-aisé à ancrer. Quelques curieux y vont par faveur, mais les malades se retirent et n'osent les toucher. C'est un spectacle digne de compassion de voir ces cadavres vivans, en lambeaux, dont l'un a perdu les deux bras, un autre les doigts des pieds ; celui-ci est couvert d'ulcères purulents, cet autre a la figure rongée de chancres. Enfin, tous savent que l'enceinte qu'ils foulent est leur tombeau. Ils n'ont souvent pas la force d'inhumer leurs confrères qui viennent de mourir.

Aujourd'hui la pluie nous force au milieu de la promenade, à nous abriter chez un menuisier ; la sentinelle nous attend à la porte : une mère jette les hauts cris, son enfant nouveau-né vient de mourir du *thetanos*, coqueluche qui moissonne les trois quarts des enfans, jusqu'au septième jour après leur naissance. Ils tombent en syncope, se brisent les reins, et meurent subitement. Quand un nouveau-né passe sept jours, on ne craint plus rien jusqu'à sept ans. Le mari, en courant au secours de sa femme, s'enfonce un pieux dans le mollet, qui lui donne le cathare. Ses membres se retournent, il ne parle point, il se remue à peine, et son dos se redresse en arc. On appelle M. Noyer, il le panse, mais sa convalescence sera longue, trop heureux s'il en est quitte pour quelques grandes infirmités. Tous les grands maux occasionnent un gonflement de muscles qui fait mourir ceux qui en sont atteints, dans un état affreux. Presque tout le monde est sujet au mal de jambe, qui devient incurable, si on le néglige. La gangrène et les vers s'y mettent, il faut mourir ou s'accoutumer à l'opium et à la pierre infernale. On coupe ainsi ces branches de peste, quand elles sont à l'extérieur ; mais les fièvres inflammatoires gangrènent aussi les viscères, et le malade expire en criant guérison. Que nous soyons guéris ou non, nous allons bientôt évacuer Cayenne, et nous connoissons déjà assez l'agent, pour le peindre avant de partir.

Jeannet, chef suprême de la colonie, sous le nom d'agent, commande en sultan, aux noirs, aux habitans comme aux soldats ; sa volonté fait la loi, rien ne contre-balance son autorité, il ne doit compte qu'au Directoire qu'il représente ; il ne reste en place que pendant 18 mois, et il peut être réélu ; il nomme toutes les autorités, les influence toutes, les renouvèle toutes, les fait mourir toutes; enfin, quand un agent sourcille, tout doit trembler devant lui. Voilà sa puissance; quel usage en fait-il?

Jeannet, d'un physique avantageux, dans sa trente-sixième année, fils d'un fermier de la Beauce, est manchot du bras gauche, qu'un cochon lui a mangé quand il étoit au berceau. Il doit son avancement à ses talens, à son oncle Danton, et un peu à ses maîtresses qui ont payé sa complaisance et sa vigueur. Son abord est prévenant, la gaieté siège plus sur son front que la franchise, ses manières sont aisées, il débite avec une égale effusion tout ce qu'il pense comme tout ce qu'il ne pense pas; son grand plaisir est d'être impénétrable en paroissant ouvert, il se pendroit si on pouvoit lire dans son cœur, et je ne sais pas s'il en connoît lui-même tous les replis. Il fait autant de bien que de mal, et toujours avec la même indifférence. Il met chacun à son aise, il pardonne de dures vérités et même des injures; il manie le sarcasme et la répartie avec esprit; il écoute volontiers les reproches, les remontrances, les plaintes, et ne les apostille jamais que de grandes promesses. La prodigalité, la galanterie, la soif de l'or, sont ses organes, ses esprits moteurs, ses élémens, son âme. Il est brave et prévoyant dans le danger, peu sensible à l'amitié, encore moins à la constance, blasé sur l'amour, très-facile au pardon, et peu enclin à la vengeance. La vertu pour lui, est la jouissance et le plaisir, il ne fait jamais de mal sans besoin, mais un léger intérêt lui en fait naître la nécessité. Tient-il la place de l'âne de Buridan, entre deux biens égaux, provenans de deux moyens opposés, son cœur fait pencher la balance du côté du plus honnête, ne manqueroit-il que quelques centimes de grains dans le bassin, il en feroit encore le sacrifice. C'est un homme de plaisir et de circonstance, qui aime l'argent et puis l'honneur, les hommes pour ses intérêts, ses amis pour la société, et qu'on a regretté par ses successeurs. Voilà l'ensemble du tableau, étudions-en chaque trait dans l'historique des révolutions de la colonie, par la liberté des nègres.

Il vint ici en 1793, après la mort du roi, remplacer le chevalier d'Alais, mettre la colonie *à la hauteur des circonstances*, fit ouvrir les clubs, en fut président, et s'allia aux hommes de toutes les couleurs. Son cœur répugnoit à ces bassesses, mais c'étoit le marche-pied de son crédit, et il s'y prêtoit avec autant d'aisance que s'il n'eût jamais eu d'autres inclinations. Plus la crise étoit difficile, plus il déposoit et même avilissoit son autorité. Le décret de la liberté des noirs, annoncé depuis long-temps, plus redouté que la foudre, faisoit émigrer les riches habitans, qui craignoient à juste titre d'être égorgés par leurs esclaves, devenant vagabonds et furieux, comme une bête vorace hors de sa cage. Jeannet se trouvoit entre l'enclume et le marteau : d'un côté, les anarchistes qu'il détestoit dans son âme, et avec qui il s'étoit trop popularisé, dissipateurs ici comme en France, soupirant après le décret, dans l'espoir du pillage, l'assiégeoient sans cesse, pour savoir quand et comment il le proclameroit. Il avoit lui-même désorganisé le bataillon d'Alsace, en substituant un nouvel état-major à l'ancien, qu'il avoit fait déporter comme aristocrate. La société populaire, dont la troupe faisoit partie, avoit fait choix de ses créatures. D'un autre côté, les vrais habitans le sollicitoient de ne pas recevoir le décret, et lui offroient des fonds. Il leur en avoit fait la promesse, aussi bien qu'au gouverneur de Surinam, dont il ménageoit l'alliance, quoique la France fût alors en guerre avec la Hollande. Il avoit reçu avis que des bâtimens Hollandais stationneroient devant Cayenne, pour capturer l'aviso, porteur de la liberté des negres. En les voyant paroître, le 28 mars, il annonce une grande conspiration, pour jetter l'alarme dans les cantons. Quelques riches propriétaires prennent la fuite, sont déclarés émigrés; il confisque leurs habitations. et achève de s'affermir comme il le dit, *après avoir connu les hommes et les choses.* Pour faire sa bourse, il avoit créé, le 5 septembre 1793, pour trois millions de billets qui ont achevé de ruiner la colonie en 1795. Du même coup, il séquestre l'habitation de la Gabrielle, appartenant à M. Lafayette, qui rapporte 300,000 fr.; fait rentrer une partie de la dette arriérée, ferme les portes de l'assemblée coloniale, retourne les caisses, change les tribunaux. Enfin il alloit achever sa riche moisson, comme il le dit, au moment où vint le fameux décret. Copions ce qu'il en rapporte lui-même, dans son compte rendu, *page* 6:

« Ce fut le 25 prairial an 2, à six heures
» du soir, qu'Apolline, capitaine de la cor-

» vette *l'Oiseau*, me remit le décret de la li-
» berté des nègres, sans aucunes instructions,
» et avec ordre de le faire aussi-tôt promul-
» guer. Le 26, à six heures du matin, le ba-
» taillon étant sous les armes, je proclamai
» moi-même le décret de liberté, en décla-
» rant traître et infâme à la patrie, quiconque
» tenteroit un instant de s'opposer à son exé-
» cution. »

La proclamation se répéta de suite dans tous les cantons. Alors la colonie fut à la débandade; quelques commissaires, porteurs de ce décret dans la grande terre, loin de préparer les nègres à ce passage subit et redoutable de la dépendance à la liberté, les enlevoient des ateliers, les indisposoient contre leurs maîtres, leur crioient avec emphase: *Vous êtes libres, faites maintenant ce que vous voudrez.* Jeannet admettoit à sa table, à ses côtés, dans son conseil, les noirs de préférence aux blancs. Les nègres étoient si bien pliés au joug, qu'ils crurent pendant deux mois que ce qu'ils voyoient n'étoit qu'un songe. Personne n'osant leur parler d'ouvrage, ils commencèrent à vouloir se débarrasser de tous les blancs, de peur de rentrer dans l'esclavage. On vit les cantons fermenter, les habitans s'enfuir dans les bois, les esclaves armés courir d'un bout à l'autre de la colonie, pour faire, disoient-ils, la chasse à leurs maîtres, qui se réfugioient à Cayenne, où ils n'étoient pas plus en sûreté. Jeannet écoutoit les plaintes des blancs, leur faisoit de belles promesses, et donnoit de légères réprimandes aux noirs. Le capitaine Apolline lui avoit apporté aussi la nouvelle de la mort de son oncle Danton, à qui il devoit sa place : *ils font bien de se défaire de tous les conspirateurs*, dit-il. Cette réponse n'étoit que sur ses lèvres, car il lui donna long-temps des larmes en secret, et résolut dès ce moment de mettre ordre à ses affaires, pour s'enfuir dans les Etats-Unis. Le girofle de la Gabrielle n'étant pas encore prêt, il ajourna son départ en brumaire an III. Son dessein transpira, il n'en fit point mystère, il se concilia de plus en plus les nègres et la société populaire, dont il étoit l'âme, écoutant sérieusement les folies que les noirs y vociféroient dans leur jargon. L'un y demandoit que les femmes blanches, qui se reposoient depuis si long-temps, fissent à leur tour la cuisine aux nègres ; un autre sollicitoit un arrêté pour le partage des habitations; un troisième trouvoit mauvais que son ancien maître mangeât encore dans des plats d'argent, et lui, dans une gamelle. L'agent se contentoit de rire, mais un dernier orateur lui poussa trop vivement la botte : — Je suis libre, citoyen agent. — Oui. — Je puis me faire servir aujourd'hui. — Oui, en payant, et je serai moi-même à tes ordres pour de l'argent. — Citoyen Jeannet, ce n'est pas toi que je veux, s'il arrive des nègres, je pourrai en acheter à mon tour. — A ces mots Jeannet s'élance à la tribune, pérore long-temps sur le prix de la liberté, et termine par cette sentence : « Je crains bien que la mère-patrie n'ait versé son sang pour briser les fers d'une classe d'hommes qui ne mérite que l'esclavage, et qui ne connoît que le bâton. »

Les cultures étoient abandonnées, l'orage grossissoit, la terreur grondoit dans le lointain, la troupe n'étoit point payée, l'argent des prises avoit été dissipé, la récolte étoit serrée. Jeannet avoit des fonds, il termina sa session par une fuite, et fit légitimer ses rapines par un prétendu compte rendu que j'ai sous les yeux. Cette manière de s'y prendre est originale; le

nègres, d'abord classés à vingt sous par jour, le sont aujourd'hui à six, à cinq et à trois ; ils ne peuvent sortir de chez les maîtres qu'ils ont choisis, que faute de paiement ou de gré à gré. Ils ne peuvent aller d'un canton dans l'autre sans permis. Le fouet est remplacé par la prison sur les habitations ou par la *franchise*, maison de correction où ils travaillent au desséchement des terres basses, et reçoivent en entrant et en sortant soixante et quatre-vingts coups de nerf de bœuf. Ces entraves leur font regretter les premiers jours de leur liberté ; ils travaillent peu et redoutent un nouvel esclavage qui les feroit rentrer chez leurs maîtres qu'ils n'ont pas ménagés. Les deux partis sont en observation : les noirs, entre la crainte et l'espérance, ressemblent à une bête de somme qui, voyant son cavalier, fait de légers mouvemens de tête pour ne pas laisser couler le collier de fatigue. Leurs anciens maîtres, comme le chien en arrêt sur une caille, attendent le signal pour les happer. Les noirs sont craintifs, méchans et dix fois plus nombreux que les blancs. Ces derniers désireroient que nous restassions dans l'île pour leur donner main-forte en cas de révolte, et notre vie n'est pas plus en sûreté que la leur ; car les Africains nous regardent comme des tyrans. Jeannet leur a déja insinué cette idée en se transportant à la caserne des soldats noirs, lors de l'arrivée des seize premiers ; il y pérora sur la conspiration du 18 fructidor, et peignit aux nègres ces honorables victimes comme des oppresseurs qui vouloient leur ravir leur liberté.

On imprime nos noms, la liste en sera envoyée à chaque poste de la colonie française et hollandaise : donnons en place, celle des gens distingués à qui les arts et la mère-patrie doivent ici des égards. Cette mauvaise bourgade où nous croyions à peine trouver un maître d'école qui sût lire, et un curé qui dit son breviaire, renferme de fins renards et des gens de mérite en tous genres. Si M. de la Condamine revenoit sur la montagne qui porte son nom, il n'iroit pas jusqu'à Oyapok pour trouver un homme de bon sens. MM. Noyer, Remi et Tresse sont très-habiles en médecine : je mets les Hypocrates en tête, parce que nous avons toujours besoin d'eux. Mentelle et Guisan pour le génie et la partie hydraulique ; Couturier-de-Saint-Clair pour sa probité et ses talens dans le même genre ; l'ancien administrateur, M. Lescalier,

est cher à tous les gens de bien par sa probité et ses connoissances. Dans l'administration de la marine, Roustagnan mérite un rang distingué pour ses lumières, ses vues claires et philantropiques: Richard, dans la partie du contrôle, apure bien les comptes de l'état et les siens; sa précision, les connoissances qu'il a de toutes les branches de l'administration, en font un homme d'autant plus plus précieux qu'il ne s'en fait pas accroire; Lemoyne, commissaire des guerres, natif de Versailles, joint les belles-lettres à la connoissance du barreau et de la marine; je ne connois pas d'homme plus sociable et qui ait moins de prétention. Ninette, secrétaire de l'administration, seroit plus prisé s'il marioit plus de bonne foi à ses talens et à ses opinions; il est aimable et n'a point d'amis. M. Valet de-Fayol trouva ici, en 1782, le problême de la longitude cherché depuis si long-tems. Le baron de Bessner, gouverneur de la colonie à cette époque, reçut un ordre du roi, sollicité par l'académie des sciences, pour faire repasser en France M. de Fayol qui mourut en route d'une fluxion de poitrine. On dit qu'à la même époque un résident à Saint-Domingue fit la même découverte et eut le même sort. Ainsi, Chan-
vallon

vallon a raison de dire dans ses *Relations sur la Martinique*, que les grands hommes ne sortent point des colonies, qu'ils ne s'y perfectionnent pas même; mais que l'ardeur des climats allume le feu du génie chez ceux qu'elle n'énerve pas. M. Mignot, dit Picard, est un excellent ouvrier-artiste qui exécute tout ce qui concerne la partie du génie avec autant d'adresse que de principes.

En 1785, on apporta à Cayenne au jardin du roi le palmier des Moluques, arbre rare, dont la peinture ou manquoit ou étoit incorrecte. M. Charles Gourgue fut prié de le peindre pour le comte du Pujet, gouverneur des enfans de France. Il exprima la mobilité, la verdure, le dentelé des feuilles, les étamines, les pistils des fleurs, le jet de la sève, avec tant de force et de vérité, qu'on alloit toucher le papier. Un de ses amis, un peu incrédule sur son talent, fut trompé comme Zeuxis par Paraphasius. L'ouvrage n'étant pas achevé, l'artiste laisse son tableau pour aller déjeûner: l'incrédule monte et veut ôter de dessus une feuille, une fleur de belle-de-nuit que le peintre sembloit avoir laissé tomber d'un bouquet. Louis XVI trouva ce morceau si frappant, qu'il bréveta sur-le-champ la petite-nièce de M. Gourgue d'une pension à Saint-Cyr... Cet homme végète à Kourou, quoiqu'il n'ait pas que ce seul talent.

La maison Lecomte se vide tous les jours. Chaque habitant vient faire un choix... Si je pouvois être placé chez quelques-uns de ces braves gens, mon sort seroit digne d'envie. Nous nous nous associons sept, et MM. Trabaud et Bonnefoi, à la recommandation de M. Carré (à qui je dois autant d'éloges que de reconnoissance) nous louent leur case à Kourou, pour y faire le commerce : mes camarades se cotisent pour eux et pour moi, car on m'a volé mon argent et mes effets à Rochefort et dans le pillage de la frégate. Depuis mon départ sur *la Décade*, je n'ai eu qu'un louis en ma possession ; nous étions trois à le partager : au bout de deux jours il m'est resté quarante sous pour faire 1800 lieues ; je vivrai pourtant dans la Guyane pendant trois ans sans l'assistance du gouvernement.... O Providence ! je serois bien ingrat de te méconnoître ! Quel impie dans le malheur nie votre existence ! O mon Dieu ! est-il rien de plus doux que de vous trouver pour consolateur ? On vend les montres, les boucles d'argent et les habits pour faire des emplettes. Nos propriétaires envoient nos noms à l'administration départementale, et moi, je vais les donner au lecteur :

J. B. Cardine, curé de Vilaine, diocèse de Paris, âgé de 41 ans, natif de Coumion, département du Calvados.

Jean-Charles Juvénal, chevalier de Givry de Destournelles, natif de Laon, âgé de 27 ans.

Gaston-Marie-Cécile-Margarita, âgé de 37 ans, né à Avenay, diocèse de Rheims, départ. de la Marne, curé de Saint-Laurent de Paris.

Jean-Hilaire Pavy, âgé de 32 ans, de Tours.

Hilaire-Augustin Noiron, âgé de 49 ans, natif de Martigni, curé de Mortier et Creci, diocèse de Laon, département de l'Aisne.

Louis-Ange Pitou, âgé de 30 ans, né à Valainville, commune de Moléans en Dunois, district de Châteaudun, département d'Eure-et-Loir, homme de lettres et chanteur, résidant à Paris.

Louis Saint-Aubert, âgé de 55 ans, né à Rumaucourt, département du Pas-de-Calais, résidant à Paris.

Distribuons les emplois de notre futur établissement ; Cardine aura les clefs du magasin avec Pavy, l'un et l'autre tiendront note de la recette et de la dépense ; chaque soir, avant de nous coucher, Margarita portera le tout sur un livre à double partie. La société se réunira tous les quinze jours pour apurer les comptes et prendre la balance de recette et de dépense.

Givry et Noiron iront à la chasse ; Saint-Aubert taillera les arbres et bêchera le jardin, ou se délassera à la chasse, quand l'un ou l'autre veneur sera fatigué : Pavy fera la cuisine avec Cardine.

Margarita et Pitou iront chercher de l'eau, balaieront la case, compteront le linge pour le blanchissage et laveront la vaisselle tour-à-tour. Margarita sera attaché à la case, pour aider les deux premiers à tenir les livres.

Pitou portera des marchandises à deux et trois lieues dans les habitations, ira dans les sucreries faire emplette de liqueurs et de syrops pour la vente et la consommation. Il s'agit maintenant de faire enregistrer nos baux de location, et d'obtenir préalablement l'aveu de l'agent, qui a remis ces détails au commandant de place : un soldat nous y conduit après-midi. « Ne voyez-vous pas qu'il n'est point ici?

» nous dit sa négresse : écoutez-le chanter dans
» la maison du gouvernement ; il n'est visible
» que depuis huit jusqu'à neuf heures du matin,
» ne manquez pas l'heure. »

Le lendemain nous fûmes ponctuels : le commandant de place donnoit un grand déjeûner : nous étions tout confus. La négresse prit sur elle de nous annoncer ; la maison retentissoit déja du cliquetis des verres et des bouteilles cassées. J'apperçus autour d'une grande table ronde, un grand cercle que présidoit l'agent ; tous se tenoient par la main en chantant à plein chœur cet invitatoire bachique :

> Voulez-vous suivre un bon conseil?
> Buvez avant que de combattre,
> A jeûn je vaux bien mon pareil,
> Mais quand je suis saoul, j'en vaux quatre.
> Versez donc, mes amis, versez,
> Je n'en puis jamais boire assez.   *bis.. bis..*
> Quel pauvre agent et quel soldat !
> Que celui qui ne sait pas boire,
> Il voit les dangers du combat
> Et moi, je n'en vois que la gloire.
> Versez donc, etc. ...
> Le bon goût que je trouve au vin!...
> Si le poisson le trouve à l'onde,
> Il a le plus heureux destin
> De tous les habitans du monde...
> Versez donc, etc...

> Cet univers, ho! c'est bien beau!
> Mais pourquoi dans ce grand ouvrage
> Le Seigneur y mit-il tant d'eau?
> Le vin m'auroit plû davantage...
> Versez donc, etc...

> S'il n'a pas fait un élément
> De cette liqueur rubiconde,
> Le Seigneur s'est montré prudent,
> Nous eussions desséché le monde...
> Versez donc, etc...

Nous sommes expédiés en cinq minutes. « Par ma foi c'est un drôle d'homme que ce » Jeannet, nous dit en revenant la senti- » nelle qui nous avoit accompagnés. Voici les » convives du déjeûner : le capitaine du cor- » saire *la Chevrette*, qu'il avoit mis au fort il » y a deux jours, et voici pourquoi; il amène » une prise dans le port; on met le scellé à » bord du bateau : l'argent disparoît; Jeannet » mande ce capitaine : *il y a de grands fri-* » *pons à votre bord, monsieur*, lui dit-il; *ce* » *sont les petits, citoyen agent, les grands* » *sont à terre;* il l'envoie au fort pendant deux » heures, puis il le rappelle, et lui répète sa » réponse : *les grands sont à terre;* ce n'est » pas moi, puisque je n'ai qu'une main; *elle* » *en vaut dix, citoyen agent*, reprit le capi- » taine; Jeannet se mit à rire; et ce matin ils

» déjeûnent ensemble. Son voisin à gauche est
» un habitant qui avoit écrit contre lui au mi-
» nistre, quand il s'en alla d'ici, en 1794.
» Jeannet a eu les lettres bien signées de cet
» homme, les lui a montrées il y a deux jours,
» les a déchirées en sa présence, l'a retenu à
» dîner avec lui, lui a protesté qu'il ne s'en
» souviendroit jamais, et ce matin ils dé-
» jeûnent ensemble. Je ne sais pas comment
» ils peuvent tenir à toutes ces fêtes ; ces fes-
» tins durent depuis six mois, et ils n'ont pas
» de fonds pour nous payer sept sols et demi
» par jour. Vous les avez vus à table ; ils ne
» se lèveront qu'à minuit ; le couvert ne s'ôte
» jamais. Les *quarteronnes* iront partager le
» dessert. Quand ils seront las d'elles, ils iront
» au billard, de-là à table, au lit, puis à table,
» au lit, au jeu. La bureaucratie en fait au-
» tant ; voilà comme l'habitant et le soldat pro-
» fitent des prises faites sur l'ennemi. La *Che-*
» *vrette* a amené dix portugais chargés de vins,
» de comestibles et d'or ; tout a descendu à
» Surinam pour être vendu : la moitié des
» piastres sera pour l'agent, le quart pour les
» employés, et le reste tombera à la caisse.
» Ainsi, l'or leur vient en dormant. Quelle

» différence de la vie d'un déporté et d'un
» soldat à celle d'un agent !.... »

Sous ce point de vue, le séjour de Cayenne peut fixer bien des gens de mérite : *ubi benè, ibi patria* (dit Epicure). Nous partons demain pour Kouron.

Neuf Thermidor an 6, (27 juillet 1798.)

Le petit jour ne nous surprend pas au lit, nous faisons plus d'apprêts que si nous allions à la noce, la joie de recouvrer la liberté et un noir pressentiment d'un avenir malheureux gonflent notre cœur. Six heures sonnent, Clérine fait l'appel, et nous enjoint de lui remettre et la vaisselle et le hamac que la nation nous a prêtés ; les serpillières de la *Décade* nous serviront de couchettes ; nous n'avons les vivres que pour ce matin, parce que nous dinons en ville chez nos propriétaires. A trois heures après midi, nous nous embarquons pour Kouron, nous sommes treize personnes avec notre bagage dans un canot aussi petit qu'une barque de meûnier, on pousse au large et Cayenne s'éloigne.

Notre mauvaise coque est si chargée, que l'eau n'est pas à un pouce du bord ; nous

sommes à l'embouchure d'une rivière très-rapide, agitée par un vent violent; il y a douze lieues de mer jusqu'à Kouron. La grande terre forme une pointe à une lieue au nord-ouest. La route par terre est plus courte, mais il faut passer sur un sable mouvant, nous entrons dans la crique Méthéro, petite saignée faite par le reflux de la mer. Cette crique est entourée d'islets. On respire la fraîcheur et la paix sur ces bords couverts de palétuviers rouges dont les racines sans fin s'entrecroisent et descendent de la cîme jusqu'au fond de l'eau vaseuse, nous y débarquerons; chacun frappe de son pied la terre et casse une branche de bois verd en s'écriant : «Nous ne mourrons pas sant avoir mis le pied dans l'Amérique». Margarita revient avec moi dans le canot, pour escorter le bagage. Nous rentrons en mer, et nous voguons à pleines voiles, au bruit du canon du neuf thermidor. Nous sommes à deux lieues et demie de Cayenne. — Mon ami, dit
» Margarita, il y a quatre ans à pareil jour et
» à pareille heure, le tocsin sonnoit à la com-
» mune et à la convention, nous étions entre
» deux écueils; aujourd'hui nous sommes dans
» une frêle nacelle, exposés aux vagues d'une
» mer écumante...» Une douce mélancolie nous

fit rêver à ce rapprochement... Si l'homme lisoit au livre des destins, que de chances il voudroit éviter!... que de chagrins le rongeroient dans le cours de ses triomphes ou de ses plaisirs!.. Seroit-il plus juste? Il deviendroit plus ombrageux sans être plus parfait. La lune entre deux nuages d'argent, poursuit tranquillement sa carrière et nous laisse promener nos regards sur le vaste Océan et sur le rivage planté de grands arbres dont la verdure nous paroît d'un gris sombre. Un nuage plus noir que l'ébène étend son vaste rideau sur la plaine éthérée. Le vent souffle, nous sommes inondés et bientôt arrêtés par le calme. Nos rameurs sont en nage sans pouvoir avancer... Cependant nous avons encore six lieues jusqu'à notre destination, après mille efforts nous entrons enfin dans l'embouchure de la rivière de Kouron, ce passage est extrêmement dangereux; à deux heures du matin nous approchons du Dégras. Où est notre case? Qui va nous l'indiquer? Que faire le reste de la nuit? Quelle consigne va nous donner la sentinelle? Nous voilà à Kouron...... Mais je ne vois que des bois; serons-nous libres ou assujétis aux caprices des soldats....?

Nous mourons de soif, Margarita reste dans

le canot. Comme la marée est basse, le rivage est couvert de vase, deux nègres me chargent sur leus épaules et me conduisent au poste ; je regarde avec étonnement ce Kouron si fameux dans l'histoire de la colonie de 1763. Des herbes de la hauteur de 2 et 3 pieds obstruent un petit sentier qui est la grande route. Quel désert, mon Dieu ! A la distance de deux portées de fusil, je n'ai trouvé que huit mauvaises loges de sabotiers ; voila Koron !... Nous passons à côté de l'église ; la bâtisse en paroit jolie, elle est fermée... Plus loin un grand bâtiment long comme un boyau sert de magasin, de corps-de-garde et de caserne ; un nègre à moitié endormi auprès d'un feu couvert de cendre me crie *qui vive*, je demande l'officier. Il se lève et me conduit à notre case ; un troupeau de bétail parque dans notre jardin ; le vacher occupe la maison, il dort d'un profond sommeil, ce spectacle me navre d'effroi. Comment vivre sept dans un pareil désert ? Je vais retrouver Margarita, le passager nous ouvre sa case, fait débarquer notre bagage, nous invite à nous reposer jusqu'au jour.

Nous sommes enfin libres et sans gardes

sur la terre qui confine à l'Asie : si nous avions des ailes, nous serions bientôt en Europe.... Que sont devenus nos camarades? Ne se sont-ils point égarés dans les forêts ? Au bout d'une heure nous retournons voir le village; la lune éclaire toute la solitude des huttes..... Une seule casse est entourée de fleurs et d'arbres de luxe.

C'est sans doute la maison du seigneur du canton. L'avenue de la nôtre est plantée de deux rangs de cocotiers, palmiers dont le corps droit comme une flèche, et gros comme un tilleul de vingt ans, s'élève à cent-vingt pieds en l'air; ses branches confondues avec ses feuilles, longues de vingt pieds, coupées en lance à trois tranchans, forment un bouquet à sa cime, qui se termine en aigrette. Sa fleur qui ressemble à un épi en maturité, est couverte d'une enveloppe faite comme un parasol qui la garantit de la tempête; son fruit, rond dans l'intérieur, est couvert d'une enveloppe triangulaire, filandreuse et extrêmement tenace ; il ressemble à une grappe de raisin du poids de trente livres. Cet arbre est toujours en rapports et en fleurs. Au bout de douze ans, il est dans son adolescence; alors son tronc se dégage des branches ou feuilles gourmandes; les grappes les plus près de la terre, pèsent sur le dernier rang de feuilles, qui sèchent et tombent à mesure que la cime enveloppée d'une toile comme nos cannevas, brise sa natte deux fois par mois, pour éjaculer une nouvelle sève. Le cocotier n'est point hérissé de piquans comme les autres palmistes, à qui il ressemble pour la feuille, et dont il diffère pour le fruit. Il donne, comme le Maripa et le Tourlouri, le fameux vin de palme, dont les Africains sont si gourmets. (1)

La fatigue nous invite au sommeil; la curiosité, le chagrin, le plaisir de marcher sans gardes, nous font braver les insectes et oublier les douceurs du repos; nous nous enfonçons dans

---

(1) Le vin de palme est pétillant, liqueureux, d'un doux-aigrelet et agréable, il ne se conserve que peu de jours : on l'obtient de deux manières, en abattant l'arbre, le brûlant par une extrémité, tandis qu'on perce l'autre pour y mettre dessous un vase creux qui reçoit la sève liqueureuse que le feu distille ; ou bien on grimpe à la cime, on l'incise, on y suspend une outre, on met le feu au pied, ce qui produit le même effet, quoique le palmier ne soit qu'un tube noueux, dont le tour est dur comme le fer, et le cœur filandreux ; il est si vivace qu'il renaît du milieu des flammes, quand elles ont épargné quelques parties de son contour.

un bois touffus...; la route est pleine de sable. les oiseaux de nuit marient leurs voix lugubres à notre sort ; nous retournons chez le passager après avoir fait mille et un projets comme la laitière au pot cassé. Le jour tarde trop à luire, nous dormons sur une chaise ; les coqs nous réveillent, ils sont les seules horloges du pays ; ils ont chanté trois fois ; le pierrier du poste annonce le jour, nous secouons l'oreille pour aller nous montrer au maire, comme le lépreux à Jésus-Christ.

Le maire est le premier officier civil, il inspecte les habitations et les travaux, reçoit les plaintes pour les griefs ou crimes civils veille à la police des cantons de la colonie. La force armée est à sa disposition. Le juge de paix prononce en dernier ressort sur les affaires de police correctionnelle ; quand un blanc est aux prises avec un nègre, il appelle des assesseurs qui sont nommés par le canton. Ces deux officiers seuls sont payés par le gouvernement.

Le maire de Kouron se nomme Gourgue ; son habitation est au milieu du bois, au nord du poste dont il est éloigné de trois portées de fusil, et entouré d'une crique hérissée d'une forêt de palmistes armés de longues épines.

Le boulanger des militaires nous conduit à sa case qui tombe en ruines. Il revient de son jardin le dos voûté, un long bâton à la main, comme un semeur de ses champs; il nous fait déjeûner, s'excuse de la frugalité de son repas sur la misère des colons, et se résume par cette prophétie : « Vous n'avez pas les vivres!.. malheureux! vous végéterez ici pendant l'été... mais l'hiver..... nous vous aiderons..... nous sommes ruinés. »

Nous retournons prendre possession de notre case. Sur notre passage à droite, à vingt pas, deux blanches, qui ont quelque chose des européennes, sont sur le seuil de leur porte, les jambes et les pieds nus; elles nous regardent, se parlent tout bas et rentrent annoncer au mari renfermé dans la case, qu'elles ont vu deux étrangers.... C'est une merveille dans ce pays où l'on reconnoît au bout de trois jours la marque des souliers qu'un européen imprime sur le sable. Ces dames sont l'épouse et la fille d'un vieillard de soixante ans aveugle, infirme et extrêmement aimable......' Bonne nouvelle.... nous leur devons une visite.....ce sera pour demain. Voyons notre logis et apportons notre mobilier.

Une haie de très-grands citronniers ceintre notre jardin, dont le sol sabloneux est engraissé par le bétail à qui il sert d'étable, car les troupeaux couchent toujours en plein air. Les arbres fruitiers qui faisoient l'ornement du jardin, ont été coupés par un homme de couleur qui habitoit la case avant nous. Les oranges et les citrons couvrent la terre. Des lianes et des brousses étouffent l'air, tout est en désordre ; l'extérieur ressemble à l'approche d'une grotte.

La case est propre, spacieuse, composée, d'un petit magasin de trois chambres, d'un grenier assez grand elle est couverte en bardeaux

Au bout de deux heures notre bagage est en place ; un seul nègre a tout apporté. *Un pain d'une livre et demie*, deux fromages tête-de-moine, six flacons de genièvre, six flacons de tafia, cinquante livres de cassonnade, quelques chaudières, douze bouteilles d'huile d'olive, deux jambons, une caisse d'huile à brûler et 100. livres de riz sont nos provisions de bouche. Une partie de ces denrées est destinée au commerce.

Quatre pièces d'indienne, quatre de toile, deux de coton bleu, trois poignées de fil mélangé,

langé, sont notre fonds de boutique; voilà nos provisions de sept pour 3 ans. Notre case est vide, heureusement que nous avons trouvé un vaissellier, un buffet, des bancs et des tables, qui sont attachés à la maison, sans cela nous siégerions à terre. Que vont dire nos compagnons ? Sur quoi allons nous coucher ? Nos serpillières de la décade sont toutes mouillées des vagues qui sont entrées cette nuit dans le canot. Quelle perspective ! Nous refermons la case, nous promenant pour nous promener. Bourg, brave homme, nous retient à dîner, il n'a qu'un morceau de poisson boucané et de la cassave (pain de racine, plat comme du pain-d'epice, sec comme du bran de scie, qu'on mouille pour qu'il n'étrangle pas). Margarita, en me regardant a les larmes aux yeux; il ne peut manger de cette cuisine ; je parois m'y conformer sans répugnance, quoique mon cœur bondisse: ces pauvres gens s'en appercoivent, nous apportent un morceau de pain frais, de l'huile et du vinaigre pour assaisonner le poisson ; après dîner, ils nous enferment pour nous laisser reposer.

A cinq heures, nos camarades, hèlent à l'autre bord, nous nous levons pour les recevoir,

Tome I. R

la rivière en cet endroit est trois fois large comme la Seine, au quai de l'Ecole ; au bout d'un quart - d'heure, ils sont à notre dégras ; nous nous embrassons en nous racontant nos dangers ; ils ont failli périr de fatigue au milieu des sables ; les habitans les ont bien accueillis, ils sont exténués ; ils ont bien dîné chez une négresse libre nommée Dauphine. Il ne nous reste que 5 liv. pour la maison.... mais le commerce nous rendra des fonds...... *Bourg* nous donne à souper, une indienne nous prête deux hamacs, chacun se blottit comme il peut ; la fatigue nous accable, le plaisir de la réunion attire le sommeil, demain nous examinerons le local.

29 *juillet*. Au point du jour, chacun prend son emploi : nous buvons un petit verre de tafia pour la dernière fois. Givry et Noiron partent pour la chasse, St. Aubert s'arme d'une serpe et d'une bêche ; Margarita et moi allons au puits de Préfontaine, ensuite à la provision chez le pêcheur qui a pris un machoiron jaune de 40 livres, à 4 sols la livre, suivant la taxe ordinaire. Nos voisins nous apportent une douzaine de cassaves..., des habitans, à deux lieues sur l'anse, nous envoient du syrop, du

riz, de la vaisselle. L'ancien chirurgien de ce poste, M. Gauron, nous fait apporter trois matelas et un hamac. Nous voilà pourvus de lits et de vivres pour quelques jours. Les brèches du jardin sont bouchées, les citronniers tombent sous la serpe ; dans peu on soupçonnera enfin qu'il y a des vivans à la case S. Jean, dont les limites touchent au cimetière.

Nous visitons les alentours de notre domaine ; à l'ouest-nord nous sommes bornés par un bois épais et marécageux ; à l'est les palétuviers nous dérobent les bords de la mer ; au midi la rivière coupe notre passage ; au nord une forêt de palmiers s'étend jusqu'à l'anse. On n'y découvre aucuns vestiges de la splendeur de ce séjour, où quinze mille hommes débarquèrent autrefois. Nous n'avons qu'un pas à faire pour voir la grandeur des tombeaux qu'on leur creusa. Rendons visite aux morts.

Au milieu de l'asile du silence est une chapelle très-solidement bâtie des débris de l'hôpital de la colonie de 1763, et couverte de palmistes ; l'obscurité que le hasard y ménage, imprime le respect, et fixe l'attention. Nous y entrons, après avoir lu sur les deux battans de la porte : *Temple dédié à la bonne mort.* Un autel fait face ; à droite un vieux guerrier grossièrement modelé en terre, laisse tomber son casque, et paroît s'ensevelir, en disant aux curieux : *Vous viendrez ici avec moi* (nous avons peur que sa prophétie ne s'accomplisse) ; à gauche une femme modelée de même joint les mains, et bénit le moment qui la délivre de la vie. Le jugement dernier est grotesquement barbouillé sur les murs ; Dieu y descend au milieu d'un nuage de lumière, précédé de l'ange qui sonne de la trompette : *Morts levez-vous*. L'enfer à la gauche de Dieu, est représenté par un feu ardent où la justice divine précipite des prêtres, des cardinaux, des papes, quelques rois, et très-peu de militaires. Ainsi chacun se fait une idée de Dieu suivant son intérêt ; les arts sont donc venus habiter ces déserts ? Les trapistes ne mettent pas tant d'art en creusant chaque jour leurs tombeaux. Qui repose ici ?.... C'est M. de Préfontaine et son épouse.... L'admirateur de Voltaire, le bel esprit de Cayenne, l'auteur du plan de la colonie de 1763. Mais respectons ses mânes. Nous allons dîner chez M. Colin qui nous en dira plus long.

Ce vieillard est de Caen ; il a épousé en premières noces, une demoiselle de Châteaudun :

il est privé de la vue, il me serre les mains en pleurant de joie, de ce que je lui apprends de la famille de sa première femme nommée Beaufour. Comme il est contemporain de Préfontaine, nous parlons du cimetière ; et il nous met sur la colonie de 1763. « Quoique Préfon-
» taine fût mon ennemi, dit-il, je lui rendrai
» justice, il n'est pas cause des malheurs de la
» colonie de 1763. Si le ministre Choiseul
» l'eût écouté, Cayenne et Kouron seroient
» florissans; il avoit demandé trois cents ou-
» vriers, et des nègres à proportion pour leur
» apprêter l'ouvrage; chaque année en ayant
» fourni un pareil nombre, auroit fait affluer
» les étrangers ; la Guyane inculte et hérissée de
» piquans, se fût peuplée peu-à-peu ; le com-
» merce et l'industrie auroient donné la main
» aux arts ; la grande terre seroit devenue aussi
» habitable que Cayenne ; nous aurions re-
» monté le haut des rivières sans nous borner
» aux côtes : pour cela, il falloit marcher pas
» à pas, c'étoit le moyen de trouver des mines
» d'or dans la fertilité inépuisable de ce sol.
» Le gouvernement français voulut agir plus
» en grand, afin de recueillir tout de suite le
» fruit de son entreprise. Il ouvrit un champ

» vaste à l'ambition et à la cupidité. Le sol de
» la Guyane, renommé depuis un siècle, servit
» à faire revivre le système de Law sons une
» autre forme. Chaque particulier reçut une
» promesse de tant d'arpens de terre qu'il
» pourroit cultiver avec les avances de l'état,
» à qui il remettroit, ou ses propriétés en
» France, ou une somme remboursable à
» Cayenne. Si la colonie réussissoit, cent mille
» particuliers venoient déposer leurs fortunes
» au trésor royal pour acheter des terres dans
» la Guyane ; ainsi le gouvernement vendoit
» cher à gage un désert inculte ; d'ailleurs c'étoit
» un asile pour les Canadiens, dont le pays
» venoit de tomber au pouvoir des Anglais. Si
» la colonie ne réussissoit pas, on s'en prenoit
» au gouverneur qui ne manquoit pas de fonds
» pour cette grande entreprise ; voilà les vues
» secrètes que la politique donne au cabinet
» de France.

» Les quinze mille hommes débarqués ici,
» et aux îles du Salut ou du Diable, à trois
» lieues en mer, ont été gardés dans l'inten-
» tion de les acclimater, puis de les faire tra-
» vailler quand ils auroient passé à l'épreuve
» des maladies du pays. Cette colonie de Kouron

» a coûté trente-trois millions; tout a échoué
» par la mauvaise administration des chefs et
» par le brigandage des commis et des fournis-
» seurs, et plus encore par la mésintelligence
» de Turgot et de Chanvalon. Le premier vou-
» loit commander au second qui se croyoit maî-
» tre absolu. Il avoit donné pour limite aux dé-
» barqués, tout le terrein de la rive gauche de
» la rivière Kouron jusqu'à l'anse. Cette
» forêt qui nous obstrue le jour, étoit
» rasée jusqu'aux rochers. J'ai vu ces déserts
» aussi fréquentés que le jardin du palais
» Royal....... Des dames en robe traînante,
» des messieurs à plumet, marchoient d'un
» pas léger jusqu'à l'anse; et Kouron offrit
» pendant un mois le coup-d'œil le plus galant
» et le plus magnifique; on y avoit amené jus-
» qu'à des filles de joie. Mais comme on avoit
» été pris au dépourvu, les Karbets n'étoient
» pas assez vastes, trois et quatre cents per-
» sonnes logeoient ensemble. La peste com-
» mença son ravage, les fièvres du pays s'y
» joignirent, et la mort frappa indistinctement.
» Au bout de six mois, dix mille hommes péri-
» rent tant aux islets qu'ici; Turgot fit pren-
» dre Chanvalon la nuit de Noël, quand la

» mort étoit lasse de moissonner. La Guyane
» est toujours un pays mal-sain qui dévore
» dans l'année la moitié de ceux qu'on y en-
» voie. Vos ennemis qui connoissent bien ce
» séjour, espèrent qu'il n'échappera aucun de
» vous ; ils se trompent sans doute, mais ils
» avoient sous les yeux le tableau de ceux qui
» ont survécu à cette déportation volontaire.

Jusqu'au 22 décembre 1763, époque de l'arrivée de Chanvalon, 15,560 personnes ; au 24 décembre 1764, 2,000 rembarqués même année. Etablis à Synamari, 200. 100 morts dans la même année. 100 enrôlés dans les bataillons.

260 répartis à Cayenne et dans les autres cantons.

En 1765, 300 vivans y compris les enfans nés depuis l'établissement de la colonie.

Total général des morts de 1763 à 1764 13,060
Rembarqués. 2,000
Vivans jusqu'à ce jour 3o... sur. 15,560

» Cayenne et les cantons de la Guyane ne
» contiennent pas plus de 800 blancs, y com-

» pris les enfans. Les quatre cinquièmes trois
» quarts sont des Européens débarqués depuis
» cette époque ; ainsi ces quinze mille malheu-
» reux , tous à la fleur de leur âge, sont morts
» sans postérité. Les ravages de la peste étoient
» si effrayans, qu'aucun registre de décès n'a été
» tenu, par la mort subite du premier, du se-
» cond, du troisième, du quatrième, du cin-
» quième, du sixième commis à qui la cédule
» étoit remise. Celui qu'on dressa l'année sui-
» vante à Cayene, fut rédigé sur le témoignage
» de deux personnes prises au hasard parmi
» ceux qui restoient : de-là les contestations
» qui ont divisé tant de familles en France et
» en Canada. »

Ce tableau effrayant est peut-être l'image de la destinée des déportés à Konanama ! Le vieillard nous détailla ensuite les causes de l'épidémie qui les moissonna , leur destination, leur genre de vie , l'arrestation de Chanvalon par Turgot qui le fit prendre au milieu d'un grand repas. Pendant son récit, je me grattois les pieds de toutes mes forces ; madame Colin et sa demoiselle, se mirent à rire, appellèrent une négresse et lui dirent de m'arracher les *cha-touilleuses de la colonie de* 1763. Elle s'arme d'une épingle bien pointue, m'assujétit le pied sur son genou, me coupe les ongles jusques dans la chair vive, y cerne une fosse ronde de la largeur d'une lentille, d'où elle tire un sac blanc. J'apperçois un insecte de la grosseur d'une pointe d'aiguille ; le sac est la maison que l'animal s'est bâtie entre cuir et chair ; il est plein d'œufs qui échappent à nos yeux, ce qui me feroit croire que Mallesieux avec un bon microscope a pu voir des milliers d'animaux sur la pointe d'une aiguille. La démangeaison que j'éprouvois étoit occasionnée par la trompe incisive de ce petit animal. Son extraction me fit beaucoup de mal, c'est l'amusette des créoles, mon pied en étoit couvert ; la négresse fut plus d'une demi-heure à m'arracher ces piquans de cendre appellés chiques et niques. Elle frotta mes pieds sanglans avec de l'huile amère de Carapa. Cet incident nous remit sur la question de la colonie de 1763. « Nos créoles, » reprit le vieillard, vous caresseront ainsi jus» qu'à ce que vous soyez acclimaté ; ayez soin » de visiter vos pieds tous les jours ; sans cette » précaution, au bout d'un certain tems, ces » insectes engendreroient des vers, et la gan» grène suivroit. Ce fléau a moissonné une

» grande partie des colons de 63. La
» mal-propreté des Karbets, le nombre des
» malades, la sensibilité de quelques-uns qui
» pleuroient pour une égratignure, firent pul-
» luler cette vermine au-delà de ce qu'on ima-
» gine. Enfin elles s'attachèrent aux parties in-
» ternes de la génération ; plusieurs femmes
» furent rongées de vers, et finirent de la ma-
» nière la plus déplorable. En peu de jours,
» une seule chique entreprend toute une par-
» tie du corps, elle ne meurt jamais sans avoir
» été extirpée et écrasée. Un capucin arrivé
» ici, qui avoit lu ce qu'en dit le père Labat,
» voulut retourner en France avec une de
» ces chatouilleuses ; elle lui occasionna un
» malingre si compliqué, qu'on fut obli-
» gé de lui couper la jambe avant qu'il
» mît pied à terre. Joignez à ce fléau, la
» peste, les fièvres chaudes et putrides, les
» ravages de la mort vous étonneront moins;
» ils ne vivoient que de salaisons ; le scorbut
» gagnoit les Karbets, et la mortalité fut si
» grande, que, soir et matin, un cabrouet
» ou tombereau, précédé d'une sonnette pas-
» soit dans le village avec quatre chargeurs,
» qui crioient : *Mettez vos morts à la porte.*

» On rangeoit les colons en deux classes :
» les pauvres, les ouvriers et les vagabonds
» étoient injustement confondus et engagés
» pour trois ans au service de ceux qui avoient
» laissé leurs biens ou leur argent en France ;
» on les avoit relégués sur les islets, ou sur la
» côte, et leur liberté étoit beaucoup plus
» restreinte que celle des riches, des protégés
» et des bailleurs de fonds qui approchoient
» un peu Chanvalon et sa cour débordée, ils
» étoient si affamés d'alimens frais, qu'un cam-
» busier de vaisseau s'étant avisé de faire la re-
» cheche aux rats, gagna 20,000 liv. à ce genre
» de chasse, en vendant ce gibier jusqu'à vingt
» sols la pièce. (Je me suis convaincu de cette
» vérité dans mes voyages, j'en trouverai la
» preuve chez mes compagnons dans le dé-
» sert). Turgot fut instruit de ces horreurs,
» la cour lui avoit donné carte blanche, il fit
» entourer le gouvernement pendant qu'on
» chantoit la messe de minuit; deux compa-
» gnies de grenadiers se saisirent de Chanva-
» lon et de tous ses commis, les conduisirent
» à Cayenne, et prirent leurs registres. Pré-
» fontaine fut arrêté le même jour, et suivit
» Chanvalon; le contrôleur seul, nommé Ter-

» disien, si connu par ses talens dans la musi-
» que, ne fut pas mis en prison par la régu-
» larité de ses comptes. Ce singulier person-
» nage, reprit le bonhomme en riant, mérite
» une digression dans ce récit :

» Il devoit sa fortune à son archet ; les dames
» de France l'ayant appellé pour jouer, il brisa
» son violon, disant que le talent étoit fils de
» la liberté. Madame Chanvalon l'ayant prié
» un jour de jouer à sa considération, il se
» leva brusquement de table, et ne reparut
» plus de huit jours. Après cette boutade, il
» vint à un grand repas où un célèbre musi-
» cien étoit invité. Des violons étoient suspen-
» dus çà et là dans le salon où il n'y avoit encore
» personne ; il pince les cordes, en trouve un
» à sa fantaisie, s'enferme seul dans un cabi-
» net, et joue jusqu'à la moitié du dîner. Il
» s'enfermoit souvent dans les casernes pour
» divertir les ouvriers, et cessoit à l'instant où
» un amateur s'arrêtoit pour l'écouter (1). Il

―――――――――――――

(1) Cet homme trop célèbre pour la colonie, me rappelle les merveilles de son art, capable de rendre la vie aux morts. Les Dieux du paganisme ne trouvoient de goût au nectar qu'Hébé leur versoit, que quand la lyre de Phœbus et des Neuf Sœurs y faisoit pétiller la

» ne se piquoit de talent qu'avec son égal ou
» avec son maître. Un jour, en passant dans
» la rue Coquillière à Paris, il entend un mu-
» sicien qui essayoit le menuet qu'il avoit com-

joie. Je n'ai pas de peine à croire ce que dit Quintilien dans son premier livre de l'art oratoire, que Pythagore voyant des jeunes gens échauffés des vapeurs du vin, et animés par le son d'une flûte dont une musicienne jouoit sur le *mode Phrygien*, près de faire violence à une chaste maison, furent rendus à leur bon sens par la musicienne qui se mit à jouer plus gravement sur la mesure appelée *spondée*. Caïus Gracchus à la tribune de Rome, avoit toujours un joueur de flûte derrière lui, quand il parloit au peuple, et du semi-ton de l'instrument, cet orateur improvisoit, ralentissoit ou augmentoit son feu. Gallien dit qu'un musicien de Milet, nommé Damon, faisoit battre des jeunes gens en jouant sur le *mode phrygien*, et les radoucissoit sur-le-champ en passant au *mode dorien*. Timothée et Antigénide jouoient une marche guerrière devant Alexandre-le-Grand ; ce prince se leva de table, courut aux armes, et chargeoit les convives, dit Plutarque dans le livre des exploits de ce conquérant. De nos jours le grand Bossuet entendant vanter le premier coup d'archet de l'Opéra, fit assembler l'orchestre chez lui, et rentrant de son jardin dans sa salle pour ne pas entendre les musiciens se mettre d'accord, il tomba évanoui de plaisir à l'entrée de l'*Alceste de Lulli*.

» posé. Il monte, lui dit d'un air niais, « M.,
» je voudrois me perfectionner dans le violon,
» me donneriez-vous quelques leçons? » L'autre
» accepte la proposition; Tardisien demande
» un instrument, manie son archet comme
» un écolier, et feint de s'accorder avec son
» maître qui met le menuet sur le pupitre, en
» disant, « Voilà un morceau bien difficile à
» exécuter. » Tous deux essaient un moment;
» après quelques coups d'archets, l'écolier
» tourne le dos au pupitre, et joue le menuet
» en compositeur. — Vous êtes Tardisien, ou
» le diable, » dit l'autre en jetant son violon;
» Tardisien gagna la porte, et laissa un louis
» pour sa leçon.

» Turgot, qui le respectoit, lui dit après
» l'apurement de ses comptes : « Je suis enchanté
» M., de vous trouver aussi intact. » Il repassa
» librement en France, tandis que Chan-
» valon fut trop heureux d'être relégué pour
» sa vie au mont St.-Michel en Bretagne. Pré-
» fontaine en fut quitte pour quelques ton-
» neaux de sucre qu'il donna à son rapporteur,
» pour obtenir la justice qu'il méritoit sans
» cela. »

Voilà une journée bien employée, si nous pouvions bien reposer la nuit...

Ce climat n'offre que l'aspect de l'intérieur d'un tombeau. Nous ne pouvons dormir ni jour, ni nuit, des nuées d'insectes se reposent sur les cases au commencement et à la fin de l'hivernage. Les bords de la mer, des étangs, des rivières sont noirs de petits vers qui se retirent à l'écart, changent d'existence et de peau dans moins d'une heure, pour prendre des ailes, de très-longues pattes plus fines que la soie, un aiguillon ou couteau pointu et tranchant, et une trompe aspirante pour pomper le sang dont leur dard a brisé l'enveloppe ; ils occasionnent d'abord une crispation peu sensible, qui devient bientôt insupportable par l'avidité de l'animal qui enfonce la conque de sa trompe qu'il élargit encore pour se plonger tout entier dans le sang. Si vous le laissez boire jusqu'à la satiété, il se gonfle au point de ne pouvoir plus s'envoler. L'air pénètre dans la petite incision qu'il a faite ; le peu de sang extravasé occasionne une petite tumeur et une démangeaison cruelle, ou plutôt une brûlure par la multiplicité des plaies ; la saleté des ongles et la malignité de l'air font dégénérer l'égratignure

en

en malingre. Si on veut y remédier en se frottant de jus de citron, l'acidité de ce fruit ne fait pas moins souffrir, et éloigne le sommeil. Les prairies, les bois, les maisons sont pleines de mouches ignées; ces essaims lumineux ressemblent à des gouttes de feu aussi nombreuses que les étangs de pluie que décharge une nuée d'orage. L'horison embrasé offre un spectacle majestueux et redoutable, les moustiques ou brûlots, les makes, les maringouins, dont la piqûre est celle des *cousins* en France, nous forcent de devenir naturalistes. Nous n'avions point éprouvé ces incommodités à Cayenne, la fumée de la ville met en fuite ce nuage assassin. Ici il faut mettre un voile épais sur ses yeux et allumer du feu avec du bois vert ou des filandres de coco, pour boucaner la chambre; les maringouins enivrés, se tapissent contre les murs. Quand on est jaloux de s'encenser, on arrache la gomme du thurifer, ou bien on casse ses branches; ce bois si vanté par la reine de Saba, est un grand arbre si commun ici, que les habitans le regardent comme de mauvais bois; ainsi on s'embaume en chassant les maringouins, mais les makes ne s'en vont qu'à la fumée du piment cacarrat, espèce de poi-

Tome I. S

vre du pays. Le soleil nous brûle durant le jour, les insectes nous dévorent pendant la nuit, le chagrin est toujours à nos côtés.

Notre jardin est bien enclos; les citronniers sont taillés, le commerce s'anime, mais Cardine tombe malade. La mauvaise nourriture et la chaleur excessive de cette plage couverte de sable, altèrent notre santé. Nous ne pouvons rien semer que dans l'hiver; notre petit enclos est peu productif, et les légumes y viennent difficilement, comme à Cayenne; l'été les tue, et les avalasses de l'hiver tiennent les graines sous l'eau, et souvent les entraînent; car les torrens viennent jusques dans notre case; d'ailleurs, les légumes seront maigres et filandreux, malgré les soins de notre jardinier qui a déjà les jambes perdues de chiques, et qui crache le sang. Si nous quittons ce séjour, nous ne pourrons pas pleurer ses oignons et ses aulx, car il n'y croît que de mauvaises petites échalottes, des choux verts et petits, des carottes galeuses, d'excellens melons; et en tout tems, des ignames rouges et blancs, gros comme nos topinambours, également farineux et d'un doux agréable, des ananas, fruit délicieux, dont la tige d'un vert plus foncé que nos artichauts, est armée de piquans et présente pour fruit un cône rond en pain de sucre d'un pied de haut, couronné d'une tige verte et armée extérieurement de bosses régulières et de piquans distribués intérieurement en alvéoles; ce fruit, le plus beau qu'on puisse voir, orne et parfume la table. C'est une offrande que le vice-roi du Mexique envoie au roi d'Espagne, qui ne peut jamais le manger aussi bon que sur les lieux. La plante qui le produit, talle et ne s'élève pas à plus de deux pieds de terre. L'ananas est si corrosif avant sa maturité, qu'en trois jours il fond une lame de couteau qu'on y enfonce. Nous manquons de tafia, je vais en chercher à la sucrerie de Pariacabo, dont la case est sur une haute montagne entourée de superbes cafiers chargés de fleurs et de cerises vertes, et en maturité, qui sont très-bonnes à manger. Ces cerises ou enveloppes de café, sont douces et fournissent une fève enveloppée d'un parchemin ; on la partage en deux, pour l'envoyer en Europe. Voici l'origine de la découverte et de l'envoi du café de l'Arabie en Europe et en Amérique: On prétend qu'un troupeau de moutons ayant découvert un bois de cafiers chargés de cerises

S 2

mûres, se mit à les brouter ; et que chaque soir le berger étoit étonné de voir ses moutons sauter en retournant à la bergerie; il les suivit, goûta à ces cerises, se sentit beaucoup plus léger, fut surpris de retrouver au noyau le même goût qu'à la pulpe du fruit, s'avisa de le faire groler, en flaira le parfum, et fit part de sa découverte à un Morlak qui en prit pour ne pas s'endormir durant ses longues méditations; l'usage du café passa bientôt de l'Asie à l'Afrique, à l'Europe et dans les deux mondes. Les Hollandais étant parvenus à en élever en Europe dans des serres chaudes, et en ayant fait part à la France, ces espèces d'entrepôts ont fourni les premiers pieds qui ont été transportés en Amérique. L'île de la Martinique a reçu les siens du jardin des Plantes de Paris; mais si l'on en croit une tradition assez généralement adoptée, ceux de Cayenne lui ont été apportés de Surinam. On raconte que des soldats de la garnison ayant déserté et passé dans cette colonie hollandaise, se repentirent ensuite de leur faute; et que désirant rentrer sous leurs drapeaux, ils apportèrent au gouvernement de Cayenne quelques graines de café que l'on commençoit à cultiver dans la colonie de Surinam ; qu'ils obtinrent leur grâce en faveur du service qu'ils rendoient à Cayenne, et des avantages qu'elle pourroit retirer de cette culture : on dit aussi que cet événement est arrivé pendant que M. de la Motte Aigron y commandoit en chef; ce qui se rapporteroit à l'année 1715 ou 1716. Quoi qu'il en soit, on voit par une ordonnance de MM. les administrateurs, en date du 6 décembre 1722, qu'à cette époque « les succès de la culture des cafiers étoient regardés comme certains, et que plusieurs habitans en avoient des pépinières. »

Le café de Cayenne est de fort bonne qualité : il croît dans toutes les terres hautes; il dégénère bientôt dans celles qui sont médiocres, et ne vient bien que dans les meilleures. Comme ces dernières sont rares, il y a peu de grands plantages en cafiers dans la colonie. Ces arbres étant plantés et entretenus avec les soins que ce genre de culture exige, y réussissent aussi bien que chez les Hollandais de Surinam et de Demerari ; mais le café est d'une qualité inférieure. Au haut de la montagne, le cacoyer étend ses branches éparses, et cache, sous ses grandes feuilles, son fruit brun, entouré d'une sève baveuse et douce, enfermée dans une calotte sphéroïde canelée. Il y a lieu de croire que le cacoyer est naturel à la Guyane : du moins est-il vrai que l'on en connoît ici une forêt assez étendue ; elle est située au-delà des sources de l'Oyapok sur les bords d'une branche du *Yari*, qui se rend dans les fleuves des Amazones. On croit que l'espèce des cacoyers que l'on cultive dans cette colonie vient originairement de cette forêt, parce que les naturels du pays, établis sur les bords de l'Oyapoc, ont fait plusieurs voyages dans cette partie, soit d'eux-mêmes pour visiter d'autres nations, soit lorsqu'on les y envoyoit exprès pour en rapporter des graines de cacao, lorsque le prix de cette denrée pouvoit supporter les frais de ces voyages, qui ne sont jamais dispendieux pour ces gens-là.

Au bas de la montagne est l'arbre-à-pain qui végète entre deux gorges, c'est le marronier des Indes orientales : il est étouffé par des plants d'indigo sauvage ; voici quelques notions sur cette plante :

Les naturalistes l'appellent anil ; sa feuille d'un vert pâle, est sphéroïde, lisse ; sa fleur jaune est en petits bouquets et en grappes; sa racine est très-utile dans les maladies bilieuses; infusée dans de l'eau, elle charie l'humeur par les voies excrémentaires. Cette plante vient sans culture ici comme dans les autres parties de la colonie peu éloignées de la mer, dont le sol est mêlé de sable et de sel. Cette espèce d'herbe s'appelle indigo-bâtard, qui n'est pas moins estimé que l'indigo-franc; ce dernier a la feuille comme notre trèfle, est de la même verdure, mais sa fleur est rouge-violet sans odeur : la culture de cette denrée a été entreprise plusieurs fois dans cette colonie, et suivie avec beaucoup d'ardeur; mais pendant long-tems ceux qui s'y étoient livrés, séduits d'abord par de belles espérances, ont été obligés de l'abandonner après avoir fait d'assez grands sacrifices sans précaution et en pure perte. S'ils avoient voulu suivre les conseils de l'ingénieur Guisan, et donner aux fossés la profondeur nécessaire et la surface aux chaussées; la mer n'eût pas englouti les plantages, et le roi n'eût pas perdu plus de 280,000 francs.

Il est vrai que l'herbe dont on tire l'indigo use beaucoup la terre, parce qu'on coupe cette herbe cinq à six fois l'année pour la manufacturer, et que les terres de la Guyane sont très-détériorées par les pluies prodigieuses qui y tombent pendant plusieurs mois de l'année et par le soleil brûlant de l'été, lorsqu'elles y sont exposées. D'après cela on voit qu'il n'étoit pas étonnant qu'un plantage de cette nature commençât par donner d'abord des récoltes très-flatteuses, et qu'ensuite les plants venant à dégénérer, ses produits diminuassent très-rapidement. Cette observation conduisoit naturellement à en faire une autre ; c'est que les pluies qui entraînent avec elles les parties les plus végétales des terres élevées et les débris de leurs productions, doivent les déposer sur les terrains les plus bas, c'est-à-dire dans les marécages : ces détrimens accumulés doivent donc y déposer un sédiment très-propre à faire des cultures permanentes. Ces marécages sont ordinairement désignés dans la colonie sous le nom de *terres basses*. On en distingue de deux sortes ; les unes sont des espèces de bassins, presque tous entourés de terres hautes et dans lesquelles les eaux de la mer ne parviennent jamais ; les autres se trouvent à portée des côtes ou sur les bords des rivières ; les marées ont beaucoup contribué à la formation de ces dernières par les couches de vase qu'elles y ont déposées. C'est en faisant des desséchemens dans ces deux sortes de marécages, que l'on étoit parvenu, avant la révolution, à cultiver l'indigo avec assez de succès, particulièrement sur les bords d'Approuague. Il seroit très - possible que malgré la bonté de ces terres, la plante qui donne cette denrée, n'y crût pas toujours avec la même vigueur ; on ne doit pas même s'en flatter ; mais il doit suffire pour le cultivateur qu'elle s'y soutienne assez de tems pour lui donner les moyens d'entreprendre une culture plus riche. On sait que presque toutes les habitations à sucre de Saint-Domingue ont commencé par être indigoteries. Montons à Pariacabo.

C'est sur cette hauteur d'où le possesseur voit tous ses travaux, que Préfontaine a composé sa *Maison rustique* ornée de belles gravures. Le peintre a flatté son Elysée : il est pourtant vrai que le coup-d'œil de la montagne est très-agréable ; la grande rivière de Kourou en baigne le pied du côté du *midi-est ;* à *l'est-plein* une forêt de grands arbres forme un tapis de verdure ; au *nord* une grande prairie est plantée de palmistes; la vue n'est bornée qu'à l'*ouest* par une autre montagne parallèle, plantée de cannes à sucre, dont la tige et la feuille ressemblent à nos roseaux.

Les cannes à sucre viennent de l'Asie d'où elles ont passé en Europe et dans l'île de Madère; cette dernière île a fourni une partie de celles que les européens ont portées en Amérique : on en distingue de deux espèces; les unes jaunes, les autres violettes; ces dernières étoient cultivées ici par les Indiens, avant que nous eussions retrouvé le Nouveau-Monde. Toutes croissent bien dans les hautes terres et s'y appauvrissent ensuite; les gorges et les alluvions desséchées leur sont beaucoup plus favorables; mais en dépérissant sur les montagnes, elles deviennent beaucoup plus succulentes et plus élaborées que dans les terres basses, où elles s'élèvent comme des bois taillis; mais elles n'y donnent qu'un jus ou salé ou fade et des liqueurs désagréables et moins spiritueuses; cependant on préfère les terrains bas, parce qu'on préfère toujours la quantité à la qualité. Voici comme on obtient le sucre :

La canne est noueuse comme notre sureau; chaque nœud forme une bouture; on le couche en terre; on le couvre; il rapporte la première fois au bout de dix-huit mois, la seconde au bout de quinze, et successivement au bout d'un an. Les moulins tournent ou par l'eau ou par les bœufs. Deux cylindres de fer, bien ronds et polis, tournent perpendiculairement autour d'un troisième qui est immobile ; le tout est tenu par une forte maçonnerie et par des crampons de fer : entre les pivots passent les cannes dont le jus se rend dans l'égoût du passoir qui communique aux fourneaux contigus, sous lesquels est un feu qui les échauffe par degrés. On l'active avec le chanvre des cannes, appelé bagasse. Le jus qui coule du pressoir, est gris et d'un doux fade : il purge quand on en boit à l'excès; on le mélange avec celui qui tiédit dans le second bassin, et il prend le nom de vezou. Après qu'il a bien bouilli, on l'écume, on le passe dans un vase fait comme un pot à bouquets, pointu et troué à sa plus mince extrémité ; ce sirop fige ; on suspend le pot sur une claie; on le bouche avec une canelle de bois mastiquée de vase. Quand il est froid, on ôte la canelle ; il en sort un sirop qu'on fait recuire pour le mettre dans des canots avec de l'eau; il y fermente pendant huit ou dix jours : le tout passe ensuite à l'alambic qui donne le tafia. Le gros sirop sert encore à faire la mélasse, qu'on peut appeler crasse de sucre; il est purgatif, moins agréable que l'autre, et beaucoup plus utile en médecine. L'Amérique septentrionale produit aussi un grand arbre semblable à notre érable, dont on obtient le sucre par des incisions; son travail est beaucoup moins dispendieux que celui de la canne. Sa sève coule deux fois par an, et donne un sucre blanc agréable, mais moins corporé que celui de la canne. On dit que nous avons obtenu aussi le sucre de la betterave, mais par des procédés dispendieux.

L'habitation Préfontaine est nationale, et régie par le juge de paix du canton. Les propriétaires, MM. d'Aigrepont, sont censés émigrés pour avoir pris la fuite quelques mois avant la liberté des noirs, pour sauver leur vie. Je retourne à la case sans emporter de tafia.

10 *août*. J'accompagne un de nos chasseurs dans le bois et sur les bords de la mer; je ne puis pénétrer dans ces forêts; des ronces, des lianes, grosses comme les jambes, m'entrelacent; des arbres touffus et serrés ne laissent pas percer la lumière. Je cherche des fruits; et comme le poison est à côté de l'orange, je sais déjà que mes dégustateurs et mes guides ont les oiseaux et les singes. Quand je vois un

arbre chargé de fruits, je n'y touche point s'ils n'en mangent eux-mêmes. Des bandes de sapajous se balancent dans les mont-bins, pour chercher des prunes semblables à la mirabelle, et sur l'acajou pour savourer son fruit jaune et rouge, aigrelet en forme de cône tronqué à angles obtus, dont la graine faite comme une virgule, naît avant le fruit, et pend à la base du cône suspendu par la pointe. Ces pommes mousseuses et d'un bon goût aigrelet, aiguisent mon appétit; leur jus est corrosif; j'emporte leur graine enveloppée d'un parchemin; mes voisines en sont friandes; elle brûle les lèvres quand elle est crue; rôtie, elle vaut nos amandes et sert à faire du chocolat. Une grosse corde noire, que je prends pour une liane, m'arrête au milieu de la vendange; se l'agite pour passer; un énorme animal noir, velu, s'élance à grand bruit du haut de sa guérite, le long de ce tramail..... C'est une araignée-crabe; j'ai beaucoup de peine à rompre son pêne; ce monstre avec ses horribles accessoires, me paroît plus gros que ma tête; nous nous sommes fait peur l'un à l'autre; il regagne son gîte, et je crie à mon camarade. Nous visitons les alentours de son vaste épervier; il enveloppe trois gros arbres, et les petits cables sont artistement passés dans les branches, pour arrêter les oiseaux òu les agràtiches qui s'approchent de ce redoutable labyrinthe. — Nous songeâmes à la tarentule, et à ce monstre logé dans le cachot de mort d'un château antique, qui étouffoit toutes les victimes que le gibet attendoit le lendemain. Un condamné enfermé dans le même lieu, obtint sa grâce et des armes pour lutter contre le meurtrier. Sur les minuit, une énorme bête descend d'une antique cheminée ; elle le saisit ; il se défend, la frappe ; on accourt ; c'étoit une araignée qui suçoit le sang des patiens, et les plongeoit dans un sommeil homicide.

En revenant, nous prêtames l'oreille au chant mélodieux et plaintif d'oiseaux qui étoient agglomérés et comme captifs sur un grand courbari; ils descendoient en voltigeant de branches en branches; un d'eux tomba par terre; nous vîmes un mouvement dans l'herbe, et deux yeux plus étincelans que des diamans; une gueule béante les attendoit pour les recevoir et les inhumer; c'étoit un serpent-grage, gros comme le bras, qui par son regard attracteur, leur ordonnoit impérieusement de venir se faire dévorer. Ce charme réel a peut-être fait inventer aux poètes philosophes, qui ne peuvent pas plus que nous en expliquer la cause, la fable du cygne chantant sur le bord de sa fosse. Mais cette vertu attractive est très-commune dans les bois; la couleuvre, en Europe, charme également le rossignol, et l'homme porte lui-même dans ses yeux un poison très-subtil. Que deux personnes se fixent long-tems, peu-à-peu la rétine enflammée crispera le nerf érecteur; le rideau de l'œil ne s'abaissera plus, et celle qui aura la vue la plus foible tombera en syncope. Je raisonne ici d'après mon expérience. — Nous courions pour délivrer ces pauvres victimes. — N'avancez pas, nous dit un nègre qui nous avoit accompagnés ; ce monstre se jetteroit sur vous. » Il nous en fit la description ; il est noir, marqué en carreaux comme nos grages (rapes du pays); il fuit la société; il porte l'effroi avec lui ; il ne se plaît que dans les sombres forêts, dans les terres moëtes; il se plie en cercle sur lui-même, sa tête au milieu, pour se lancer sur le voyageur ou l'animal qui le distrait, l'éveille ou le dérange; il abhorre la lumière. Si durant la nuit des guides portent des flambeaux à un voyageur égaré près d'un grage, il sifflé, saute à la flamme, entrelace et tue le porteur. La femelle est ovi-vi-vipare; elle met bas en se traînant par un chemin rocailleux, comme si elle vouloit changer de peau; ses petits courent aussitôt que leur ovaire est brisé par le frottement; la mère revient sur ses traces, et dévore tous ceux qui sont trop foibles ou trop paresseux pour éviter sa rencontre. Pendant qu'il parloit, une troupe de fourmis coureuses étoit à nos pieds; nous nous sauvâmes à toutes jambes de ces dangereux inquisiteurs, aussi nombreux que les grains de sable. Elles dévorèrent le grage, car leur nombre est tel, qu'elles tiennent souvent dans leurs marches plusieurs journaux de terre. Si un homme épuisé de fatigue ou pris de boisson, se trouvoit sur leur passage sans pouvoir se sauver promptement, elles le dévoreroient. Cependant elles sont petites, brunes, mais leur piqûre forme des bouteilles sur la peau, et occasionne des démangeaisons âcres; enfin elles dévorent tout ce qu'elles rencontrent. Ceux qui ont vu le pays, avoueront avec moi s'être plusieurs fois égarés dans les bois, en prenant des chemins des vieilles fourmillières pour des routes fréquentées.

A deux milles du village, une vache pousse
un

un meuglement de douleur; nous étions vent à elle. Un tigre rouge lui avoit donné un coup de griffe dans le fanon; elle perdoit tout son sang. Il passa près de nous, emporta un de nos chiens, et disparut comme un éclair. Nous courons vîte à la case de M. Colin, lui conter notre rencontre, et partager notre chasse. Nous avions tué un haras, gros perroquet, et un agouty, lièvre ou lapin du pays, qui a le poil gris fauve, le museau noir et pointu, et les pattes luisantes, rases, sèches et musculeuses.

L'araignée que nous avons vue, est la tarentule du pays. Sa morsure endort et donne une fièvre apoplectique, nous dit notre vieillard; quant au tigre qui nous a fait si grand peur, il est très-commun sur cette côte. Il y en a de quatre espèces, *le noir*, qui se cache dans le creux des rochers, et qu'on appelle hyène. *Le rouge* qui étoit si nombreux en 1664, sous le gouvernement de M. de la Barre, que les habitans de Cayenne désertèrent l'isle, pour éviter les ravages qu'il faisoit à leurs troupeaux. M. de la Barre, pour remédier à ce désastre, fit faire une battue autour des côtes, donna cinquante francs par chaque tête de tigre. (1) Cet animal ne s'adresse jamais à l'homme qui, par sa démarche et sa tête élevée, lui paroît être sur l'attaque et sur la défensive. Le tigre martelé se divise en deux espèces : l'une plus petite, qui s'attache aux côtes, est marquée de taches plus petites, et beaucoup plus régulières que l'autre, qu'on appelle *balalou*, ou tigre des grands bois, qui ressemble à celle du Bengale. Le tigre ne s'attache qu'aux animaux vivans, et c'est une erreur de dire qu'il creuse les tombeaux. La hyène et le chacal seuls n'épargnent ni les vivans ni les morts..... Dans tous les pays chauds où ils se trouvent, les cimetières sont ceintrés de murs très-élevés, et les fosses recouvertes de très-grosses pierres. Le soir en

---

(1) L'agent Burnel qui remplaça Jeannet, fit revivre cet arrêté relatif à son profit ; il ne donnoit que vingt francs pour la tête, la peau et les dents de chaque tigre qu'il mettoit en réquisition. Ces animaux avoient si grand'peur de ce bon agent et de tout ce qui le touchoit de près, que madame Burnel ayant empaillé de louis d'or un chat tigre qu'elle menoit en France, le craintif animal se voyant près des attérages anglais, gagna la forêt de Windsor, et laissa sa maîtresse poursuivre sa route jusqu'à Pimbeuf.

nous déshabillant, nous nous grattions jusqu'au sang. La démangeaison augmentoit à mesure que nous nous tourmentions; notre peau étoit couverte de tiques et de poux d'agouty. Cette dernière vermine est rouge, se trouve par milliers à chaque brin d'herbe, s'insinue si profondément dans la peau, qu'elle occasionne souvent des tumeurs, surtout aux parties velues; c'est un des fléaux de l'été de la zone torride. Vous ne pouvez marcher dans aucune savanne, sans en être rongé, et forcé, à votre retour, de changer promptement de linge, en arrachant premièrement chacun de ces insectes, avec la même précaution que la chique; sans cela point de sommeil, point de repos, point de santé. Cette vermine fait la guerre aux grands comme aux petits animaux domestiques, mais la volaille sur-tout est sa victime, et je crois qu'elle lui donne l'épian, peste qui dépeuple presque chaque année tous les poulaillers de la Guyane.

Je veillois malgré moi aux cadences sépulcrales de l'horrible couple des *kouatas* singes noirs et rouges, plus hideux que tous les animaux, et fidèles comme des ramiers. Le mâle et la femelle

T 2

hurloient dans le fond des grands bois leurs cyniques amours. Un parc est auprès de nous, J'étois à la fenêtre de notre grenier; une tigresse martelée, suivie de ses deux petits, rôde autour de la case; ses yeux brillent comme des diamans, elle regarde à ses côtés si sa progéniture la suit. Rien n'est plus beau que cet animal, quand il marche sans crainte, agitant sa queue et guettant sa proie; l'ombre des feuilles l'inquiète : elle se couche et s'élance sur une génisse qui n'est pas rentrée au parc : lui ouvrir le crâne, l'égorger, l'emporter, est pour elle le tems d'un clin-d'œil. Le vacher se réveille; elle est à cent pas dans les palmistes, avant qu'il ait ouvert sa loge. Tout le village se réveille, prend des armes, on suit la bête aux traces de ses pattes et du sang. Elle est à deux portées de fusil; elle a mangé la *ventrêche* de sa proie, et enterré le reste sous des branches de moukaya, pour y revenir demain, dans la matinée. Les chasseurs laissent la proie et se mettent à l'affût. Je reviens à la case; Givry, contre son ordinaire, dormoit d'un profond sommeil. Je l'appelle, il est sourd. La lampe n'étoit pas allumée; j'approche, je le touche; son hamac étoit tout trempé. On apporte de la lumière, il nageoit dans le sang. Deux chauves-souris grosses comme la tête lui avoient ouvert la veine, et leur lancette soporifique lui donnoit le *cochemar*. Nous l'agitons; il ouvre les yeux comme un mourant qui renaît par dégré. Quel pays...!

25 *thermidor* (12 *août*.) Le régisseur de l'habitation de Guatimala vient tenir compagnie à nos malades, et nous apporte la femelle du singe rouge que son fils vient de tuer. Cet animal est aussi bon à manger qu'il est laid; mais on en tue beaucoup plus qu'on en peut avoir besoin; son salut est dans sa queue musculeuse; par ce moyen, il se suspend aux plus grands arbres, où il reste jusqu'à ce qu'il soit mort et privé de chaleur : celle-ci a du lait blanc comme neige, très-gras, j'en tire dans un verre, il a le goût de celui de vache, il est même plus sucré, et approche de celui de femme. Nos chasseurs reviennent de l'affût, ils ont manqué la tigresse; elle traverse la rivière, un tamanoir étoit sur l'autre rive : cet animal amphibie ne pouvant se soustraire à sa rage, l'a attendue en étendant ses pattes armées de crocs; au moment où la tigresse est venue se précipiter sur lui, il l'a étreinte

fortement, ses ongles sont restés dans les entrailles de son bourreau, tous deux sont morts sur le rivage.

26 *therm.* (13 *août.*) Il y a deux jours que nos camarades sont arrivés à Konanama; y seront-ils plus heureux que nous à la case Saint-Jean ?

Nous continuerons la visite domiciliaire de notre habitation; nous ferons nos adieux à Jeannet qui va quitter la colonie; que nous serions heureux de n'avoir pas sujet de le regretter ! Mais n'anticipons pas trop sur ces tems, la perspective en est trop affreuse pour commencer à nous en occuper; cette troisième partie finira par le départ de l'agent actuel.

15 *août* 1798. Nous avions enfermé notre linge sale dans une malle qui étoit par terre; ce matin, une négresse vient pour le blanchir, je m'apprête à compter..... *Mirez, monsieur, mirez*, dit-elle; je regarde; il est en lambeaux, des *poux de bois* en ont fait de la dentelle semblable à la maline de gaze estampée des marchands de camelotte du Louvre ou du boulevard. Ces insectes sont des

fourmis blanches qui ont la structure de l'animal dont elles portent le nom; on les appelle *poux de bois*, parce qu'elles suspendent et maçonnent leur ruche sur les plus hautes branches; leur nombre est si prodigieux, qu'une seule ruche dans une case pleine d'étoffes met tout en pièces dans trois jours. Elles changent souvent de demeure, leur vieille ville sert de résidence au perroquet pour ses petits. Les ruches sont si considérables, que deux nègres en ont leur charge; elles sont maçonnées avec tant d'art, de solidité et de vîtesse, qu'on ne les brise qu'avec un marteau; les ouvrières les cimentent avec de la glu; pour activer le travail; elles se passent les matériaux de main en main et se postent comme les hommes occupés à éteindre un incendie; quand la ville est bâtie, toujours dans un canton bien approvisionné, les plus jeunes vont à la découverte; si elles trouvent aux environs un lieu plus riche que le premier, une case par exemple, le royaume se divise en deux ou trois villes, toutes dépendantes de la capitale à qui elles portent un tribut, en lui indiquant la découverte. Si cette fourmi est moins dangereuse que notre teigne, parce qu'elle n'échappe pas à nos yeux, elle est beaucoup plus expéditive et plus nombreuse. Au fond de la malle, j'apperçois des centaines d'animaux qui ont un caparaçon de parchemin d'un brun clair et luisant ; ils imprègnent ce qu'ils rongent d'une odeur fade et musquée ; je veux les prendre, ils déploient une double paire d'ailes, et ils sont de la grosseur d'un hanneton ; cette peste se foure par-tout, touche à tout, ronge tout, corrompt tout, on la nomme *ravets*. La malle est tapissée de toiles d'araignées ; je m'arme d'un bâton pour les tuer, la négresse me dit de n'en rien faire, je ne l'écoute pas, et je décharge ma colère sur les innocens faute d'atteindre les coupables ; après avoir jetté dans le hallier le reste des lambeaux aux découpeuses, je rentre la malle, et trouve ma blanchisseuse qui faisoit sauver les araignées à qui je n'avois cassé que les pattes : « D'où te » vient cette affection pour un animal aussi » hideux ? — Si vous en aviez eu une cin- » quantaine dans vos malles, vos effets au- » roient été à l'abri des poux de bois et des » ravets ; cette utile ouvrière tend des filets à » ces coquins qui dévorent tout, elle ne fait » de mal à personne ; ses pièges sont pour

» vos ennemis qui se multiplient à l'infini,
» elle vous débarrasse également des mouches
» de terre qui bourdonnent à vos oreilles pen-
» dant l'été, en creusant vos murs pour s'y
» loger. » Elle me fit examiner une cloison
percée de trois ou quatre mille trous et couverte çà et là de ruches en forme de coquilles
de limaçon ; le bousillage étoit criblé de lézar-
des, par ces insectes ailés qui ne font pas de
mal au propriétaire quand il les laisse dégrader
sa case. « Les comités révolutionnaires n'étoient
» pas pires, dis-je à Margarita ; je ne me
» serois pas imaginé en France de comparer
» les honnêtes gens aux araignées dont les
» filets sont ou trop lâches ou trop mal tendus
» pour prendre tous les coquins. » Je gesti-
culois en parlant, je heurte une assez grosse
mouche brune extrêmement mince par le
milieu du corps et pourvue d'un gros ventre ;
elle me pique le doigt avec la double scie qu'elle
tire de son arrière-train écaillé et couvert
d'hermine ; ma main enfle ; la négresse rit,
me demande la permission de me guérir......
« Oui, oui, volontiers. — Mais, mais. —
» Mets-y du poil de diable si tu veux. » Elle
fourre sa main sous son camisa, frotte mon

bras enflammé, le picotement cesse à l'instant : au bout de quelques minutes l'inflamation diminue. Ce remède risible est infaillible en Europe contre la guêpe, le bourdon, l'abeille : quelques prudes en lisant ma recette mettront mon livre de côté; d'autres, preux chevaliers, y trouveront une cajolerie ; pour moi, je n'y cherchai que ma guérison. L'eau-de-vie est une recette plus facile à trouver et qui m'a été aussi efficace. La mouche *adrague* qui m'avoit piqué, alla dans la ruche suspendue au plancher, avertir ses compagnes qui nous entourèrent. La négresse leur tendit la main ; enivrées de cette odeur elles s'y fixèrent sans la piquer, soit sympathie, soit ivresse, je ne sais ; mais le chien s'attache à celui qui le fait coucher sur un linge imbibé de sa sueur, ou qui lui jette un morceau de pain trempé sous ses aisselles. En comparant les grands objets aux petits, Henri III devint éperduement amoureux d'une princesse à qui il ne songeoit pas avant le bal où elle se trouvoit, lorsque sans le savoir il se fut essuyé la figure avec la chemise qu'elle venoit de changer ; une mort prématurée la lui enleva, il ne put s'attacher à personne, et par elle commencèrent la honte et ses

malheurs. Revenons à nos mouches... D'où nous vient cette odeur de rose ? « Voilà vos don-
» neuses de parfum, dit la négresse, ne les
» agacez jamais, elles vous laisseront tranquille
» et vous embaumeront pendant la nuit et à
» votre réveil. » Elle disoit la vérité ; ainsi le mal est compensé par le bien ; le pou de bois, nous guérit de la paresse ; le ravet nous force à la propreté ; l'araignée attrape ceux qui se sauvent dans les coins ; la mouche de terre nous avertit de réparer nos maisons ; l'adrague nous pique et nous embaume : celui qui nous indique ce remède peut-il mieux nous prouver que nous dépendons essentiellement les uns des autres ? Le parfum qu'elle répand, c'est l'emblême de la peine et du plaisir.

Tandis que la négresse couroit écraser une araignée-crabe semblable à celle que nous avons vue dans le bois ces jours derniers, il me prend envie de visiter notre linge blanc; elle accourt me l'ôter des mains, le secoue en me disant de ne toucher à rien sans précaution ; il en tombe un gros ver caparaçonné en an- neaux velu, long comme le doigt, d'un gris jaune, armé de mille pattes ou mille dards.
— Cette espèce de scorpion donne la fièvre,

» dit-elle; s'il vous piquoit à certains endroits,
» vous en mourriez; nous en avons déjà vu
» des exemples dans la colonie. Une demoi-
» selle eut le malheur d'en froisser un sur son
» sein, elle tomba en syncope, et expira au
» bout de trois jours. » Jusqu'ici la Providence nous a préservés, car nous couchons sans moustiquaire, et ces fléaux tombent souvent pendant la nuit des faîtages couverts en feuilles de palmistes, ou des planchers faits de mauvais bois qui les retirent. La négresse moins heureuse que moi, fut piquée au doigt par un petit scorpion qui s'étoit blotti dans les plis d'une cravatte. Elle portoit le remède avec elle; et tout en riant de sa précaution inutile, je jetai les yeux sur mon vieux chapeau suspendu dans un coin de la chambre; un petit rossignol de case y avoit fait son nid. Ce volatil, que les créoles nomment oiseau *bondieu*, ressemble à notre roitelet pour le plumage et le chant; il aime les hommes, et vient volontiers becqueter les miettes à un coin de la table pendant qu'ils sont assis à l'autre. La curiosité me porta à voir si la couvée de notre commensal étoit avancée: en haussant la tête, je sentis pendre sur mon front la peau d'un serpent

qui venoit de changer d'habit. Tandis que je réfléchissois sur cette trouvaille, un de nos camarades nous appèle au magasin.

De grosses fourmis rouges marchent en rang pressées comme une colonne de troupes; toutes se rendent à un centre commun, d'où elles paroissent attendre l'ordre. Givry se prépare à tout déloger pour éviter un second désastre. — N'ôtez rien, nous dit la négresse ; couvrez
» votre sucre, et soyez tranquilles. Si votre linge
» sale eût été ici, il ne seroit pas rongé ; ces
» fourmis se nomment *coureuses* ou visiteuses;
» elles vont parcourir les replis de vos étoffes
» et tout l'appartement, pour faire la chasse
» aux ravets, aux mouches et aux araignées;
» enfin à tous les insectes qui vous chagrinent.
» Au bout de cinq ou six jours, elles iront
» ailleurs. » Disons donc avec l'Optimiste :

Tout est bien pour celui qui sait s'y conformer.....

Nous avons perdu notre linge, et non pas notre matinée; j'aime mieux une bonne leçon à mes dépens qu'à ceux des autres.

Notre bon voisin m'invite avec Givry à venir passer l'après-midi chez lui.

Nous ne sommes pas à une portée de fusil de sa case; Givry a été frappé d'un coup de soleil pour y avoir été sans chapeau ; il est attaqué d'une fièvre brûlante et d'une migraine des plus insupportables. Nos voisines nous indiquent le remède ; elles remplissent un verre d'eau fraîche, entourent ses bords d'un linge double, et promènent le vase sur toute la tête. Quand elles ont touché le point où le soleil a frappé, l'eau bout à gros bouillons ; la migraine et la fièvre diminuent sensiblement. Pendant trois jours, on lui applique le même remède le soir et à midi. Il est convalescent. Pour éteindre l'inflammation qu'il éprouve encore, on lui met une couronne de feuilles de plateau. Quand elle est sèche, on prépare un cataplasme de cassave mouillée de citron, de piment et de vinaigre. Au bout de trois jours, il prendra du jalap, et sera parfaitement guéri.

16 *août*. Aujourd'hui, nous sommes en fête chez M. Gourgue, maire du canton, qui traite ses voisins. En attendant le dîner, nous visitons avec lui son abattis et son jardin ; l'un est planté de coton, de quelques pieds de rocou et de quelques épices ; l'autre d'arbres fruitiers, de pois de sept ans, de bons melons et de chétifs légumes du pays.

L'abattis est en terres basses ; quelques nègres,

enfoncés dans la vase comme les crabes, relèvent les fossés et réparent les ravages de la dernière marée. Les plantages végètent faute de bras. Cependant, ce propriétaire est un bon habitant; mais la liberté l'a ruiné comme les autres. Après avoir déploré son sort, il entre dans les détails de la culture, nous montre la différence du vrai coton de Cayenne de celui que les Guadeloupiens ont apporté en venant ici former une partie de la colonie de 1763. Le cotonnier est un arbre qu'on rend nain pour le faire taller et le rendre plus productif. On n'est pas sûr s'il est naturel au pays: il ne se trouve pas dans les bois de la Guyane, cependant les Indiens avant notre découverte le cultivoient pour en faire des hamacs et d'autres choses pour leurs usages. La feuille du coton est large, octogone, lisse intérieurement et un peu laineuse extérieurement; sa fleur est jaune, unie, évasée, semblable à une cloche, et faite comme la fleur de nos citrouilles; il s'en élève une cabosse faite comme un œuf pointu et à angles, qui emprisonne la denrée et la graine. La chaleur ouvre cet œuf, il présente quatre à cinq petites graines noires un peu plus grosses que notre vesce. Cette graine passée au moulin feroit de l'huile:

les vaches, les cochons et les brebis en sont très-friands, et dévastent souvent les abattis pour la manger. Le cotonnier se sème et rapporte au bout d'un an; il seroit toujours chargé si la température étoit moins pluvieuse et moins sèche; il donne deux fois l'année; mais la petite récolte du mois de mars est souvent rongée par les chenilles qui viennent à la suite des premières pluies. On a cherché, toujours vainement, les moyens de parer à ce fléau; les habiles gens y perdent leur tems. L'année dernière, le botaniste *Leblond*, homme instruit, publia une *recette infaillible* pour faire mourir les chenilles; huit jours après la publication, la récolte fut dévorée par ces insectes qui ne laissèrent pas une cabosse à *l'infaillible destructeur*. Les terres basses ou neuves sont faites pour le coton, il y vient comme des forêts, tandis qu'il dépérit sur les montagnes et se racornit dans les vieux abattis. Le coton de Cayenne est plus prisé dans le commerce que celui des autres colonies, tant par sa nature que par les soins que l'on donne à sa préparation.

L'abbé Raynal a raison de dire que toute la culture des colonies consiste à abattre et à brûler des bois, à gratter la terre, à planter, à tailler,

à

à sarcler, mais les herbes sont si abondantes, que l'entretien des plantages demande autant de façons que nos vignes.

Le rocouier donne quatre récoltes; il ne craint ni la chenille ni les vers, qui dévorent la canne à sucre et le cotonnier; les grandes pluies peuvent seulement le faire couler.

L'arbre qui produit le rocou est toujours chargé de fruits et de fleurs; sa feuille ressemble à celle de nos poiriers de martin-sec; sa fleur à nos roses de chien; sa caboce armée de piquans à l'enveloppe de nos châtaignes; son fruit rouge et rond est divisé en petits grains sur deux épistyles qui colorent sa caboce; une rocourie en plein rapport offre un coup-d'œil magnifique; mais la manipulation de cette denrée, comme celle de l'indigo, est dégoûtante et mal-saine. Le déchet du rocou fume la terre, celui de l'indigo la ruine et empoisonne les rivières.

Le rocouier ne s'est trouvé dans la Guyanne que chez les Indiens ou naturels du pays qui le cultivent pour leur usage, c'est-à-dire pour se frotter le corps avec la couleur rouge qu'ils tirent de son fruit. Les grands arbres l'étouffent, mais plusieurs personnes assurent en avoir trouvé quelques pieds çà-et-là dans les bois; ce qui fait présumer ou que cet arbre est naturel au pays, ou que l'Amérique a été plantée et policée antérieurement à sa découverte, et que des révolutions arrivées ou au sol ou aux habitans, l'ont dévastée et abrutie à des époques qui nous sont inconnues.

Le fruit du rocouier sert à faire une pâte d'un grand usage dans l'art de la teinture pour donner le premier apprêt aux étoffes. Malheureusement les manufactures ont eu lieu de se plaindre autrefois de la négligence ou de la mauvaise foi avec laquelle certains habitans préparoient le *rocou*. Depuis quelque tems on est parvenu à lui donner une perfection à laquelle on n'auroit pas cru pouvoir atteindre. Les réglemens exigent que tous ceux qui cultivent cette denrée, la fabriquent avec le même soin : des experts-jurés sont chargés d'examiner tout ce qui s'en apporte à la ville, et l'activité du ministère public à cet égard est telle qu'il ne se livre plus au commerce que du rocou de la plus belle qualité. Par ce moyen la colonie de Cayenne ne tardera pas à regagner toute la confiance des grandes manufactures, pour une denrée qui n'a jamais été bien remplacée par aucune autre plante, et qu'elle est presque seule en possession de fournir à toute l'Europe.

M. Gourgue nous dit aussi un mot des épiceries, et nous montre une plante brune sarmenteuse, rampante comme la vigne et le lierre, parée de distance en distance de petits boutons rouges comme des diamans, soutenus par de grosses feuilles lisses sphéroïdes, d'un vert pâle, et épaisses de trois lignes. Cette plante est la vanille, dit-il; son fruit ressemble à celui du bananier; elle est naturelle au pays, et les Indiens qui la connoissent ne songent pas à en tirer parti pour leur plaisir ou pour le commerce, car ces *nomades* qu'on appelle brutes, laissent l'étude des besoins factices aux Européens.

C'est en 1773 que la cour a fait porter à Cayenne, pour la première fois, des plants d'arbres à épiceries, venant des Indes. Cette expédition a été suivie de deux autres semblables; l'une en 1784, et l'autre en 1788, toutes venant de l'île de France. Le géroflier et le cannelier ont bien réussi, les autres plants ont péri dans les voyages, ou par les avaries ou par les suites de ce qu'ils y avoient souffert.

Pendant long-tems la culture de ces arbres a été prohibée aux habitans de la colonie, et c'est ce qui en a empêché la multiplication. Ce système ayant été abandonné, la cour en a fait passer dans les îles de Saint-Domingue et de la Martinique en 1787 et 1788. Maintenant le gouvernement de Cayenne s'occupe de les multiplier dans la colonie; il a fait distribuer, dans les derniers mois de 1798 beaucoup de plants et une grande quantité de graines de gérofliers à tous les cultivateurs qui en ont demandé : les jardins de la ville n'offrent plus que des allées de manguiers et de gérofliers.

Outre les arbres à épiceries, la colonie a reçu de l'Inde d'autres arbres fruitiers et d'autres plantes plus intéressantes, qui deviennent précieuses : l'arbre-à-pain et le palmier-sagou, quoique jeunes, sont très-vigoureux, et réussiront parfaitement.

Le muscadier, le poivre l'iane, semblable à notre lierre, le piment-cerise ou café, qui tire son nom de sa forme; le poivre de Guinée, les oignons de safran et de gingembre, réussissent également. Nous devons encore à l'Inde de bons fruits : la sapotte et la sapoutille qui ont la peau rude et brune, et qu'on ne mange que quand elles sont molles; leur parfum est, selon moi, celui du beurré-gris. La mangue, dont la forme ressemble à nos abricots-pêches, est filandreuse, fort-douce et très-agréable, quoique sentant un peu la thérébentine : l'arbre qui la produit est très-grand et toujours en rapport; on incise son écorce pour rendre son fruit meilleur; des coups faits par la hache sort la sève qui est la thérébentine. Les feuilles du manguier sont tout-à-fait semblables à celles du pêcher; on ne peut trop multiplier cet arbre qui se plaît bien à Cayenne : c'est un trésor pour les gens en bonne santé et un élixir-de-vie pour les malades. Le corossolier n'est pas à négliger non plus; son fruit, comme un cœur de bœuf, couvert d'une peau verte, nuancée de piquans charnus, offre une pulpe blanche, alvéolaire et douce, qui a le parfum de la julienne.

Les chaussées de mon abattis, dit M. Gourgue, demandent des bananiers; cette plante donne la mâne et les fruits en même tems.

En regagnant la case, nous vîmes sortir d'un pripris (étang momentané) que nous passions, un caïman qui coupa en deux le chien qui nous suivoit à la nage. Celui-là n'est qu'un petit marmot, dit notre conducteur; ces grands lézards sont couverts d'écailles qui ne redoutent ni la balle, ni le boulet. Les plus communs ont de quinze à vingt pieds. Les nègres les mangent quand ils sont petits. Ce sont des amphibies qu'on trouve et dans les étangs et sur le bord des fleuves ; la femelle dépose ses œufs dans l'eau ; quand on les touche, elle accourt en glouglottant, car elle ne les perd jamais de vue.

Les rivières de Vasa et de Cachipour où vous deviez être déposés, sont si pleines de grands caïmans, qu'ils attirent souvent la ligne, le poisson et le pêcheur, ils sont aussi monstrueux et aussi voraces que ceux du Nil. Ils déclarent une guerre à mort aux chiens ; s'ils poursuivent un cerf qui traverse un étang, ils laisseront passer la proie pour s'en prendre aux quêteurs. Pour attirer une victime, ils gémissent souvent comme un enfant abandonné. Si un plaisant, dans un canot, s'avise de contrefaire les aboiemens du chien, le caïman s'élance et le saisit ; il dévoreroit tous ceux qui se baigneroient dans ces rivières, fussent-ils aussi nombreux que l'armée de Perdicas, qui en faisant la guerre à Ptolémé Soter, fit passer un bras du Nil à ses troupes pour gagner l'île de Memphis, où il perdit deux mille hommes, dont la moitié se noya, et l'autre fut dévorée par les crocodiles ou caïmans. Ceux de la Guyane ont jusqu'à trente pieds, et le pays est si peu connu dans l'intérieur, qu'on ne peut pas dire s'il ne s'en trouve pas de plus grands, mais un homme entre sans peine dans la gueule de ceux-ci.

Les plus gros reptiles se trouvent ici, et tous les animaux domestiques y sont de l'espèce la plus chétive. Le bétail y dégénère; son lait ne vaut rien, il couche toujours en plein air, sur ses immondices, dans des parcs serrés; en hiver, il a de l'eau et de la vase jusqu'au poitrail. Il faut l'enclore, crainte du tigre, et le laisser en plein air pour qu'il ne soit pas épuisé par les chauve-souris. Elles sont si communes et si grosses dans certains cantons à Oyac et dans les plaines de Kau, par exemple, qu'il ne peut s'en défendre. Elles s'acharnent à son dos, l'ulcèrent; les mouches sucent les plaies, y déposent des œufs; des vers surviennent; car ici, toutes les plaies qui restent à l'air, sont pleines de vers dans les vingt-quatre heures; on peut presque dire que la peste ne désempare jamais du pays. Le poisson est pourri en sortant de l'eau, le pain moisit en froidissant, la viande presque putréfiée en palpitant. Le ciel et la terre y déclarent la guerre à l'homme, et il ne s'obstine pas moins à s'y établir et à y rester.

Fin du premier volume.

www.ingramcontent.com/pod-product-compliance
Lightning Source LLC
Chambersburg PA
CBHW070449170426
43201CB00010B/1271